Wayne & Jacob Fowler

Dekupiersäge

200 schnittige Vorlagen

Leopold Stocker Verlag
Graz – Stuttgart

Widmung

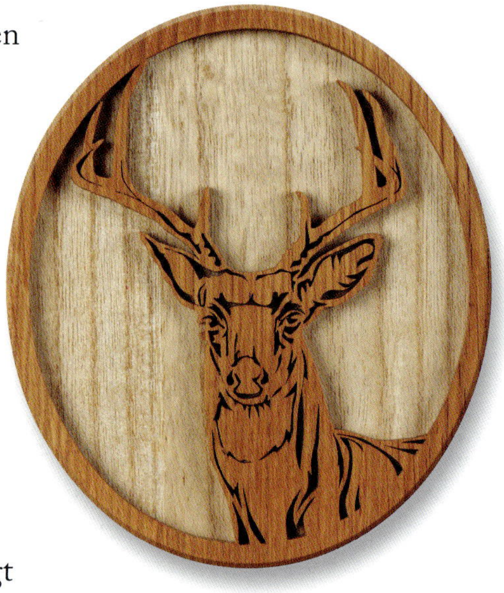

Jacob und ich widmen dieses Buch dem Gedenken an Thomas Poppleton, meinem Schwiegervater und Jacobs Großvater. Als Tom 1988 im Alter von 60 Jahren in Rente ging, haben wir gemeinsam die Arbeit mit der Dekupiersäge begonnen, die er über 25 Jahre betrieben hat. Tom war ein talentierter Künstler und zeichnete viele eigene Vorlagen. Er verkaufte seine fertigen Werke auf Kunsthandwerksmessen und im Sommer bot er sie jeden Samstagmorgen auf einem kleinen Bauernmarkt in der Nähe feil. Er war wohl der anständigste Mensch, den ich je kennenlernen durfte, und wie sehr die Familie ihn schätzte, zeigt sich darin, dass vier seiner Enkel auf seinen Namen getauft wurden – entweder als Vor- oder Zweitnamen. Wir alle vermissen ihn schmerzlich.

Wayne Fowler

Umschlaggestaltung: Werbeagentur Rypka, A-8143 Dobl
Titelbild: Mike Mihalo
Bildnachweis: Alle Fotos stammen dankenswerterweise von Mike Mihalo.
Titel der englischen Originalausgabe: Wayne & Jacob Fowler: Ultimate Book of Scroll Saw Patterns. Over 200 Designs for Appliqués, Ornaments, Wall Art and More. © 2022 by Wayne Fowler, Jacob Fowler und Fox Chapel Publishing Company, Inc., 903 Square Street, Mount Joy, PA 17552.
Aus dem Englischen übertragen von Mag. Nina Schön.

Bibliographische Information der Deutschen Nationalbibliothek
Die Deutsche Nationalbibliothek verzeichnet diese Publikation in der Deutschen Nationalbibliographie; detaillierte bibliographische Daten sind im Internet über http://dnb.d-nb.de abrufbar.

Hinweis:
Dieses Buch wurde auf chlorfrei gebleichtem Papier gedruckt. Die zum Schutz vor Verschmutzung verwendete Einschweißfolie ist aus Polyethylen chlor- und schwefelfrei hergestellt. Diese umweltfreundliche Folie verhält sich grundwasserneutral, ist voll recyclingfähig und verbrennt in Müllverbrennungsanlagen völlig ungiftig.

Auf Wunsch senden wir Ihnen gerne kostenlos unser Verlagsverzeichnis zu:
Leopold Stocker Verlag GmbH
Hofgasse 5 / Postfach 438
A-8011 Graz
Tel.: +43 (0)316/82 16 36
Fax: +43 (0)316/83 56 12
E-Mail: stocker-verlag@stocker-verlag.com
www.stocker-verlag.com

ISBN 978-3-7020-2062-0

Layout: Werbeagentur Rypka, A-8143 Dobl

Einleitung

Jacob und ich arbeiten seit über 20 Jahren an Vorlagen für die Dekupiersäge mit viel Spaß und nur wenig Streit. Er hat gut über 1.000 Vorlagen gezeichnet, ich habe sie geprüft und meist auch gesägt. Zudem fotografieren wir die Wildtiere für Jacobs realistische Tiervorlagen gemeinsam. Er entwirft jedoch nicht nur Wildtiermuster, da ich für meine Nebenbeschäftigung, den Verkauf fertiger Werke auf Kunsthandwerksmärkten, einfachere und vielfältigere Designs brauche. Mit Freude teilen wir hier einige der Vorlagen, die sich für Kunsthandwerksmessen, als Geschenk und im Haus bewährt haben. Wir haben aber die Leser unseres ersten Buchs nicht vergessen und einige detailreiche Wildtiermuster hinzugefügt, um euch weiterhin zu fordern. Als ich nach den bemalten Kiefernpuzzles vom Beginn meiner Dekupiersägenkarriere zu Naturholz überging, stellte ich auch diese Holzdesigns bei meinen Märkten aus. Anfangs versuchte ich, die Werke vorwiegend an Sammler bestimmter Tierdarstellungen (z. B. Katzen) als Kunst zu verkaufen (was auch gelang), doch schnell wurden kleinere Stücke zu meinem Hauptgeschäft – vor allem Weihnachtsschmuck. Davon inspiriert, begann Jacob, mehr Christbaumschmuck zu zeichnen, darunter Schneeflocken, Engel oder Vögel. Mit der Zeit hat er viele Stücke entworfen, die sich gut bei Kunsthandwerksausstellungen verkaufen. Seine Schneeflocken beispielsweise gehen gut weg und sind gern gesehene Geschenke. Jacob hat auch Vorlagen für viele Alltagsgegenstände gezeichnet, von Sportbildern bis hin zur Darstellung von Berufen, wie etwa Fotografen oder Tischlern. Sie können sie als Applikationen für Schilder und Kinderzimmertüren verwenden. Für den Verkauf muss die fertige Arbeit ansprechend aussehen und sich „gewinnbringend" verkaufen lassen. Die meisten von Jacobs Weihnachtsschmuckvorlagen können zu mehreren gesägt werden, was die Produktionszeit mindestens halbiert. Sie finden hier einige praktische Designs für Kunsthandwerksmessen oder als kleine Geschenke. Auf meinem Weg habe ich auch nützlichere Gegenstände verkauft, darunter einige von Jacobs Blumen- und Muscheldesigns als Topfuntersetzer. Wir verwenden einige meiner frühen Muscheln aus Eichenholz seit über 30 Jahren als Untersetzer, also weiß ich: Sie sind robust und funktionieren. Schließlich gibt es noch einige Vorlagen für Glasuntersetzer. Sie brauchen einen wasserfesten Lack und sollten aus dünnerem Holz zugeschnitten werden, sind aber ebenso nette Geschenke. Viel Spaß! — Wayne Fowler

Über die Autoren

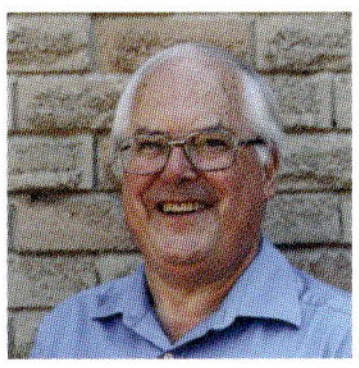

Wayne Fowler, IT-Manager im Ruhestand, begann vor 27 Jahren mit dem Sägen, nachdem er mit seinem Schwiegervater Tom Poppleton bei einer Holzmesse in Toronto Dekupiersägen entdeckt hatte. Als seine Schwiegermutter Pat ihn bat, eine Säge zu Toms Geburtstag zu besorgen, kaufte er gleich eine für sich mit. Er begann, Vorlagen für bunte Kiefernholzpuzzles auszuarbeiten, und verkaufte alles, was er bis Weihnachten herstellen konnte. In den nächsten Jahren probierte er alle möglichen Arbeitsweisen aus, bevor er auf Laubsägearbeit und Naturholz umschwenkte – dank dem Kauf einer High-End-Säge, die detailliertes Arbeiten erleichterte. 1998 veröffentlichte Wayne seinen ersten Artikel über seine Puzzles. Während der nächsten 16 Jahre publizierte er fast 150 Zeitschriftenartikel, oft gemeinsam mit Jacob, seinem Sohn und Vorlagendesigner, über alles, von der detaillierten Sägevorlage bis zum Schneiden von Metall mit der Dekupiersäge. Waynes Werke gewannen Preise bei der örtlichen Handwerkergilde, einem Dekupiersägenpicknick und einigen Kunstausstellungen auf Science-Fiction-Conventions.

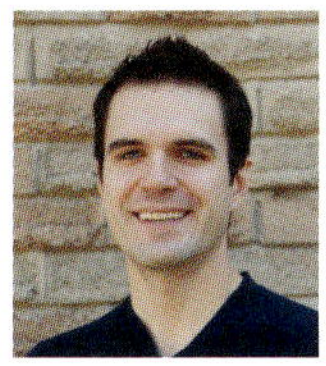

Jacob Fowler entwarf seine erste Dekupiersägenvorlage mit fünf Jahren. Es war eine Wal-Sitzbank, da sein Vater Kunst mit Walen sammelte. Etwa 10 Jahre später nahm Jacob seine Designerkarriere wieder auf, bereinigte viele von Waynes Puzzlevorlagen und zeichnete vorwiegend Fantasy-Puzzlevorlagen, die die Fähigkeit seines Vaters, verschlungenen Linien zu folgen, auf die Probe stellten. Eines Nachts wollte er ausprobieren, ob er Sägevorlagen und -muster auf seinem Computer gestalten konnte; er nahm eine gemeinfrei publizierte Eule und machte mit einer Zeichensoftware eine Sägevorlage aus ihr. Nach einer Serie wiederholter Vorlagenentwicklungen begann er mit seinem Vater, Fotos von Tieren in lokalen Zoos und sogar in Las Vegas aufzunehmen, um sie dann in Sägevorlagen umzuwandeln. Jacob zeichnete weiterhin viele Originalvorlagen per Hand, vor allem zu Fantasy-Themen, die er dann auf dem PC umwandelte. Auf seinem Weg veröffentlichte er gemeinsam mit seinem Vater mehr als 200 seiner 1.000 Designs in Zeitschriftenartikeln, Vorlagenpaketen und Spezialprojekten.

Wayne und Jacob fotografieren Wildtiere meist – aber nicht immer – in Zoos und anderen Wildtierreservaten. Jacob erledigt die Designarbeit und Wayne prüft die Vorlagen darauf, ob sie sich sägen lassen. Er schneidet und lackiert die Projekte und schreibt alle Artikel und Texte für die Veröffentlichung.

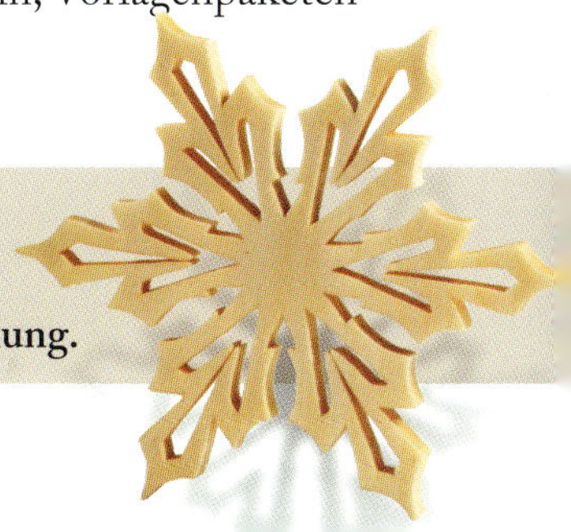

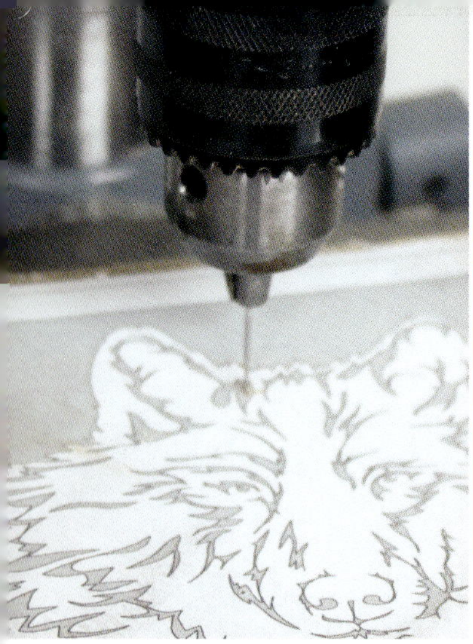

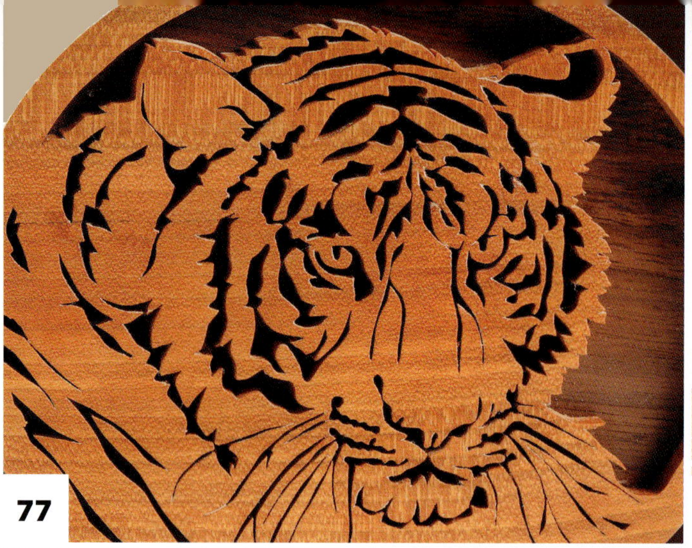

77

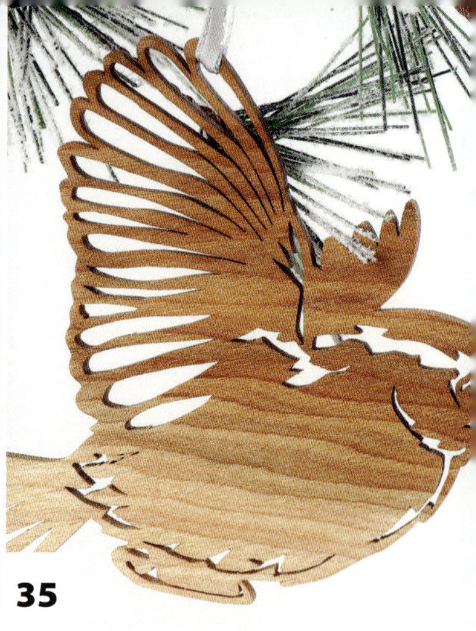

35

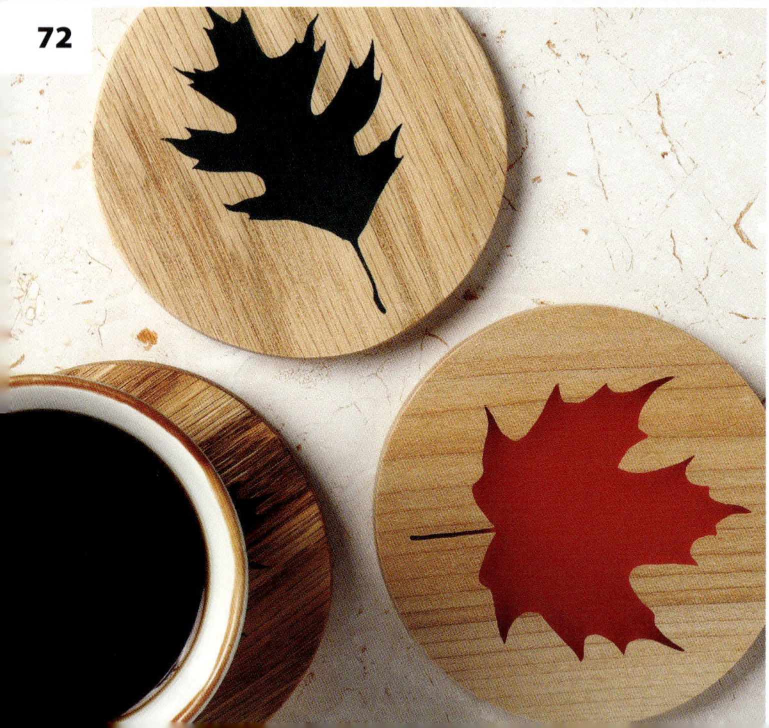

72

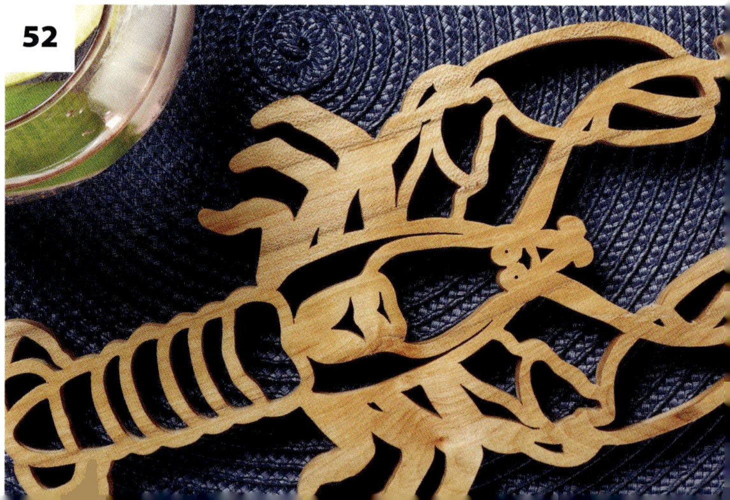

52

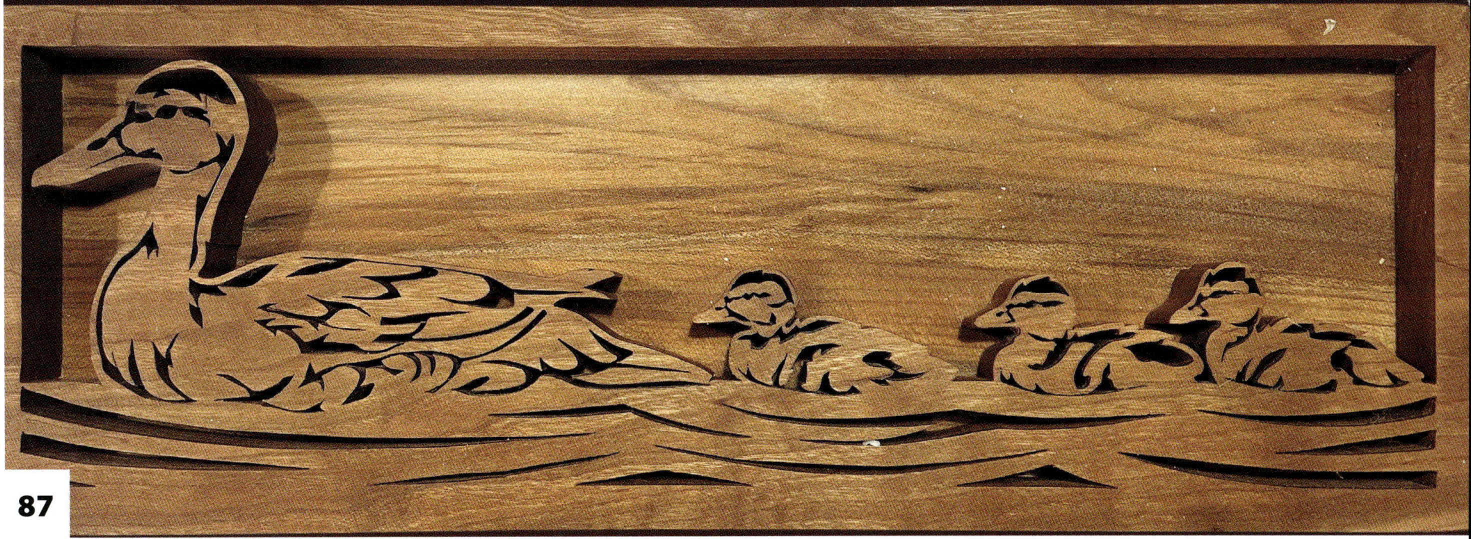

87

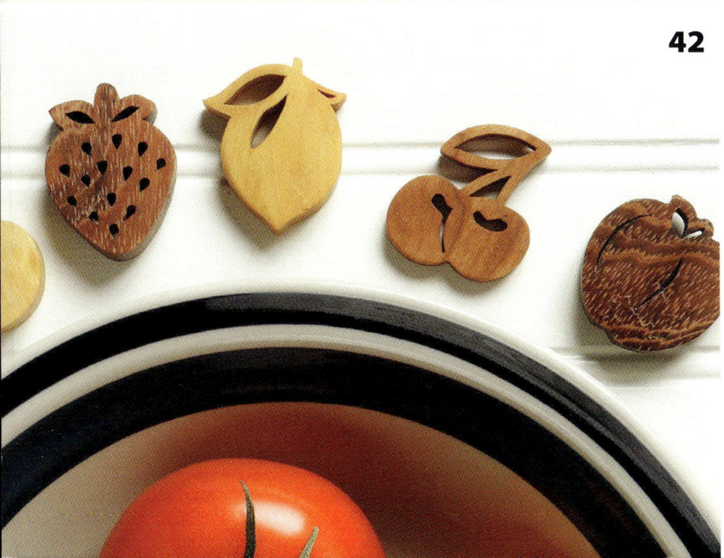

42

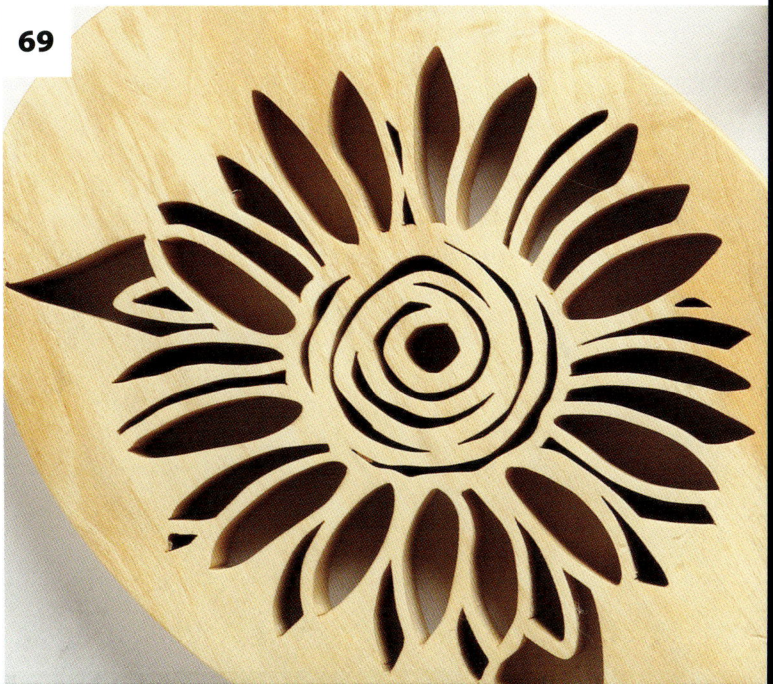

69

Galerie

Wanddeko „Hirsch“

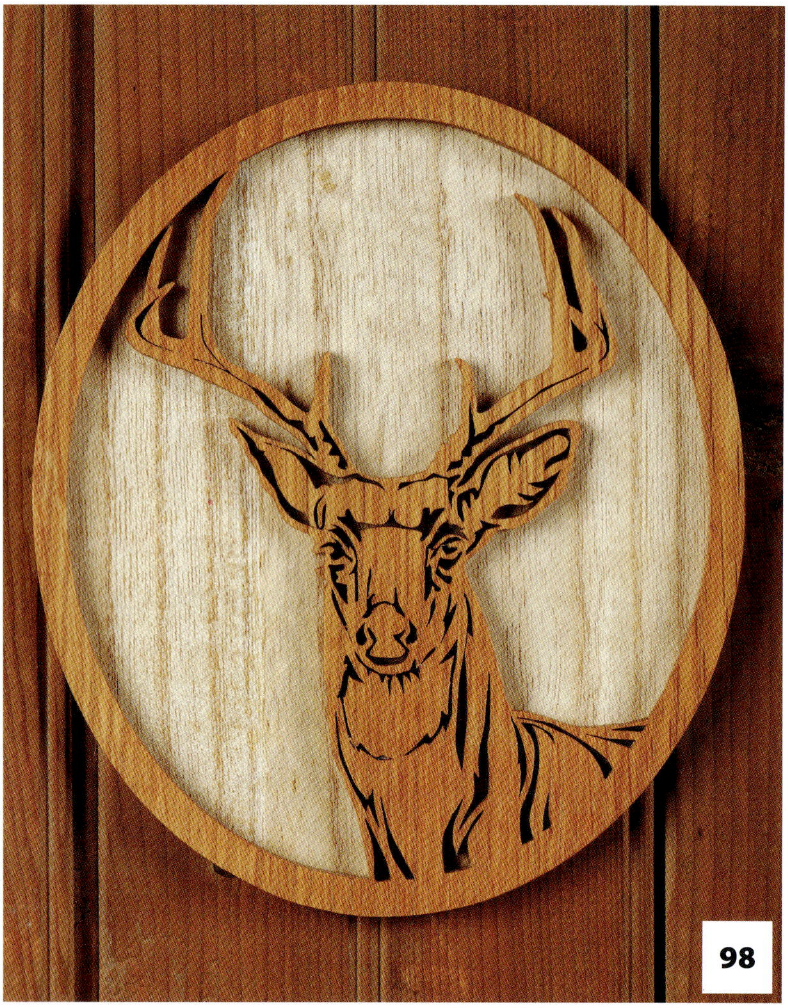

Diese Hirsch-Wanddeko macht sich in jeder Wohnung gut, ist aber eine perfekte Ergänzung in einer rustikalen Hütte am Land.

Wohndeko „Stockente & Küken“

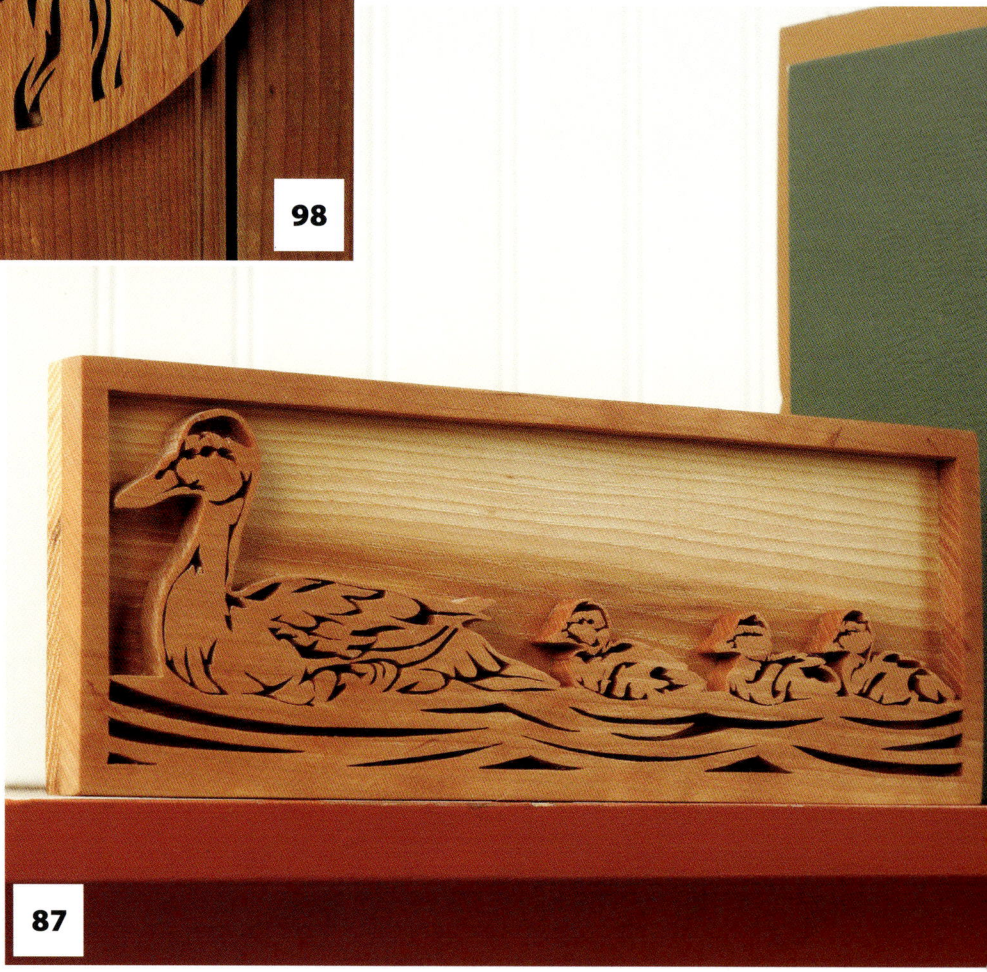

Vogel- und Naturliebhaber können dieses Stück in Bücherregalen und auf Kaffeetischen, im Souvenirschrank oder, wo auch immer es Freude bereitet, aufstellen.

Glasuntersetzer mit Blatt

Genießen Sie mit diesen Glasuntersetzern mit Blatt gemütliche Herbststimmung das ganze Jahr über! Sie können die Ausschnitte lassen, wie sie sind, oder für einen anderen Look mit gefärbtem Epoxidharz füllen.

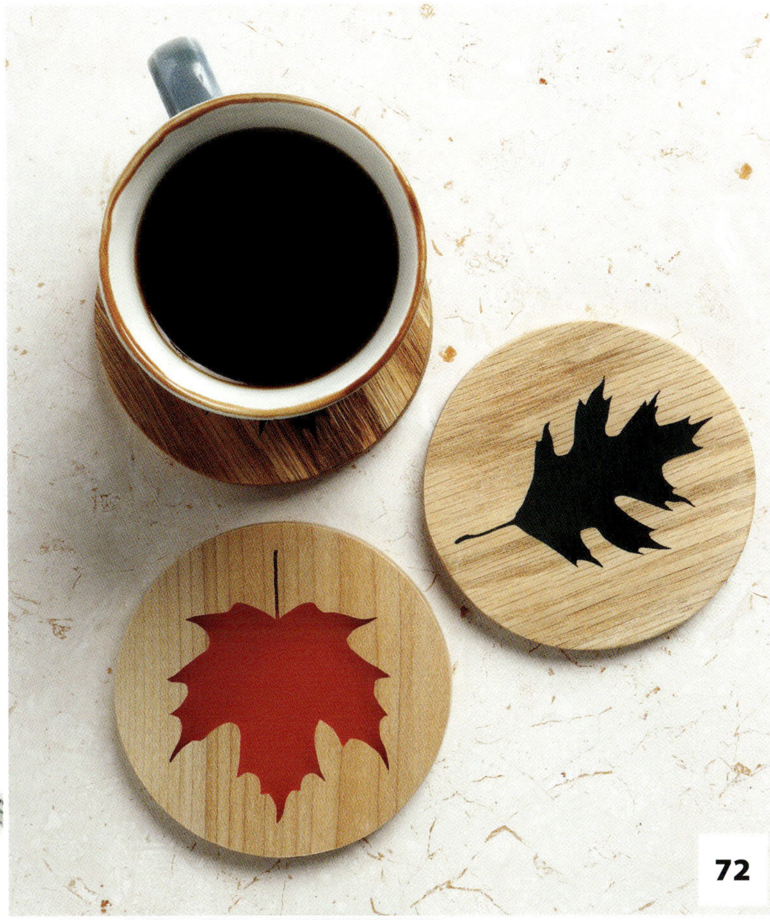

72

Christbaumschmuck „Zaunkönig“

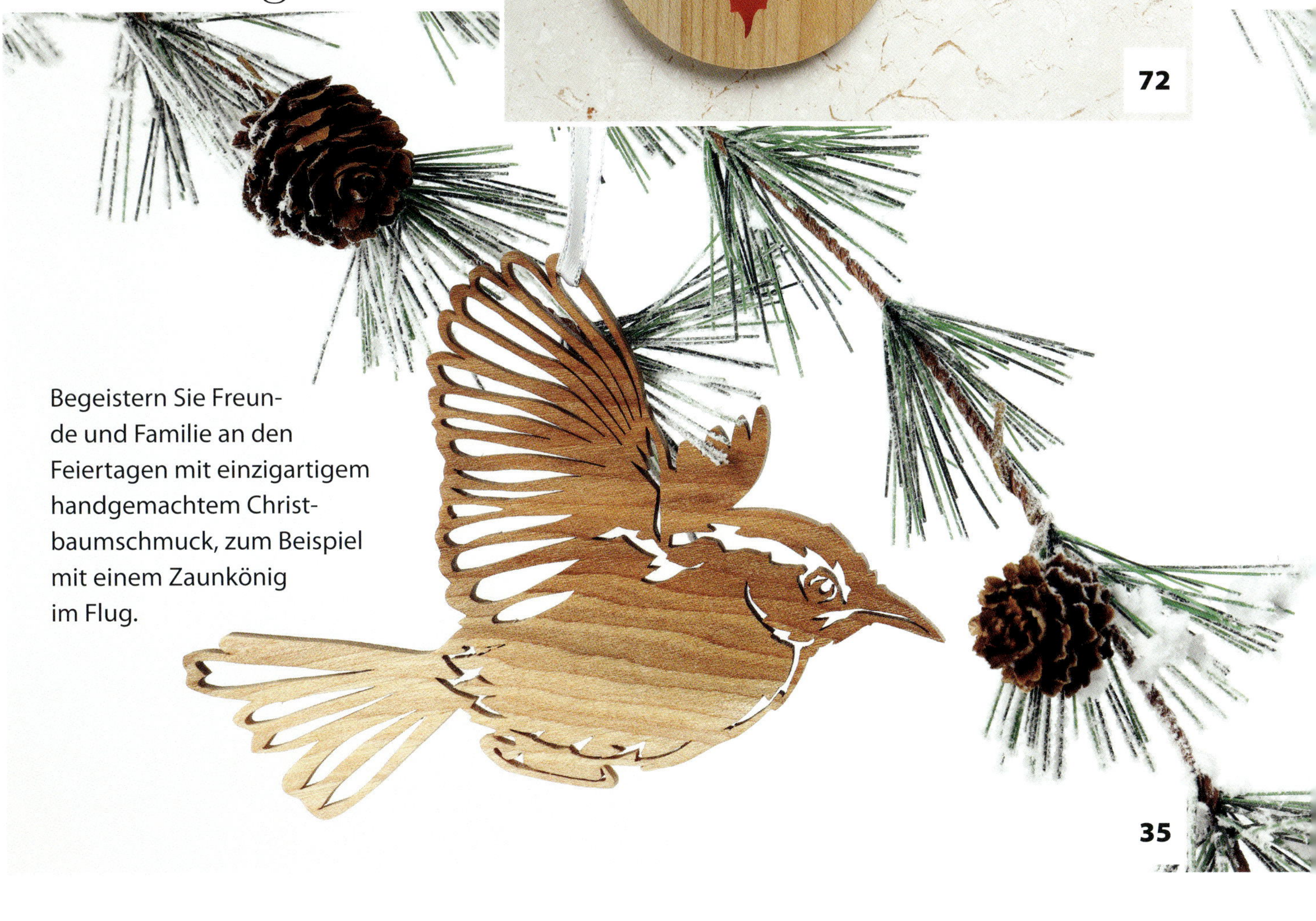

Begeistern Sie Freunde und Familie an den Feiertagen mit einzigartigem handgemachtem Christbaumschmuck, zum Beispiel mit einem Zaunkönig im Flug.

35

Obst-Appliken

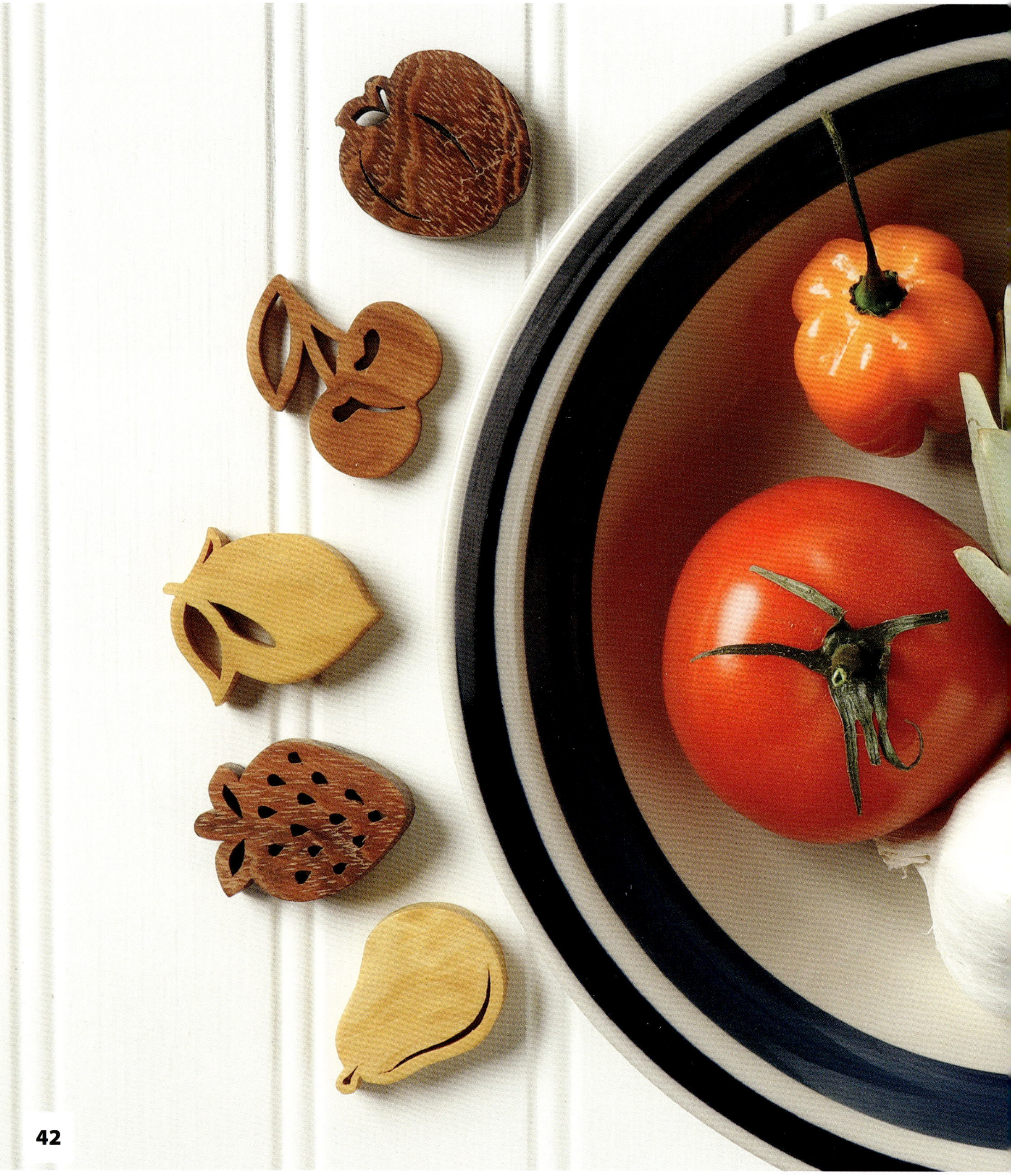

42

Bringen Sie Magnete an der Rückseite dieser Obst-Appliken an und befestigen Sie sie am Kühlschrank oder dekorieren Sie damit andere Dinge rund um die Küche.

Applike „Ananas“

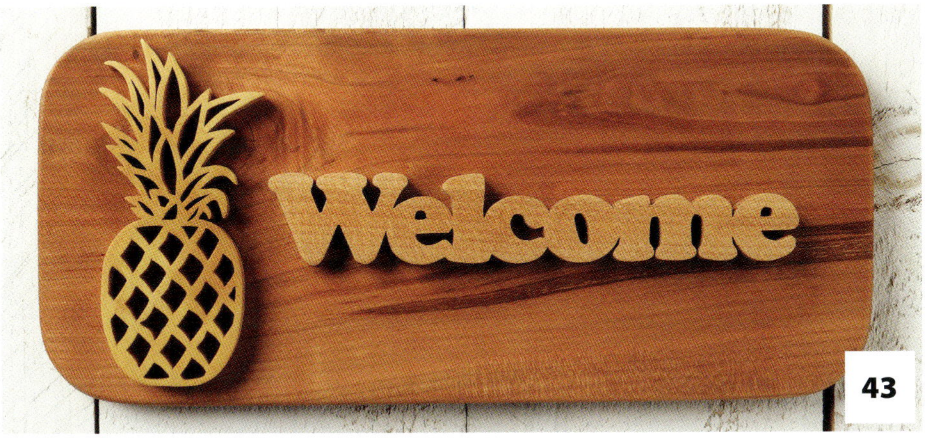

Gestalten Sie mit diesem Stück ein einzigartiges Willkommensschild oder peppen Sie Kisten, Spiegel und Wände auf!

Applike „Hummer“

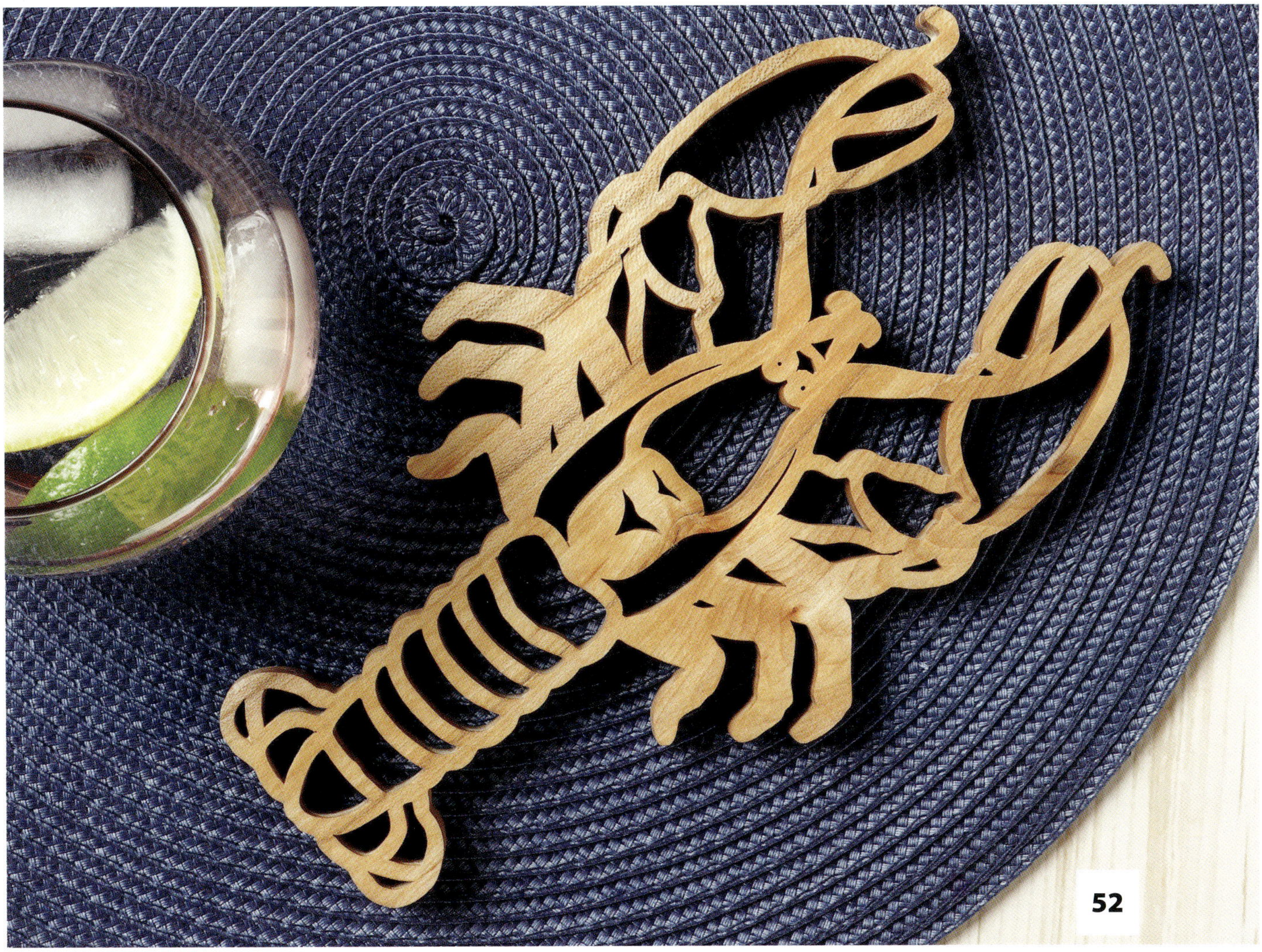

Verwenden Sie diese Hummer-Applike als Topfuntersetzer, wenn Sie das nächste Mal einen Topf Fischsuppe auftischen! Sie ist außerdem ein perfektes Wohnungseinweihungsgeschenk für gute Freunde mit Liebe zum Meer.

Topfuntersetzer „Sonnenblume“

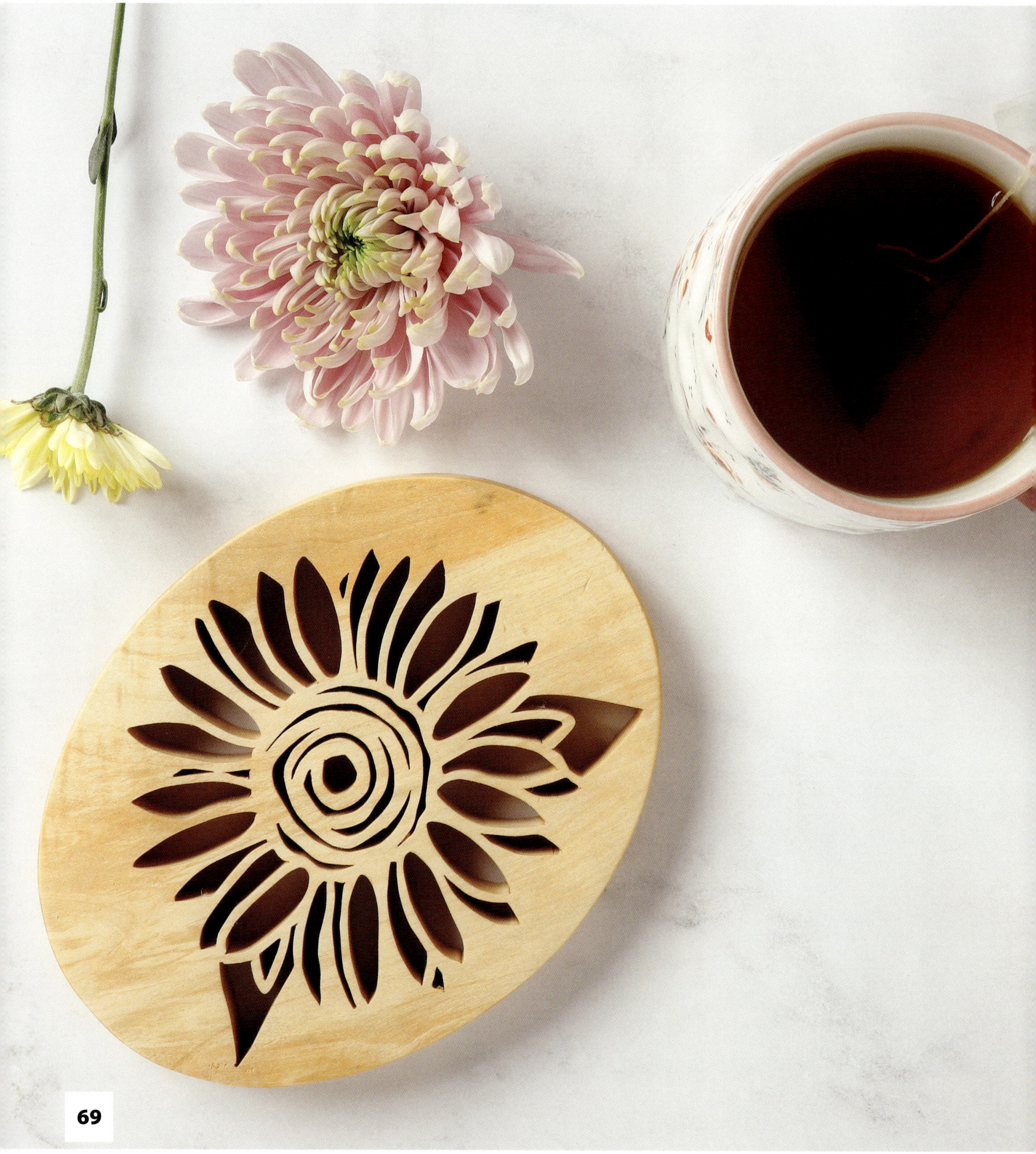
69

Wie könnten Sie Ihren Liebsten das Essen besser servieren
als auf diesem schönen Sonnenblumen-Topfuntersetzer?

Wand- oder Wohndekoration „Elefant & Kalb“

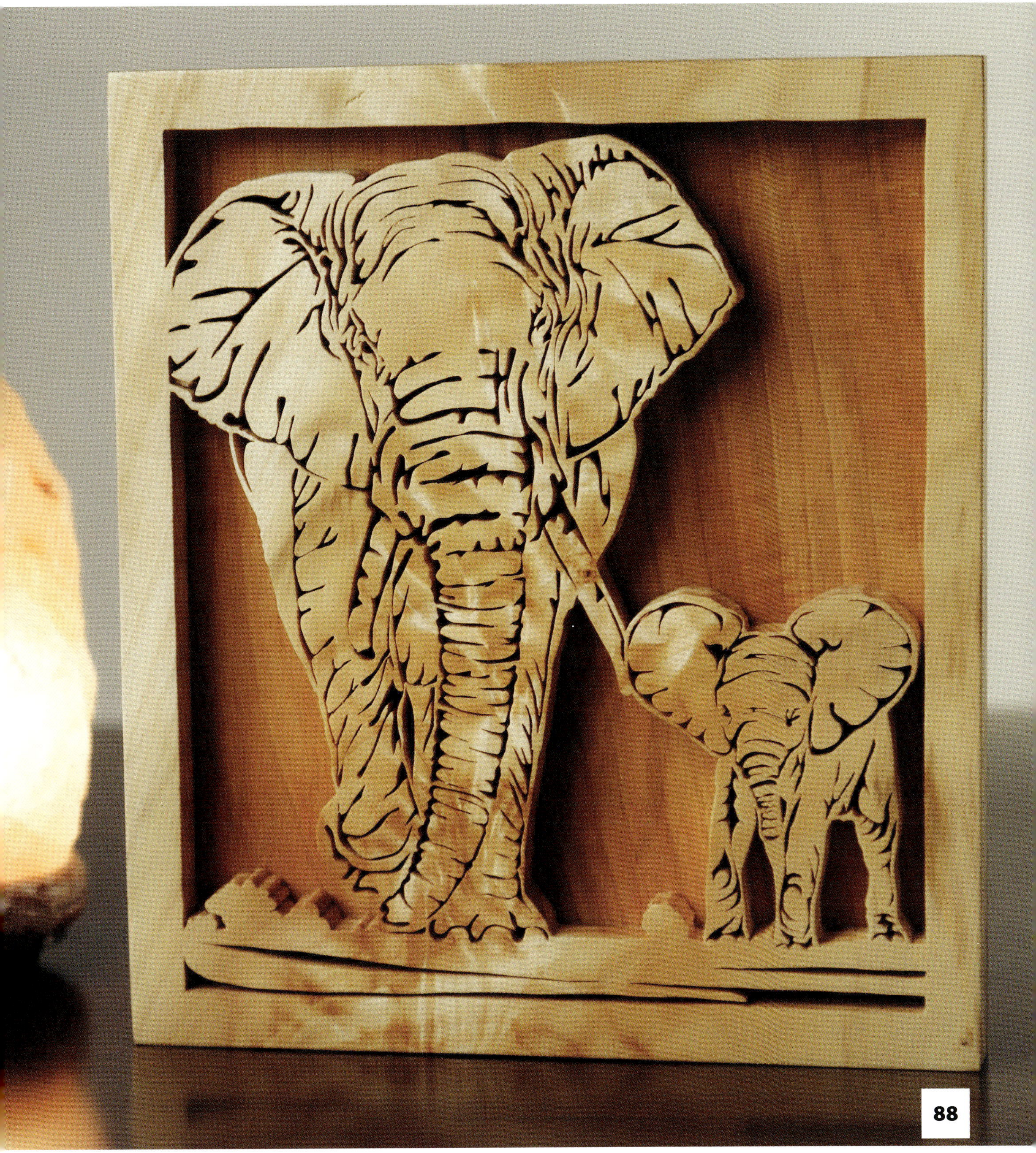

Feiern Sie die Liebe zwischen Eltern und Kind mit diesem herzallerliebsten Porträt, perfekt fürs Wohnzimmer oder den Flur.

Tipps & Techniken
Sicherheit geht vor

Der wichtigste Aspekt bei der Arbeit mit der Dekupiersäge ist Sicherheit für Sie und Ihre Familie. Hier sind ein paar Tipps, wie Sie das in die Tat umsetzen können. Die Sägeprojekte mit der Dekupiersäge umfassen drei Schritte: das Bohren von Löchern, das Sägen der Vorlage innen und außen und die Fertigstellung des daraus resultierenden Stücks durch Schleifen und Auftragen eines Produkts zur Schlussbehandlung. Hier finden Sie ein paar Gedanken zur Sicherheit für jeden dieser Schritte.

Bohren

Sie könnten für die Eintrittslöcher des Sägeblatts eine Handbohrmaschine verwenden, aber eine Tischbohrmaschine ist sicherer und effizienter. Die Handbohrmaschine lässt sich bei kleinen Löchern schwer im 90-Grad-Winkel halten und wahrscheinlich brechen Ihnen auch einige kleine Bohraufsätze ab. Ich verwende eine kostengünstige Tischbohrmaschine aus dem Baumarkt und hatte nie irgendwelche Sicherheitsprobleme, weil ich wie folgt vorgehe:

- Legen Sie immer ein Brett (Kiefer oder ein anderes Weichholz) auf den Bohrtisch, damit Sie durch das Werkstück bohren können, ohne auf die Metallplatte zu stoßen.

- Halten Sie das Werkstück immer mit einer Hand fest, während Sie die Bohrmaschine senken, um das Loch zu bohren. Sie können es auch am Bohrtisch einspannen; Sie müssen jedoch für jedes neue Loch die Position ändern und es neu festklemmen.

- Halten Sie die Hand, die das Stück festhält, fern von dem sich bewegenden Bohrer.

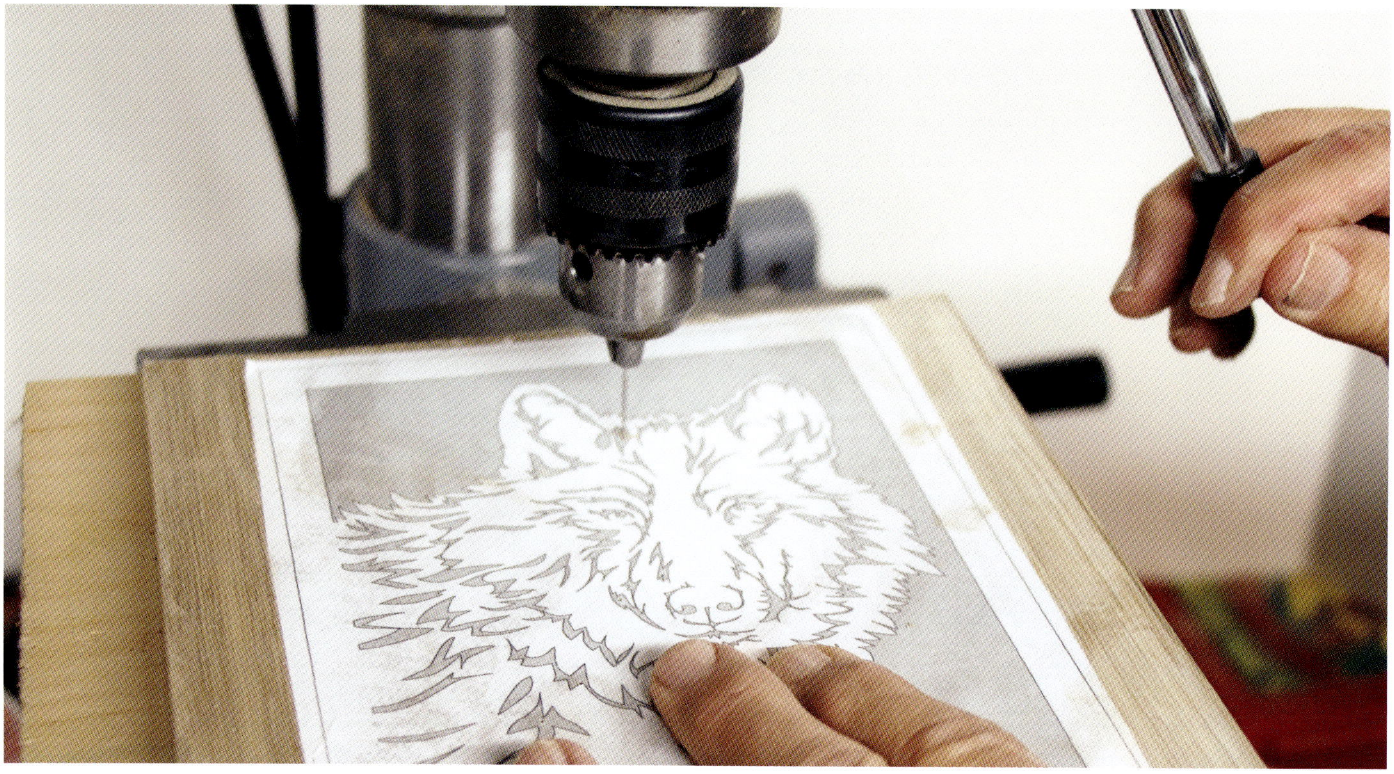

Eine hochwertige Tischbohrmaschine ist eine sicherere und zuverlässigere Alternative zur Handbohrmaschine.

Arbeit mit der Dekupiersäge

Das Sägeblatt einer Dekupiersäge bewegt sich mit bis zu 1.600 Sägestrichen die Minute und könnte Sie binnen Sekunden tief schneiden, weshalb Sie jegliche Berührung vermeiden sollten. Das Holz, das Sie schneiden, ist viel härter als Ihr Körper, seien Sie also vorsichtig. Hier sind einige Maßnahmen für sicheres Arbeiten:

- Wenn Sie nicht schon eines besitzen, investieren Sie zum Antreiben Ihrer Säge in ein Fußpedal. Abgesehen davon, dass es eine große Zeitersparnis ist, ist es auch ein wichtiger Beitrag zu Ihrer Sicherheit. Die Sägeblätter von Dekupiersägen brechen regelmäßig und manchmal verliert man den Halt an einem Werkstück und muss die Säge sofort anhalten. Die Suche nach dem Ausschaltknopf kann länger dauern, als den Fuß einfach vom Pedal zu nehmen.

- Arbeiten Sie am Bohrtisch unter der Säge, nehmen Sie immer Ihren Fuß vom Pedal, um zu verhindern, dass Sie die Säge aus Versehen starten und so Ihre Finger verletzen. Machen Sie sich dies bewusst, bis es zu einer fest verinnerlichten Gewohnheit geworden ist.

- Staub ist Ihr Feind, investieren Sie darum in irgendeine Form der Staubabsaugung. Ich habe eine Absaugung von oben mit Fernbedienung, um den Staub vom Rest des Hauses fernzuhalten. Ich empfehle Ihnen auch das Tragen einer Staubschutzmaske, die für die Filterung kleiner Partikel in der Luft ausgelegt ist. Man bekommt sie online und im heimischen Baumarkt.

- Dekupiersägearbeiten bringen feine Sägeblätter mit sich und Sie brauchen Ihren Daumen, um das Sägeblatt für jeden einzelnen Steg in seinen Halter zu drücken. Dies kann dem Daumen, der das Sägeblatt schiebt, Schaden zufügen, also legen Sie einen Verband an, um ihn zu schützen. Wozu das gut ist, werden Sie verstehen, wenn Sie den Verband nach einer ausgiebigen Säge-Session ansehen.

- Halten Sie das Stück, das Sie sägen, immer mit beiden Händen fest und die Hände vom Sägeblatt fern. Das klingt einfach, aber die meisten Schnitte in diesem Buch verlangen, dass Sie die Arbeit um 360 Grad drehen, weshalb Ihre Hände mit dem Sägeblatt häufig in einer Linie sein werden. Vergewissern Sie sich, dass Sie die Position Ihrer Hände regelmäßig anpassen, um zu verhindern, dass sie direkt in Schnittlinie des Sägeblatts liegen.

- Viele Sägen sind mit einer Vorrichtung ausgestattet, um die Werkstücke festzuhalten. Ist Ihnen der Umgang damit angenehm, verwenden Sie sie. Andererseits könnten Sie es beim Ausarbeiten kleiner Vorlagen auch einfacher finden, sie beiseitezulegen. Lassen Sie also entweder mehr überschüssiges Material rund um die Vorlage stehen oder ziehen Sie in Betracht, mehrere Stücke aus demselben Brett zu schneiden, um mehr Platz zum Festhalten zu haben.

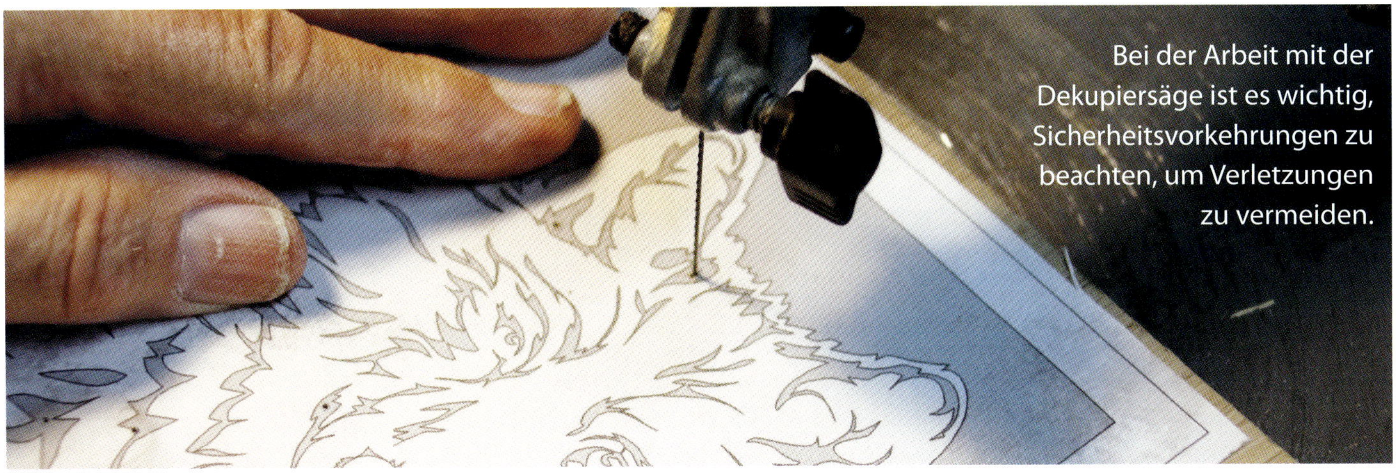

Bei der Arbeit mit der Dekupiersäge ist es wichtig, Sicherheitsvorkehrungen zu beachten, um Verletzungen zu vermeiden.

Schleifen

Das Schleifen kann die gefährlichste Phase bei Sägearbeiten sein, wenn Sie strombetriebene Schleifgeräte verwenden. Ich habe über 30 Jahre lang ein Tellerschleifgerät (20,3 cm) verwendet und es hat mich einige Male gelehrt, bei seiner Verwendung die Sicherheitsregeln zu respektieren. Natürlich können Sie die meisten Sicherheitsprobleme beim Schleifen vermeiden, indem Sie Handschleifblöcke und Schleifpapier verwenden, aber so wird auch strombetriebenes Schleifen sicherer:

- Für die meisten Dekupiersägearbeiten sind feine oder sehr feine Schleifscheiben oder -bänder sicherer. Gröberes Schleifpapier kann die Arbeit mit sich reißen und dazu führen, dass Sie die Kontrolle darüber verlieren und das Werkstück bricht.

- Halten Sie das Stück immer mit beiden Händen fest, mit den Fingern am hinteren Rand des Stücks, weg von Band oder Scheibe, während Sie es über die Schleiffläche führen.

- Wenn Sie Schwierigkeiten damit haben, die Kontrolle über das Stück zu behalten, lassen Sie es entweder los oder ziehen Sie es von der Schleiffläche. Eine Dekupiersägearbeit ist es nicht wert, Ihre Hände zu verletzen, und außerdem macht es doch Spaß, sie noch einmal zu schneiden, falls sie bricht.

- Denken Sie darüber nach, in Schutzhandschuhe zu investieren. Metzgerhandschuhe sind eine gute Option, da sie zwar robust sind, aber auch Fingerfertigkeit ermöglichen müssen.

Holz

Wahl des Holzes

In den meisten Fällen können die Designs in diesem Buch mit Holz in einer Stärke von 6,5 bis 20 mm gesägt werden. Aufgrund der vielen Details in den Projekten müssen Sie Holz verwenden, aus dem sich diese auch herausarbeiten lassen. Das sind vor allem Harthölzer, wie Kirsche, Eiche, Bergahorn, Esche oder ähnliche Holzarten. Weichere Hölzer brechen oder splittern beim Aussägen der Vorlagen. Ich habe das große Glück, an einem Ort zu leben, an dem es viele Hartholzbäume gibt, und ich kenne mehrere Menschen, die ungewöhnlichere Hartholzgewächse mit engerer Maserung schneiden. Ich hatte Gelegenheit, Hölzer, wie Kanadische Schwarzpappel, Eschenblättriger Ahorn, Walnuss, Buche und Ulme, zu verwenden, zusätzlich zu den grundlegenden Harthölzern, die für

Esche

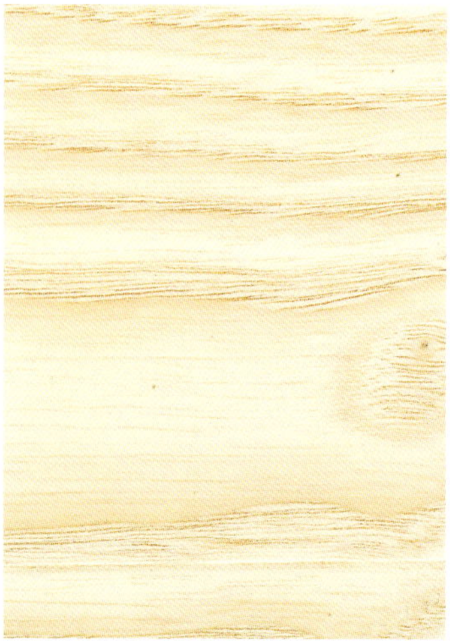

Kirsche

Birne

Walnuss

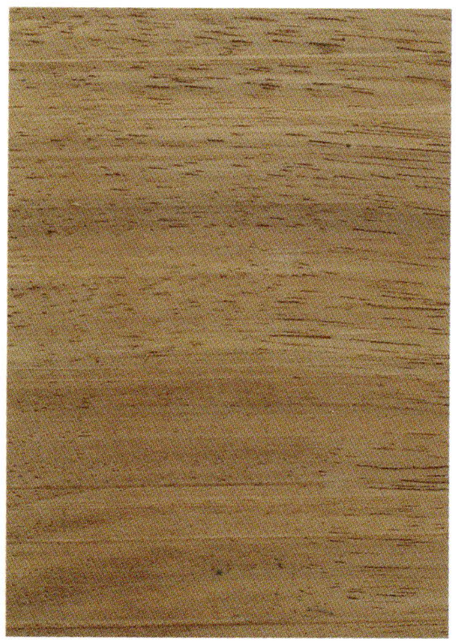

Verwenden Sie Hartholz für diese Designs, da es die Vorlagendetails „hält".
Weichere Holzarten brechen oder splittern beim Sägen der komplexen Designs.

die Vorlagen in diesem Buch aufgezählt werden. Erkundigen Sie sich bei Ihren bevorzugten Lieferanten vor Ort, um geeignetes Holz zu finden.

Ein zweiter Faktor, den Sie beachten sollten, ist die Dicke der Maserung im Holz, das Sie verwenden, und wie diese Maserung die Vorlage ergänzt oder von ihm ablenkt. Bei vielen unserer Tierporträts versuche ich Holz zu verwenden, das sich dramatisch vom Brett für die Rückwand abhebt, damit die Details richtig herausstechen.

Ein dritter Faktor, der bedacht werden muss, ist die tatsächliche Härte des Holzes. Bei sehr hartem Holz, wie etwa Esche, könnten Sie dünneres Holz in Betracht ziehen, da es weniger leicht Brandspuren ausbildet und sich schneller schneiden lässt als dickeres Holz.

Beachten Sie schließlich noch die Maserungsrichtung des Holzes. Auch wenn wir die Lage der Vorlagen auf dem Holz nicht markiert haben, sollten Sie rechteckige Vorlagen mit der langen Seite in Maserungsrichtung ausrichten. Dies sorgt für mehr Stabilität an den heiklen Stellen einer Sägearbeit. Ein langes, dünnes Werkstück vertikal in Maserungsrichtung auszurichten, ist grundsätzlich besser als quer zur Maserung, da so die empfindlichen Bereiche weniger wahrscheinlich brechen.

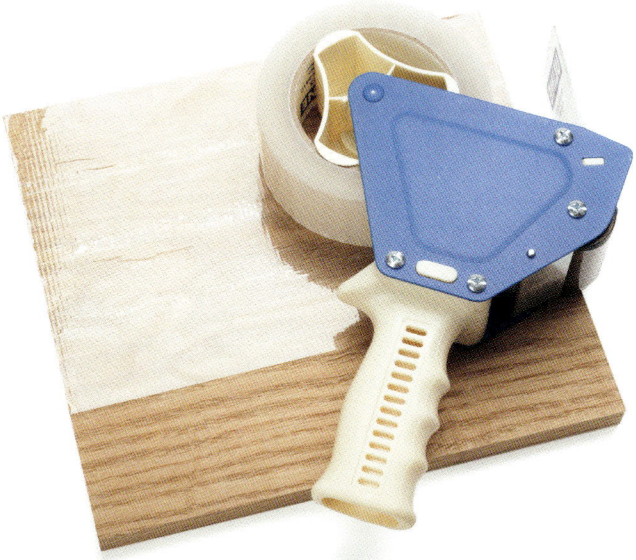

Bekleben Sie Ihr Holz mit durchsichtigem Paketband, um Ihre Vorlage nach dem Sägen leichter zu entfernen, das Sägen einfacher und sauberer zu gestalten und die Lebensdauer Ihres Sägeblatts zu verlängern.

Vorbereitung des Holzes

Nachdem Sie ein Stück Holz grob auf die Vorlage zugeschnitten haben, bekleben Sie es mit durchsichtigem Paketband. Das Klebeband dient drei Zwecken: Die Vorlage lässt sich nach dem Sägen leichter entfernen, das Sägen wird einfacher und sauberer und es verlängert die Lebensdauer des Sägeblatts. Mir wurde erklärt, dass letzterer Vorteil daraus resultiert, dass das Plastik schmilzt und das Sägeblatt schmiert. Ich verwende lieber durchsichtiges Klebeband als blaues Malerkrepp, weil man das Holz beim Anbringen der Vorlage sehen kann. Zum Befestigen des Klebebands verwende ich einen Abroller mit Schneide und Großpackungen an Klebeband (ich verwende viel davon) aus dem Bürohandel. Lassen Sie die einzelnen Klebebandstreifen ein wenig überlappen, damit die Vorlage sich leichter abziehen lässt. Bringen Sie die Vorlage dann mit Sprüh- oder Heißkleber, einem Klebestift oder Ähnlichem an.

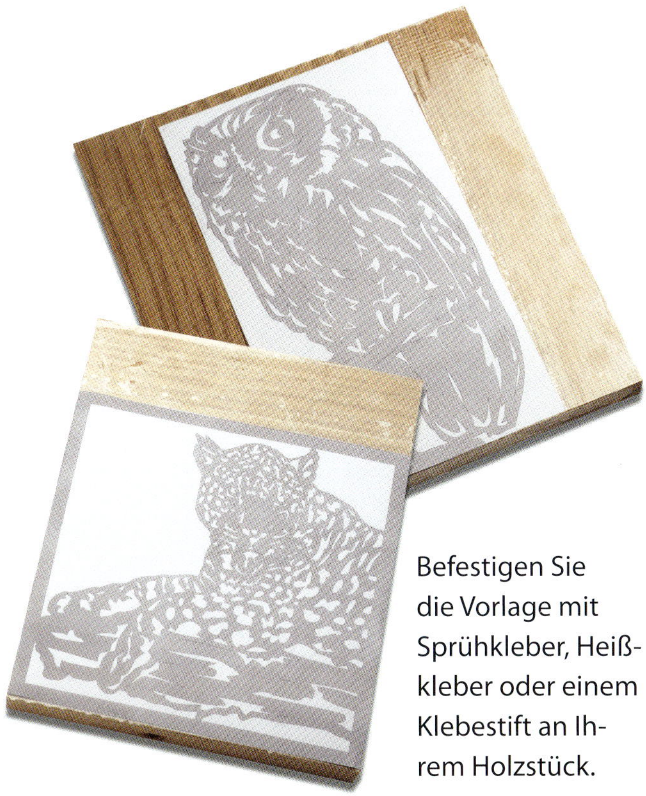

Befestigen Sie die Vorlage mit Sprühkleber, Heißkleber oder einem Klebestift an Ihrem Holzstück.

Werkzeug

Bohraufsätze

Bohraufsätze sind ein wichtiger Faktor für das erfolgreiche Sägen feinerer Details bei vielen dieser Vorlagen. Es ist wichtig, die Bohrergröße so zu wählen, dass Sie das Eingangsloch innerhalb des Bereichs mit Holzüberschuss bohren können, ohne das Holz, das Sie behalten wollen, zu beschädigen.

Es gibt ein direktes Verhältnis zwischen der Größe des Bohrers, den Sie zum Bohren in den Bereich mit dem Holzrest verwenden, und der Größe des Sägeblatts für die Ausarbeitung der Vorlage. Grundsätzlich brauchen Sie einen Bohrer, der größer als das breiteste Maß des Sägeblatts ist, das Sie durch das Loch schieben müssen. Nachdem die Sägeblattbreite einer bestimmten Größe herstellerabhängig ist, müssen Sie die breitesten Maße einer bestimmten Marke ansehen und den Bohrerdurchmesser daran anpassen, damit Sie das Sägeblatt für die Sägearbeit leicht einsetzen können.

Grundsätzlich verwende ich 1,2 mm große Präzisionsbohrer für Sägeblätter von Größe 2 bis 7 und einen 1 mm großen Bohrer für kleinere Sägeblätter. Andere Handwerker verwenden nummerierte Bohraufsätze und halten sich an Tabellen, um Nummern und Lochgrößen aufeinander abzustimmen. So ist beispielsweise ein Bohrer mit Nr. 56 ähnlich wie ein 1,2-mm-Bohrer und einer mit Nr. 67 entspricht grob einem 1-mm-Bohrer. Sie können die meisten von Jacobs Designs mit diesen beiden Aufsätzen bohren. Vielleicht müssen Sie einen Bohrer mit Nr. 69 für ein Sägeblatt der Nr. 2/0 verwenden. Sie können Bit- und Sägeblatt-Spezifikationen überprüfen, um sie aufeinander abzustimmen, oder einfach zwei Größen (z. B. meine Kombination aus 1 mm und 1,2 mm oder eine Kombination aus Nr. 67 und Nr. 56) wählen.

Auswahl des Sägeblatts

Wenn Sie schon eine Weile detailreiche Dekupiersägevorlagen ausarbeiten, haben Sie wahrscheinlich eine Vorliebe für bestimmte Sägeblätter, dennoch finden Sie hier ein paar meiner Ratschläge. Versuchen Sie immer, die Balance zwischen der gewählten Sägeblattstärke, der Dicke und Härte des zu schneidenden Holzes und den Details der Vorlage zu finden. Typischerweise gibt es nicht ein „richtiges" Sägeblatt für diese Vorlagen. Dennoch sollten Sie kein größeres Sägeblatt als Nr. 5 verwenden. Bei detaillierteren oder empfindlicheren Designs verwende ich ein Sägeblatt der Nr. 2 für die größeren Schnitte und ein Sägeblatt der Nr. 2/0, 0 oder 1 für feinere Details.

Bei sehr feinen Laubsägearbeiten verringern Sägeblätter mit umgekehrter Verzahnung das Risiko, dass das Holz splittert oder die Unterseite der Arbeit beschädigt wird, weshalb ich diese Art gegenüber dem herkömmlichen Aufbau aus Zahn und Spanraum vorziehe. Spiralsägeblätter sind sinnvoll, um große Stücke in mehreren Richtungen zu sägen, aber sie schneiden kleine Ausnehmungen nicht so gut wie jene mit umgekehrter Verzahnung. Sie sind auch schwieriger zu kontrollieren, insbesondere, wenn Sie nicht nur in eine Richtung sägen. Wenn Ihnen das Sägen Ihrer Vorlage mit dem Sägeblatt Ihrer Wahl nicht behagt, versuchen Sie, die Vorlage zu vergrößern, bis es wie etwas aussieht, das Sie gerne sägen mögen. Es wird so oder so hervorragend aussehen!

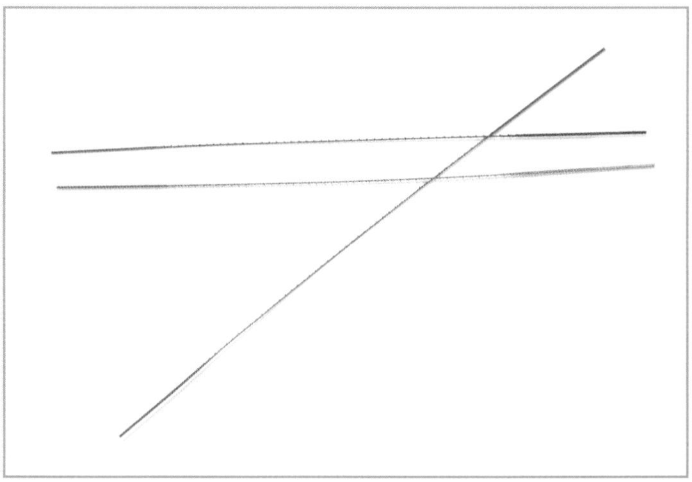

Es gibt kein „richtiges" Sägeblatt, aber für die Vorlagen in diesem Buch sollten Sie nichts verwenden, was größer ist als Nr. 5.

Sägen & Schlussbehandlung

Strategien zum Sägen der Vorlagen

In einfachsten Worten: Schneiden Sie immer zuerst die Mitte aus und arbeiten Sie sich nach außen. Diese Strategie funktioniert sowohl für alle Vorlagen (den Umfang als Letztes ausschneiden) und alle Teile eines Designs, etwa das Gesicht eines Tiers (beginnen Sie mit den Augen und arbeiten Sie sich nach außen zu Ohren oder Maul). Die Idee dahinter ist es, die Integrität des Gesamtstücks aufrechtzuerhalten, während Sie strategisch Stücke entfernen, was die Struktur des Holzes schwächt.

Drei Faktoren beeinflussen, ob Sie den Linien der Vorlage erfolgreich folgen können. Das sind:

1. **Das Holz.** Bei Holz mit starker Maserung, wie etwa Eiche, hat das Sägeblatt die natürliche Tendenz, der Maserungsrichtung und nicht den Linien der Vorlage zu folgen. Seien Sie vorbereitet, dass Sie das Sägeblatt dorthin zwingen müssen, wo Sie es haben wollen, anstatt es in Maserungsrichtung verrutschen zu lassen.

2. **Die Geschwindigkeit der Säge.** Entgegen aller Intuition ist die Säge umso leichter zu kontrollieren, je schneller sie läuft, weil Sie das Werkstück eher schieben als der Säge erlauben, daran zu ziehen. Sie haben mehr Kontrolle über eine Säge, die auf Hochtouren läuft, als über eine mit weniger Geschwindigkeit, sobald Sie sich bewusstmachen, dass Sie die Kontrolle haben. Ich verlangsame meine Säge nur, um sehr feine Details mit sehr feinen Sägeblättern zu schneiden.

3. **Die Größe des Sägeblatts**. Hier gibt es einen Kompromiss: Sie haben mehr Kontrolle über dickere Sägeblätter, aber mit dünneren können Sie feinere Details sägen. Fazit: Sie sollten das größte Sägeblatt verwenden, mit dem Sie die Details der Vorlage sägen können.

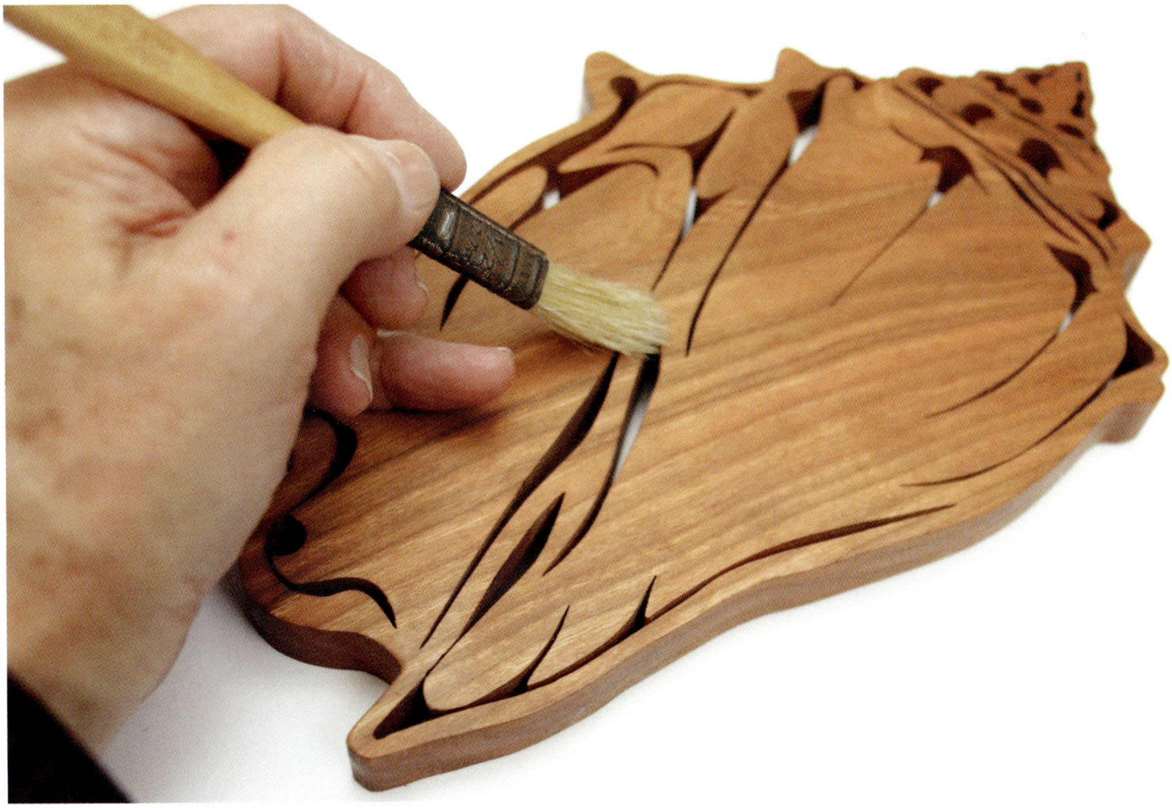

Verwenden Sie einen kleinen Pinsel zum Entfernen von innen liegendem Staub.

Bevor Sie mit dem Projekt beginnen, üben Sie, ein paar Formen in ein Holzstück zu sägen, das in Art und Stärke ähnlich ist wie das, was Sie verwenden werden. So bekommen Sie ein Gefühl für die Kombination aus Holz und Sägeblatt, bevor Sie heikle Stellen bearbeiten.

Schleifen & Schlussbehandlung der Projekte

Ihr erster Schritt in Richtung Fertigstellung eines Projekts ist, was ich das „gefürchtete Schleifstadium" nenne. Auf irgendeine Weise muss Ihre ausgesägte Arbeit mit Schleifpapier in Berührung kommen. Sie brauchen Strategien zum Schleifen, damit die Stege nicht abbrechen.

Normalerweise schleife ich zuerst Vorder- und Rückseite des Stücks mit einem strombetriebenen Schleifgerät, um überschüssigen Kleber vom Klebeband (auf der Vorderseite) und eventuelle Sägegrate (auf der Rückseite) abzutragen. Ich schleife auch den Umfang rechteckiger oder ovaler Stücke. Dann schleife ich sowohl an der Ober- als auch an der Unterseite in Handarbeit mit einem Viertelblatt sehr feinem Sandpapier (Körnung 220 oder 320) über die Innen- und Außenkanten. Schließlich reinige ich die Arbeit. Ich verwende einen kleinen Pinsel, um innen liegendes Sägemehl zu entfernen, ein gebrauchtes, stumpfes Sägeblatt zum Herausdrücken eventuell innen liegender Reste vom Sägen und ein sauberes Tuch, um den Staub an der Oberfläche zu entfernen.

Ich probiere immer wieder neue Produkte zur Schlussbehandlung aus, aber ich tendiere zu dünnen, geruchsarmen Ölen, wie etwa Tungöl. Dünnes Öl fließt perfekt in die Seiten der vielen Sägearbeiten, die ich bereits zugeschnitten habe. Um das Werkstück zu schützen, sollte das Öl alle Oberflächen bedecken, auch das Innere der Stege.

Ich verwende immer ungiftige Produkte, da ich am Anfang Puzzles für Kinder gestaltet habe. Achten Sie jedoch auf die Anweisungen des Herstellers, wenn Sie ein Öl oder einen Lack verwenden, auf dem Sie Totenschädel und gekreuzte Knochen finden, und vergewissern Sie sich, dass Sie Ihre Schlussbehandlung in einem gut belüfteten Raum auftragen und dabei einen geeigneten Atem- und Hautschutz tragen. Beispiele für ungiftige Schlussbehandlungen sind natürliche Öle, wie etwa reines Tungöl (ohne das giftige Trocknungsmittel), rohes Leinöl und Walnussöl. Ich verwende derzeit für die meisten meiner zugeschnittenen Stücke ein lebensmitteltaugliches Öl für Metzgerblöcke in Kombination mit einem Poliersystem mit Carnaubawachs, das an meine Tischbohrmaschine angepasst ist (BEALL Poliersystem). Nachdem jedoch keines dieser Projekte direkten Kontakt mit Lebensmitteln haben wird, verwenden Sie einfach die Schlussbehandlung, mit der Sie sich wohlfühlen.

Fehlerbehebung

Vor Jahren hatte ich das Problem, dass sich meine inneren Schnitte verzogen haben – die Rückseite des Stegs war anders als die Vorderseite und das Abfallstück war gewölbt. Ein weiser Mann, der zufälligerweise Dekupiersägen verkaufte, meinte, ich würde zu fest andrücken. Ich müsste langsamer arbeiten und das Werkstück einfach entlang der Linie leiten. Er riet mir auch, meine Sägeblätter öfter zu wechseln, da stumpfe Sägeblätter ein Aufwölben verursachen könnten. Sägeblätter sind billig und in Großpackungen erhältlich, weshalb das Wegwerfen stumpfer Sägeblätter eine günstige Art ist, bessere Ergebnisse zu erzielen. Wenn Sie also das Gefühl haben, Sie drücken zu fest an, entspannen Sie sich und tauschen Sie das Sägeblatt aus.

Eine weitere Sache, die zu unregelmäßigen Schnitten führen kann, ist der Winkel des Sägetischs. Überprüfen Sie immer vor Arbeitsbeginn, ob der Tisch perfekt im rechten Winkel zum Sägeblatt ausgerichtet ist. Zeigt ein Winkelmaß, das auf dem Tisch platziert wird, 90 Grad zwischen Tisch und Sägeblatt, sind Sie startklar.

Schließlich behalten Sie sich folgenden Ratschlag während des Sägens im Hinterkopf (ich nenne es die „Jede Kreatur Gottes ist einzigartig"-Regel): Manchmal folgen Sie vielleicht nicht ganz den Linien der Vorlage. Solange die Abweichung jedoch nicht die Struktur der Arbeit beeinträchtigt und nicht Teil eines essenziellen Merkmals, z. B. eines Auges, ist, wird niemand es bemerken, sobald Sie die Vorlage entfernt haben.

Präsentation Ihrer Werke

Über die Jahre habe ich ein halbes Dutzend Methoden für die Präsentation meiner fertigen Laubsägearbeiten entwickelt. Hier ein paar Tipps für Ihren Erfolg:

Rechteckige und quadratische Designs

Ich verwende oft eine einfache Basis aus zwei Halbkreisen aus zur Arbeit passendem Holz (19 mm), die oben an der gebogenen Seite Schlitze aufweisen, die gleich breit wie die Stärke des Holzes sind, aus dem die Sägearbeit geschnitten wurde. Sind die Schlitze richtig bemessen, sollte das Werk in diesem Ständer sicher und ohne Klebstoff im Regal stehen können. So haben die Menschen, die meine Sägearbeiten kaufen, die Möglichkeit, sie ins Regal zu stellen oder an die Wand zu hängen.

Eine weitere Alternative für einen Ständer ist wieder auf das Werk abgestimmtes Holz (19 mm), das rechteckig mit einer Breite von etwa 5 bis 7,5 cm und einer Länge von der Unterseite des fertigen Werks plus 2,5–5 cm zugeschnitten wird. Nachdem Sie die Außenseite dieses Ständers gefräst haben, können Sie ihn mit Dübeln oder Schrauben unten am Werkstück anbringen – erneut, um es in einem Regal aufzustellen.

Seit Kurzem versehe ich das fertige Stück mit einer Rückwand. Ich versuche, dünneres Holz zu verwenden, das das Projekt ergänzt. Ich zeichne die Arbeit an und schneide die Rückwand zu, leime sie auf das Werk und versehe das zusammengesetzte Stück mit einer Schlussbehandlung. Ich bringe einen sich selbst ausrichtenden Bilderhaken an der Rückseite an, damit man das Kunstwerk an die Wand hängen kann.

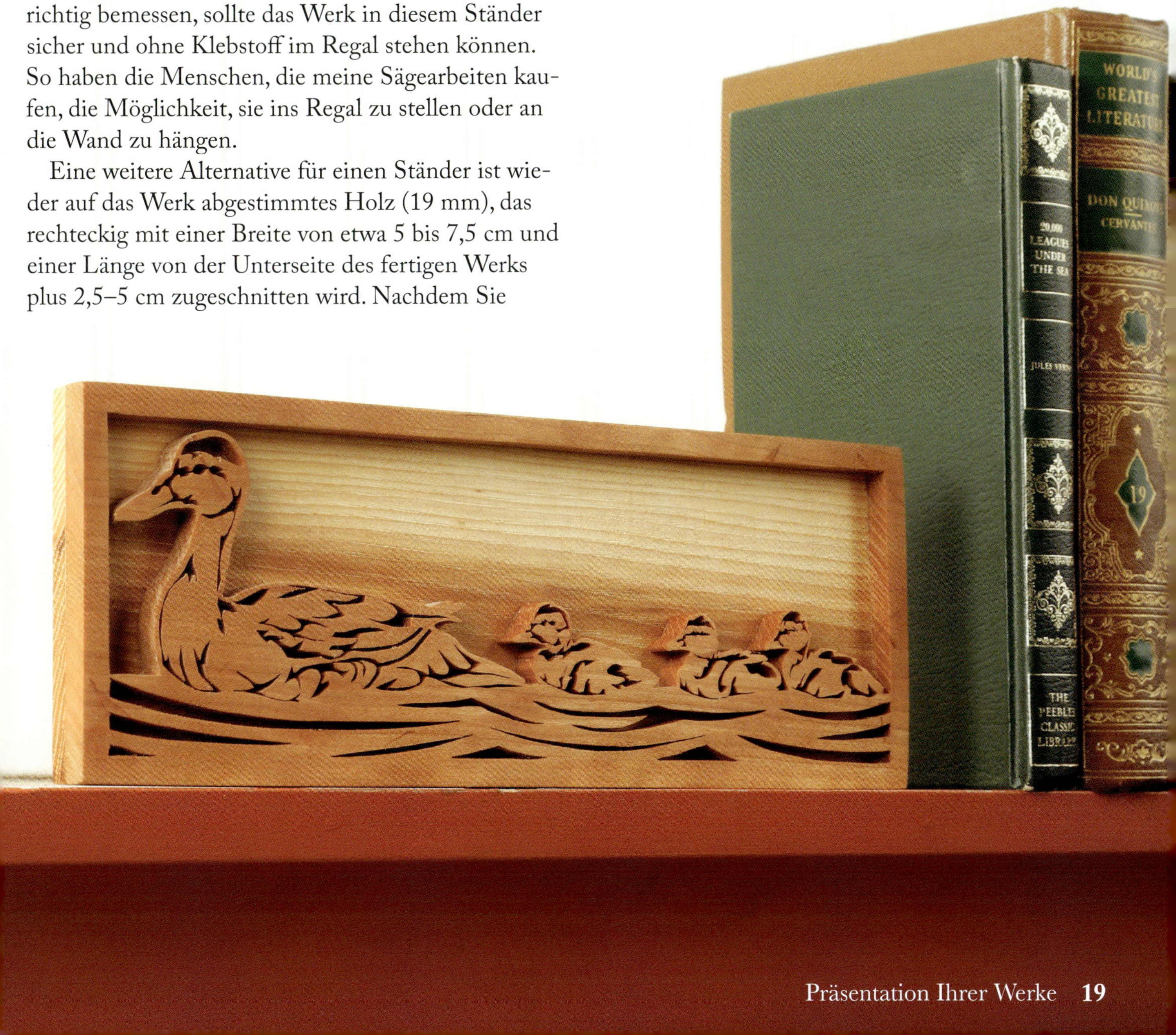

Designs mit natürlichen Formen

Hier gibt es zwei Arten von Designs: Jene mit glatter Unterseite, die in einen Ständer gestellt werden können, und solche, bei denen das nicht geht. Für Designs mit glatter Unterseite verwende ich einen simplen ovalen Ständer in der Länge der Unterseite der Sägearbeit. Damit das Erscheinungsbild der Arbeit sauber bleibt, verwende ich zwei innenliegende Dübel und leime sie in den Ständer ein, um das Werk daran zu befestigen, aber Sie könnten ebenso zwei Holzschrauben von unten durch den Ständer drehen. Für gewöhnlich runde ich die Kanten mit einer Oberfräse ab, damit der Ständer hochwertiger aussieht, aber das ist Geschmackssache.

Bei natürlich geformten Designs ohne gerade Unterlinie schneide ich einfache ovale oder rechteckige Rückwände in der Größe der Außenmaße des Kunstwerks zu. Bevor Sie Ihr Kunstwerk mit Öl schlussbehandeln, schneiden Sie die Rückwand zu, schleifen Sie sie und kleben Sie die Arbeit darauf. Lassen Sie den Leim trocknen und stellen Sie das Projekt dann mit dem Öl Ihrer Wahl fertig.

Runde und ovale Designs

Rückwände eignen sich sehr gut für ovale oder runde Designs und Werke, die auf diese Weise veredelt wurden, verkaufen sich bei mir sehr gut. Ein schönes Beispiel für diese Technik ist die Wanddekoration mit dem Hirschen von Seite 6. Eine weitere Art, wie man eine rundliche Sägearbeit präsentieren kann, ist, eine ovale Form auszuschneiden, die etwa 5,1 cm breit und ungefähr halb so lang wie die Höhe der aufgerichteten Arbeit ist. Ich schneide dann einen Schlitz mit der gleichen Breite wie das Werkstück und der halben Länge der ovalen Form in deren Mitte. Passt der Schlitz gut zur Dekupiersägearbeit, sollte diese auch ohne Leim im Ständer stehen können.

Eine dritte Art, ein rundes Werkstück zu präsentieren, ist, es auf ein Paar Stützen zu stellen, die an einem kleinen rechteckigen oder ovalen Ständer befestigt sind. Dafür kaufe ich einen Messingstab im Baumarkt und schneide diesen mit stumpfen Sägeblättern auf 2,5 oder 4 cm zu. Zwei Löcher mit gleichmäßigem Abstand unten in die fertige Sägearbeit und auch dazu passende Löcher in den Ständer bohren. Diese Art der Präsentation sorgt für einen dramatischen Einstieg für eine Kunstausstellung. Die Technik funktioniert auch gut bei Designs, die aus Holz mit natürlichen Kanten (an denen noch die Rinde hängt) geschnitten werden.

Vielleicht müssen Sie die Stützen auf unterschiedliche Längen schneiden und/oder die Tiefe der Löcher anpassen, damit Ihr Kunstwerk im Verhältnis zum Ständer gerade ist.

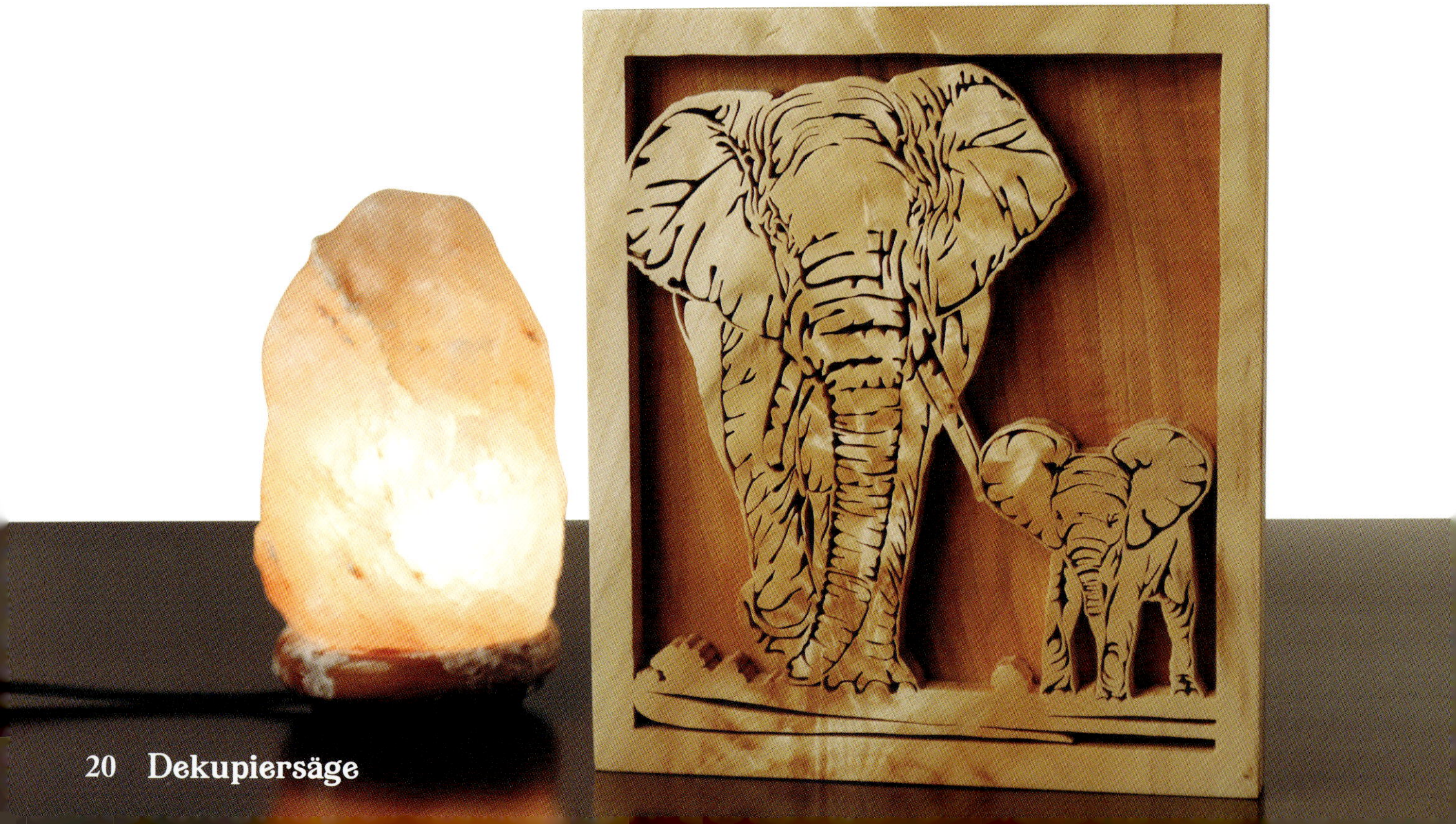

Christbaumschmuck

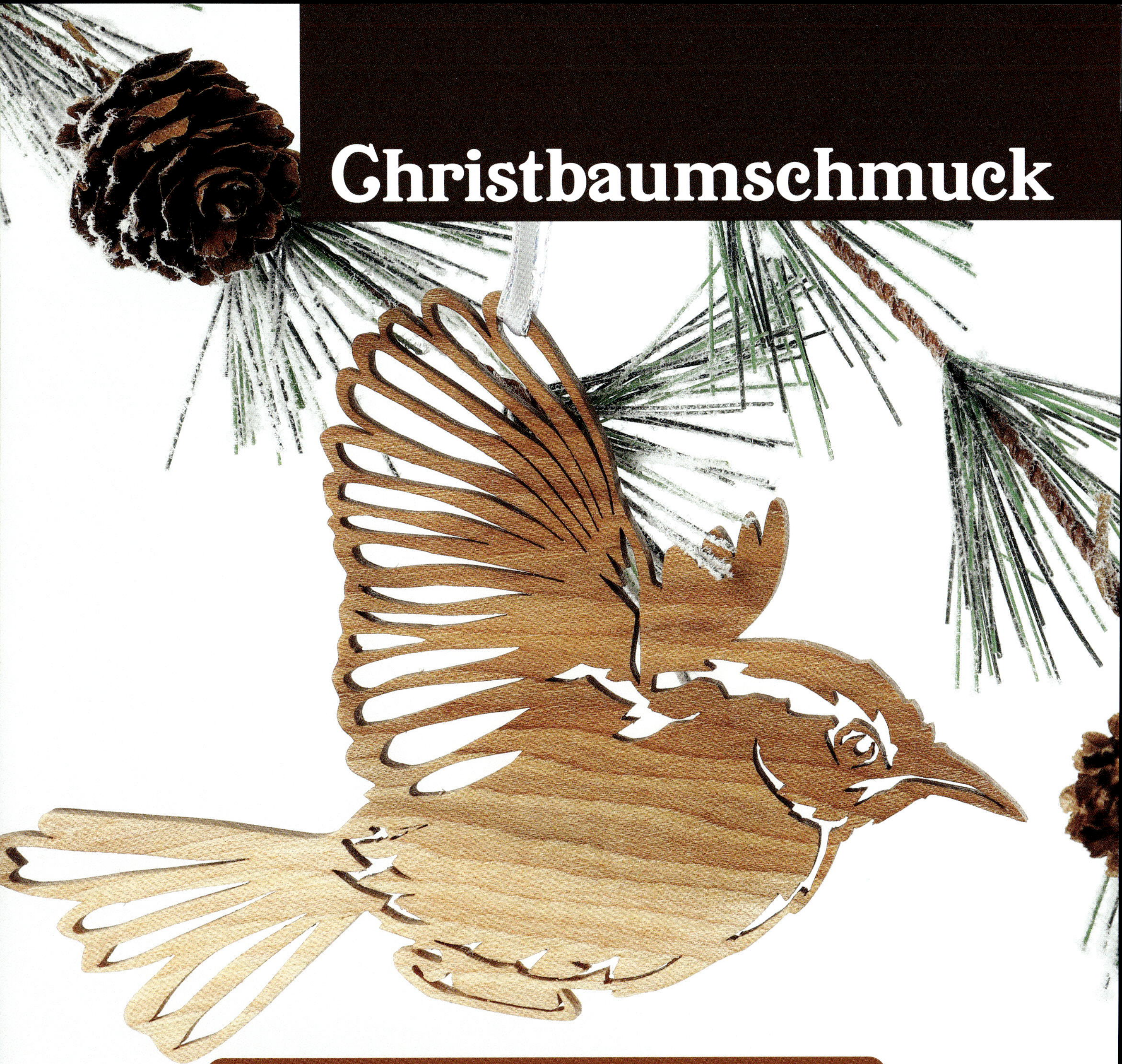

Schwierigkeitsgrade

Einsteiger:

Gerade Schnitte, wenige oder gar keine feinen Details

Fortgeschritten:

Einige sich wiederholende Schnitte mit denselben Formen oder mit feineren Details.

Profi:

Sehr feine Details, die feine Sägeblätter, Geduld und Sorgfalt erfordern.

Anmerkung: Die Vorlagen sollten in der tatsächlichen Größe (100 %) fotokopiert werden, sofern nichts anderes angegeben ist.

Engel

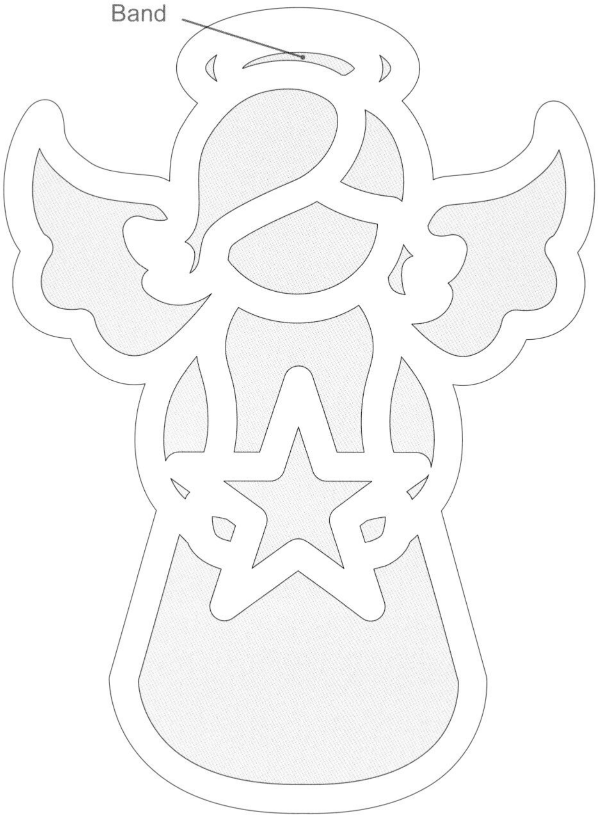

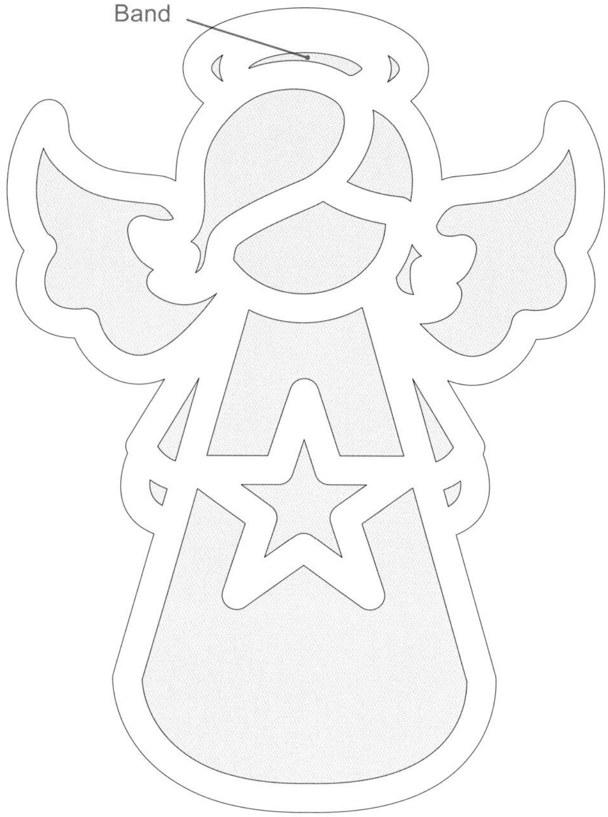

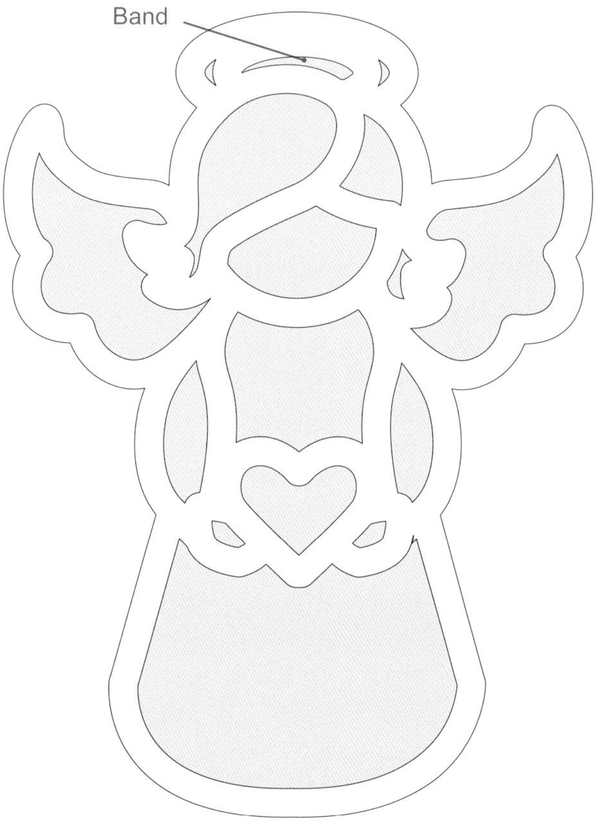

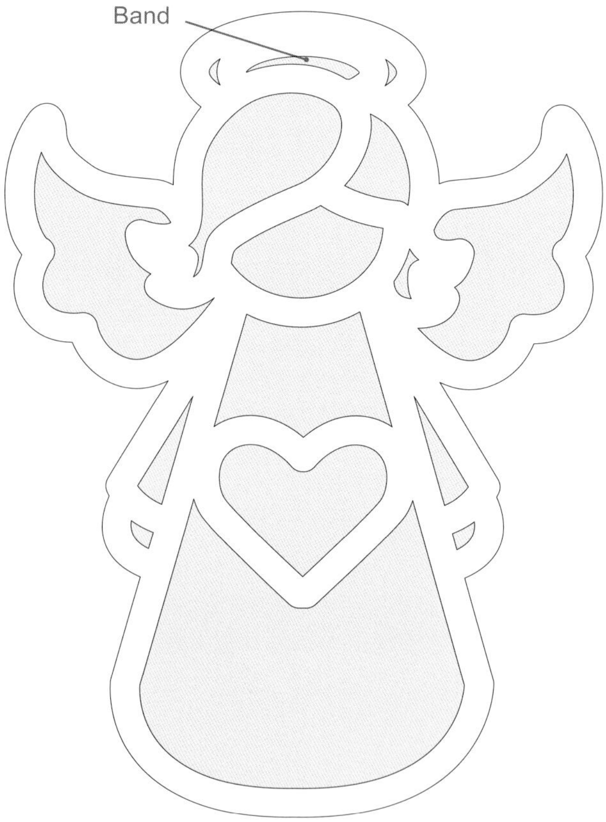

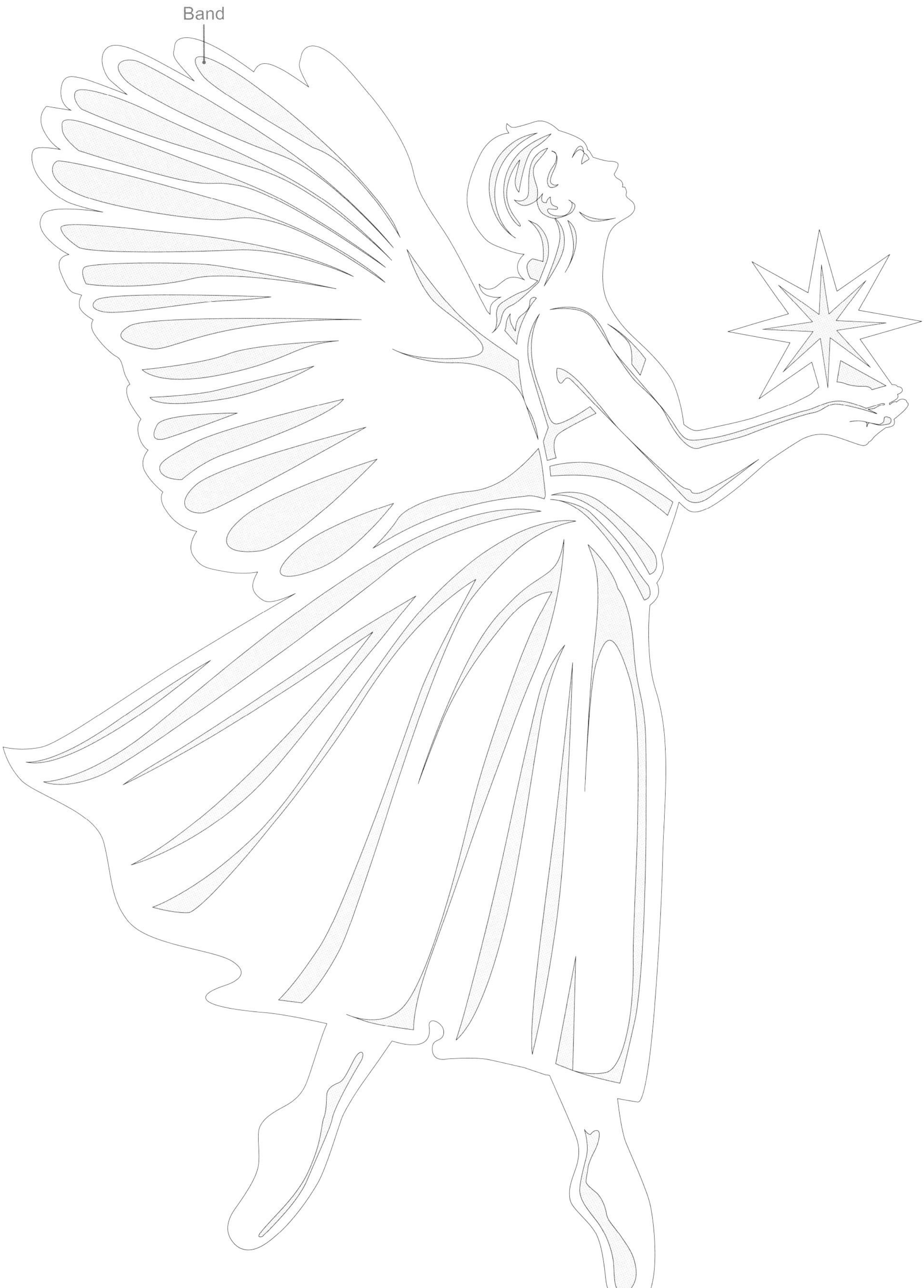
Band

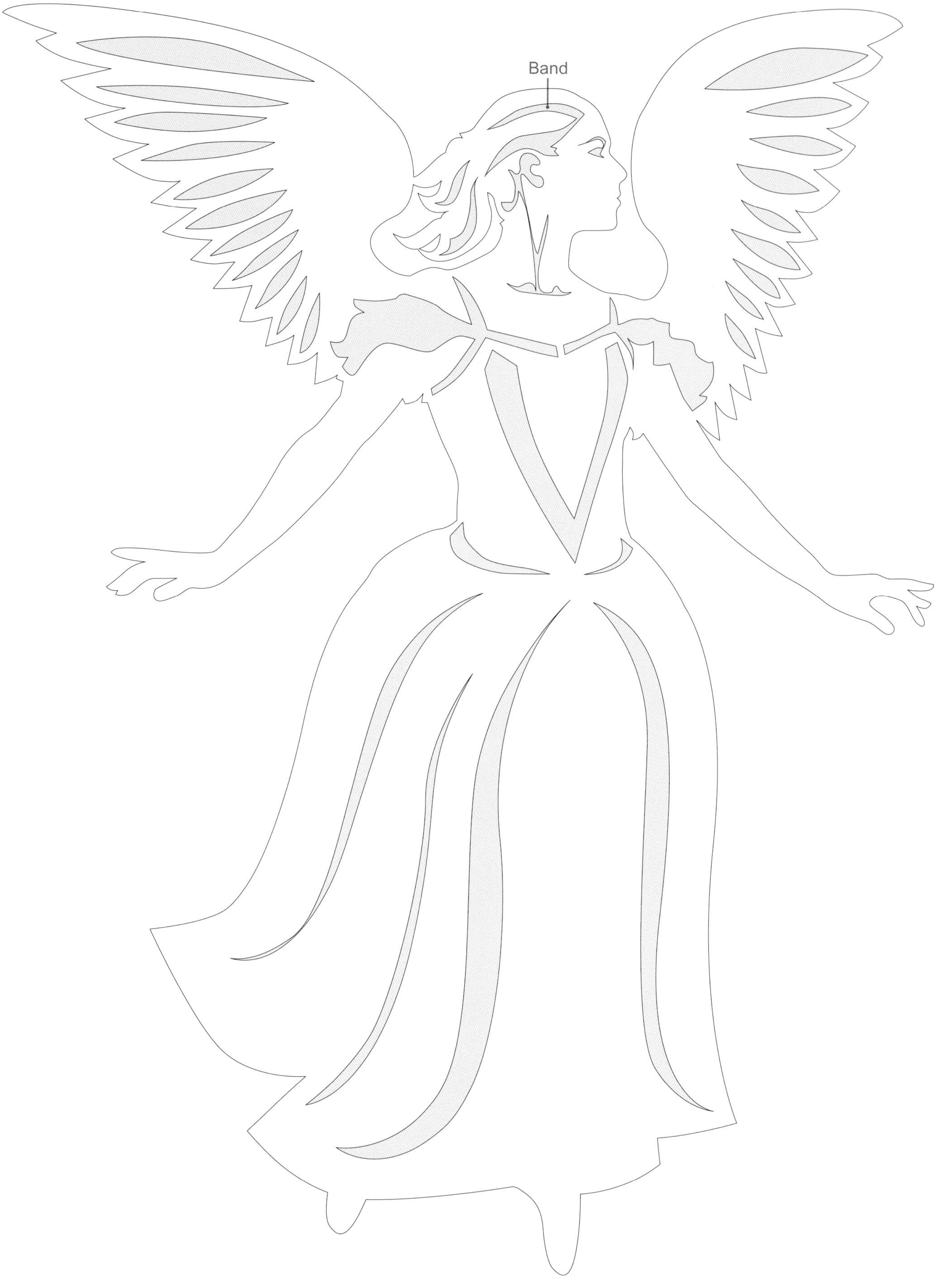
Band

Schneeflocken

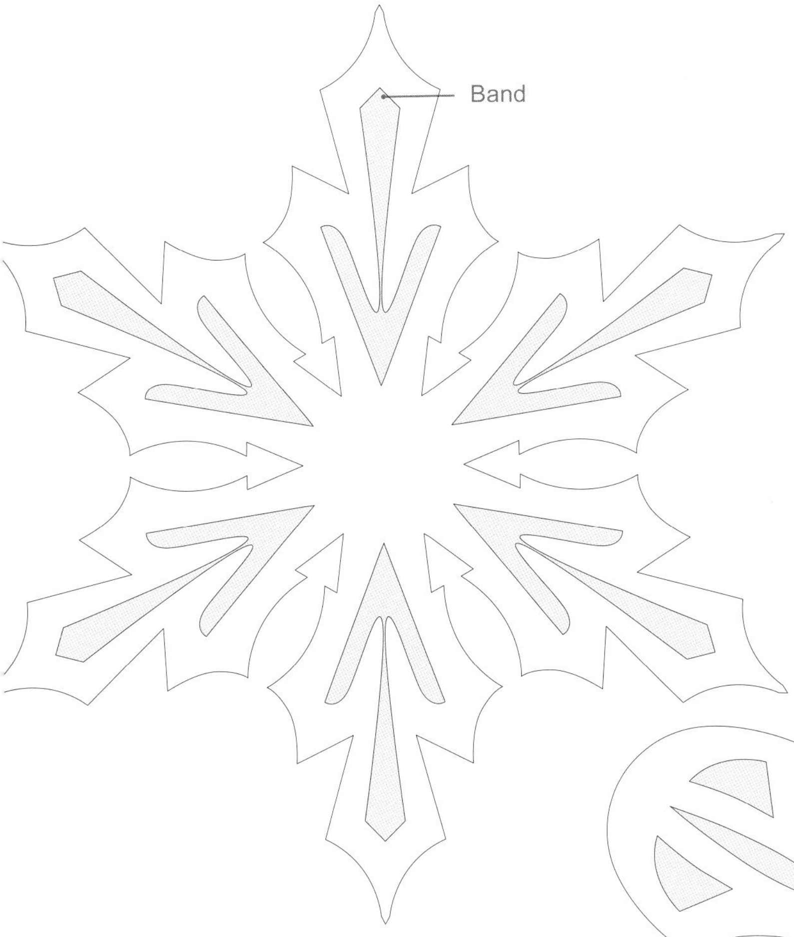

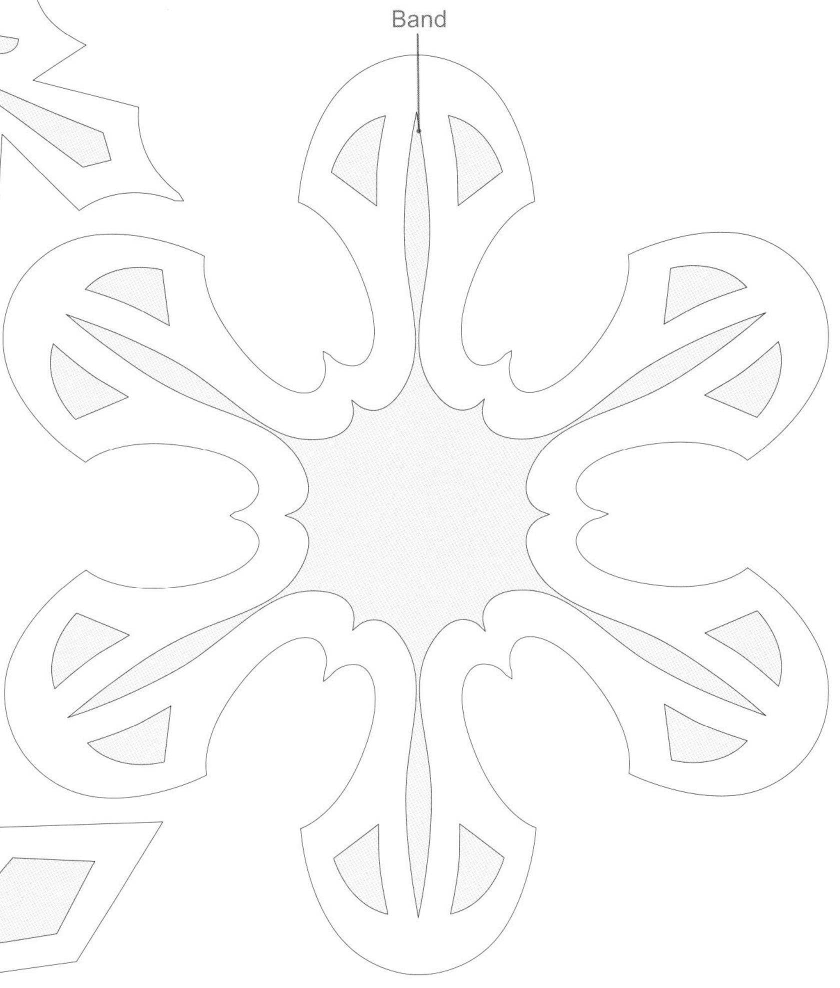

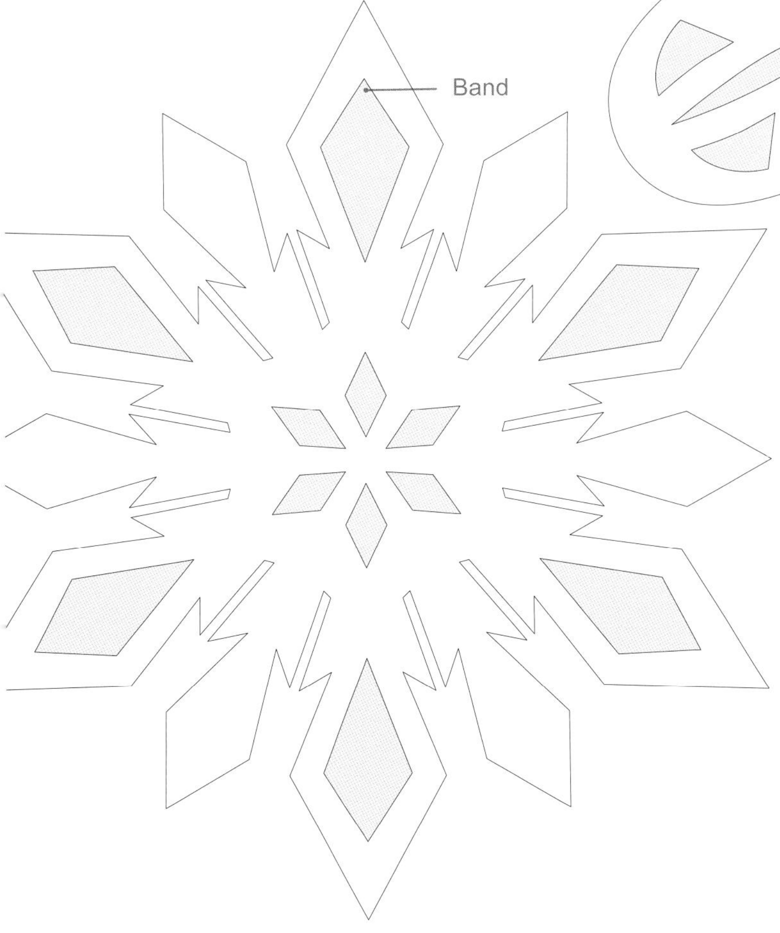

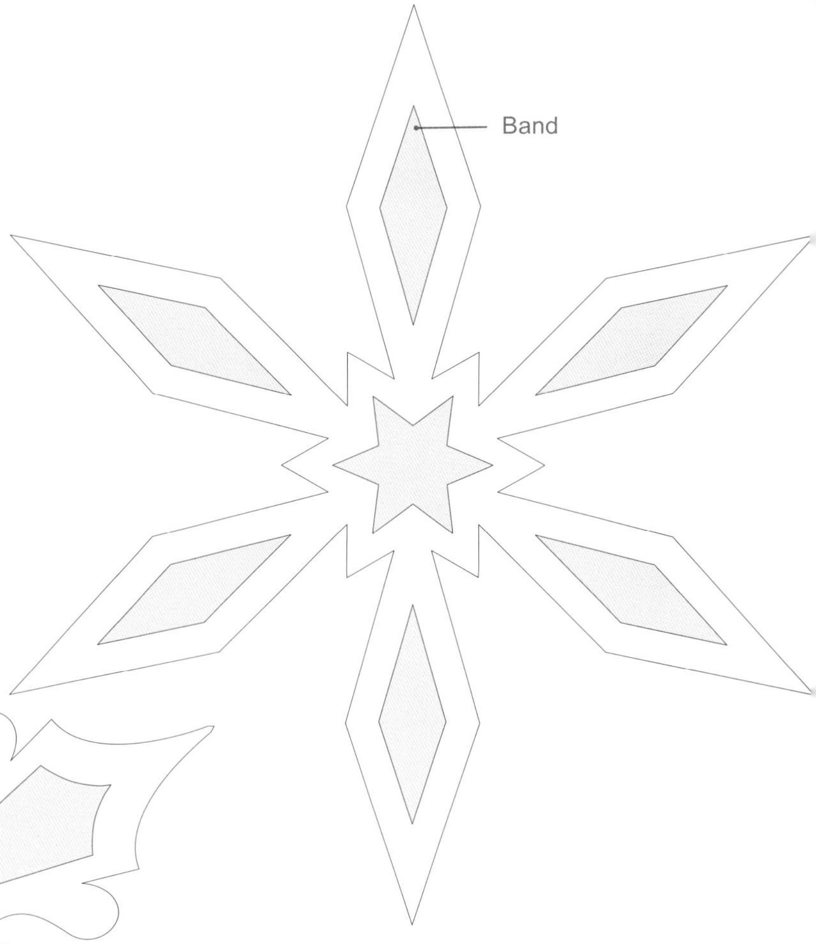
Band

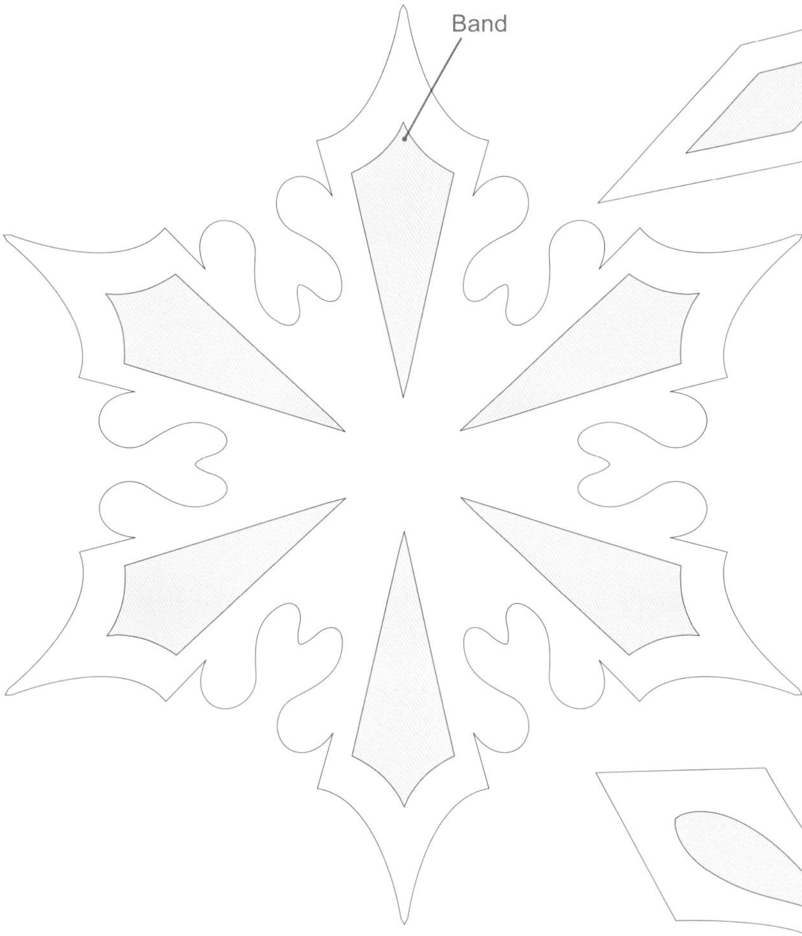
Band

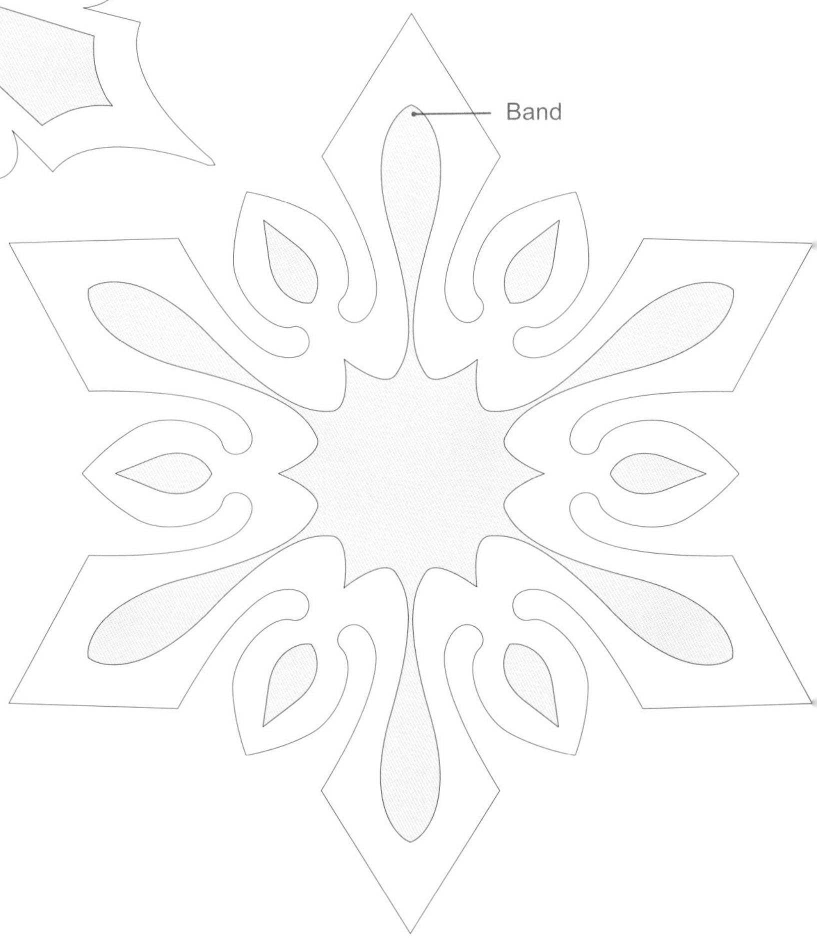
Band

Band

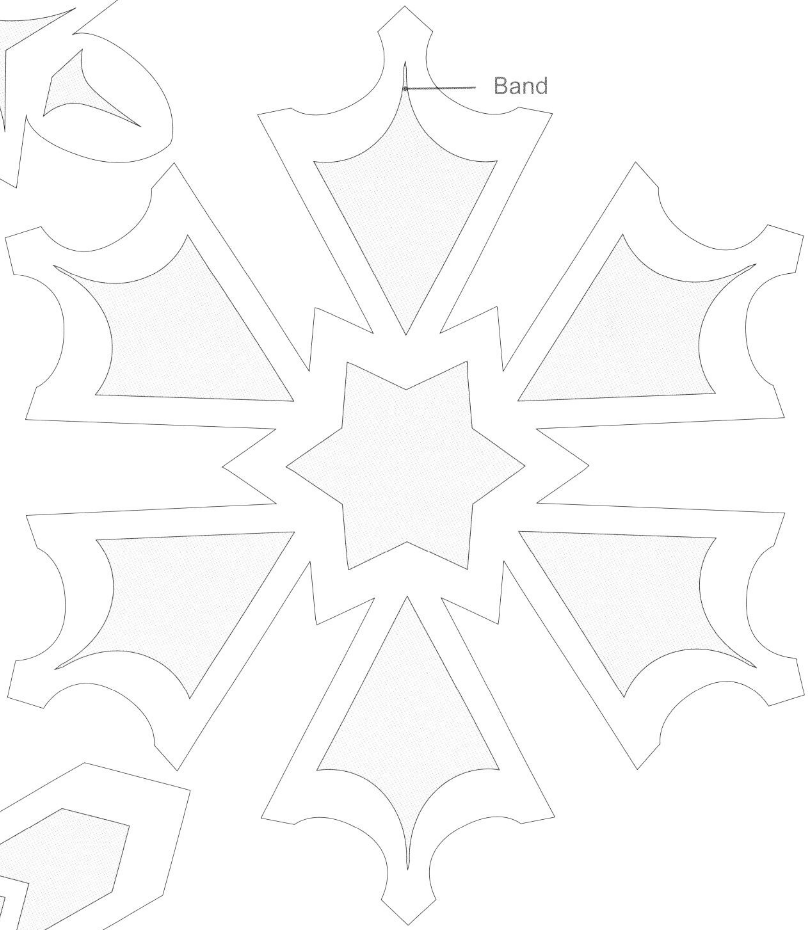
Band

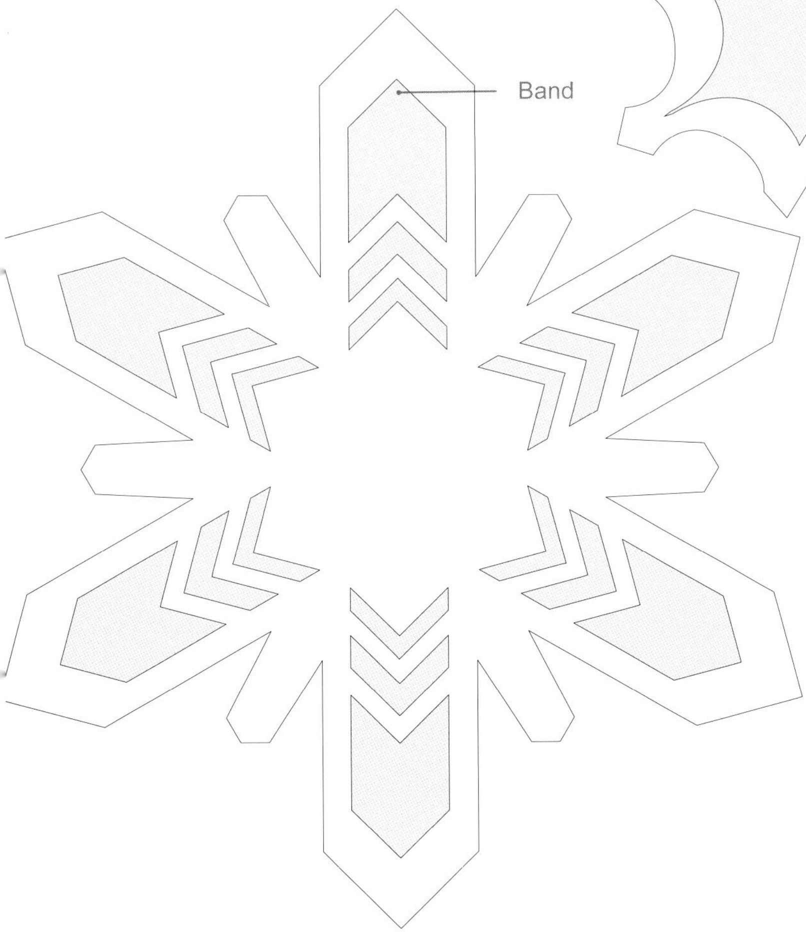
Band

Musikinstrumente

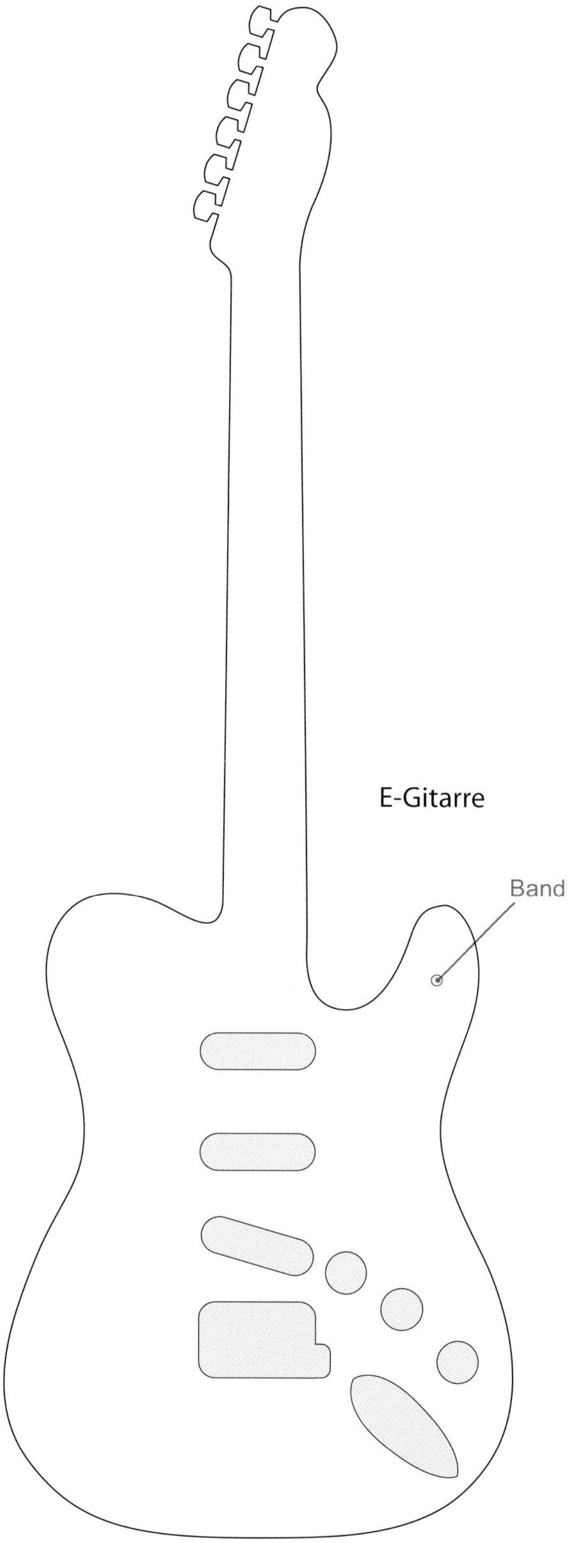

E-Gitarre

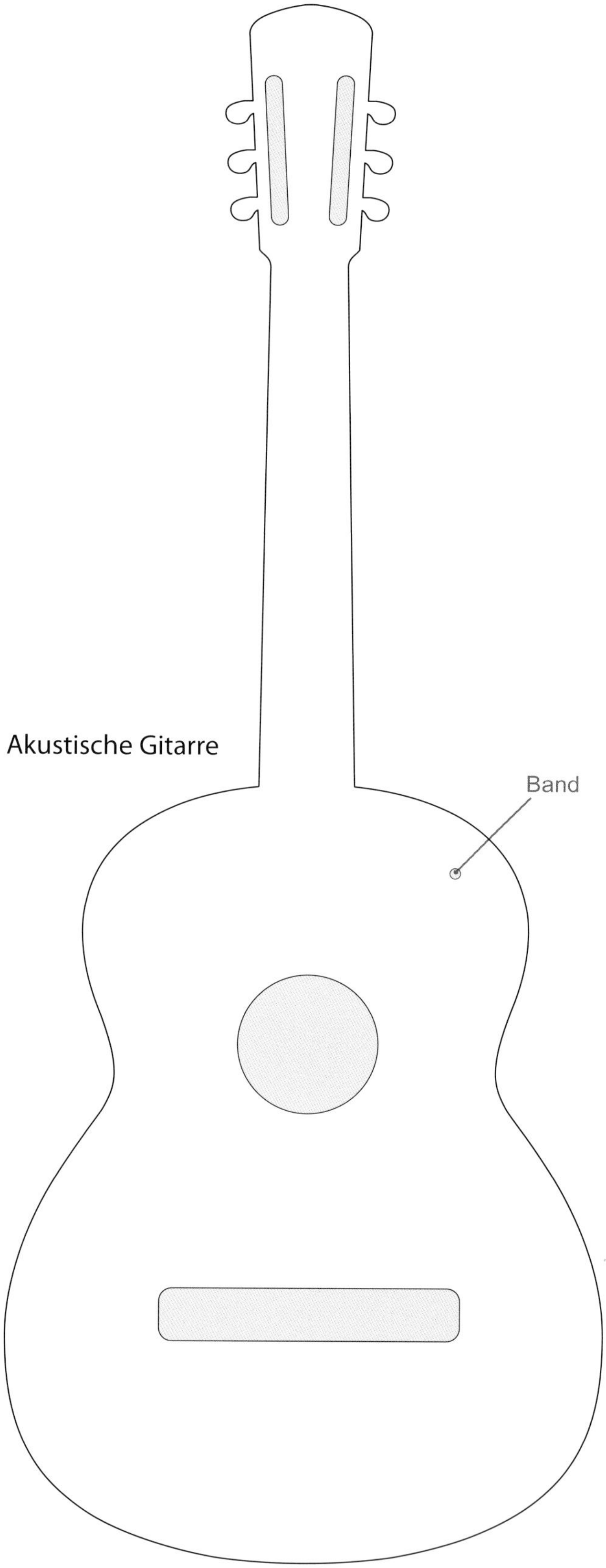

Akustische Gitarre

Waldhorn

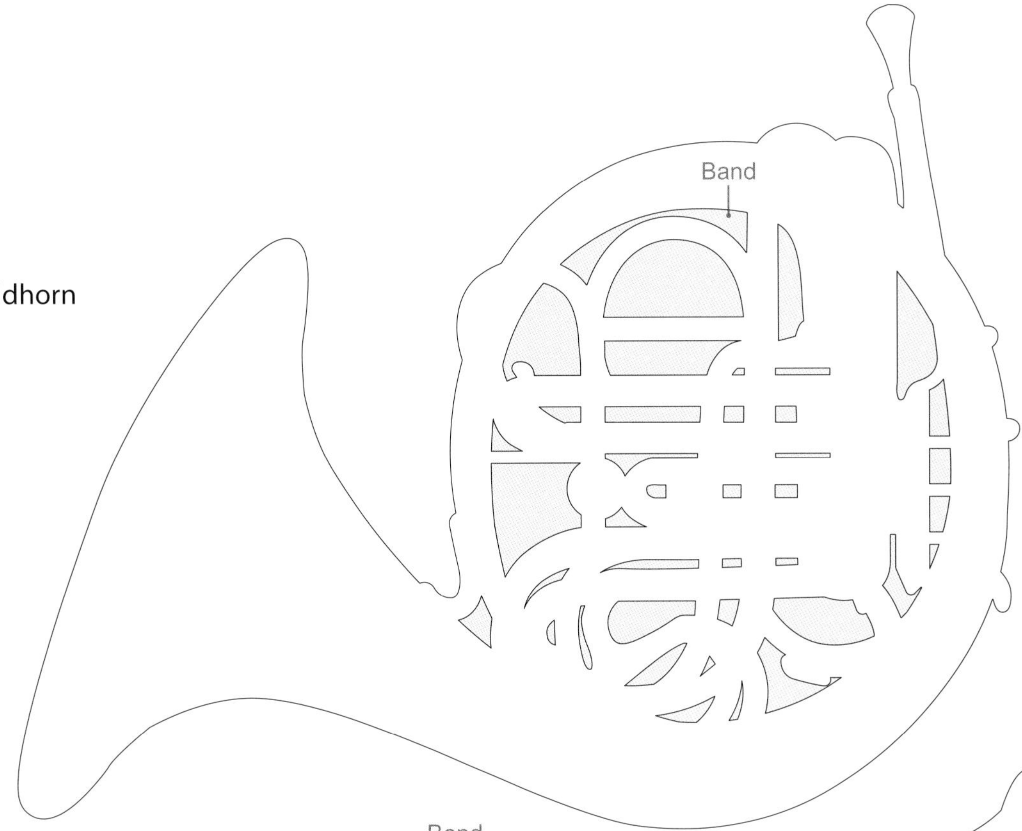

Trompete

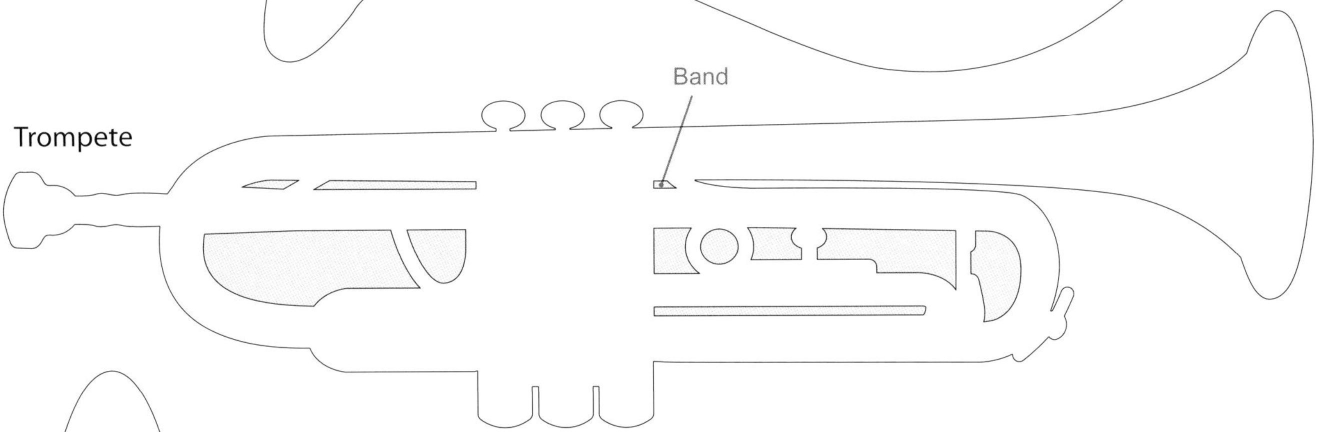

Baritonhorn

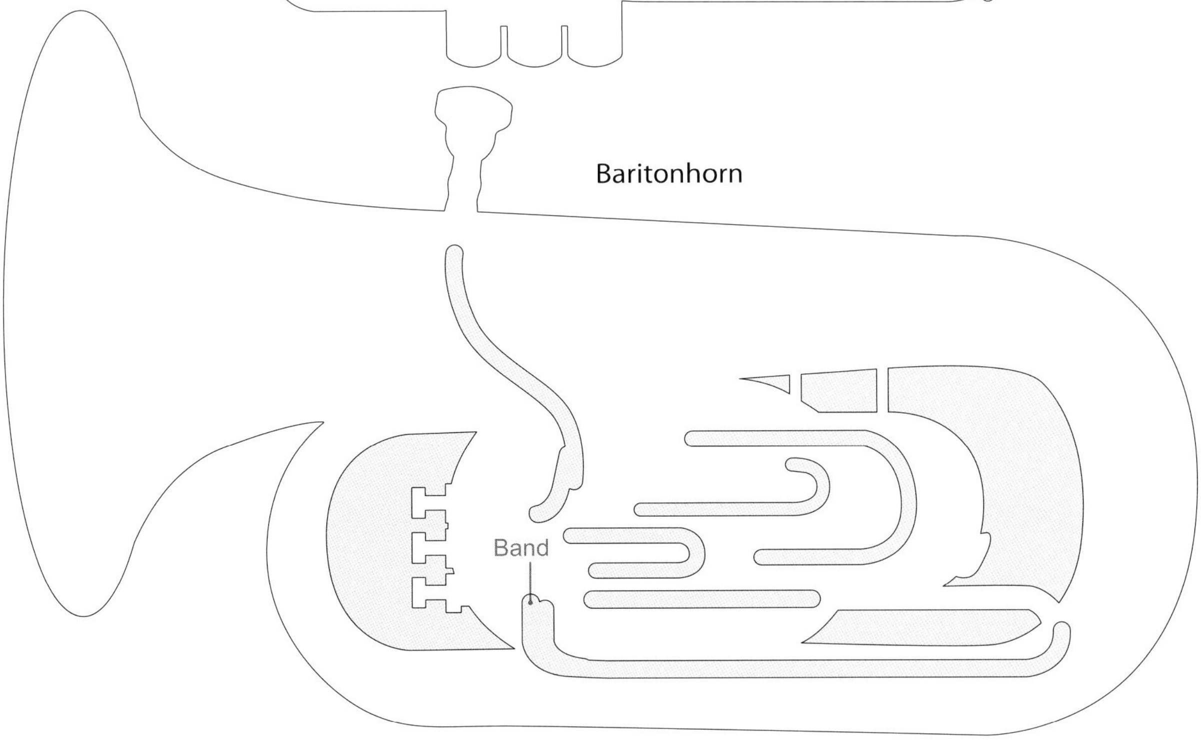

Geschenke & Socken

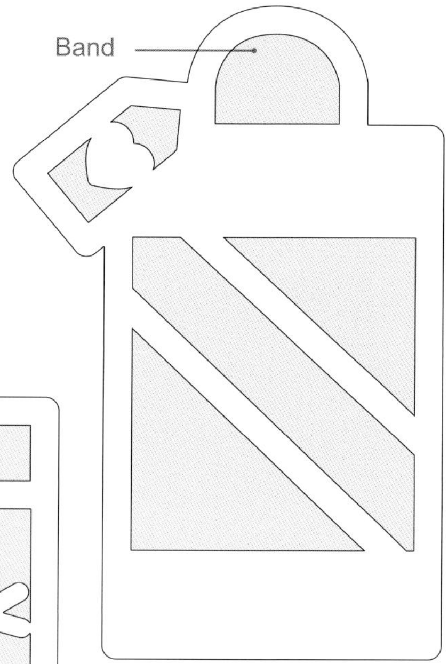

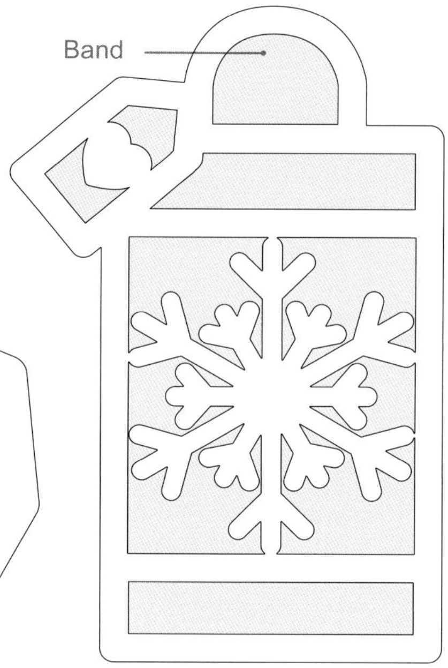

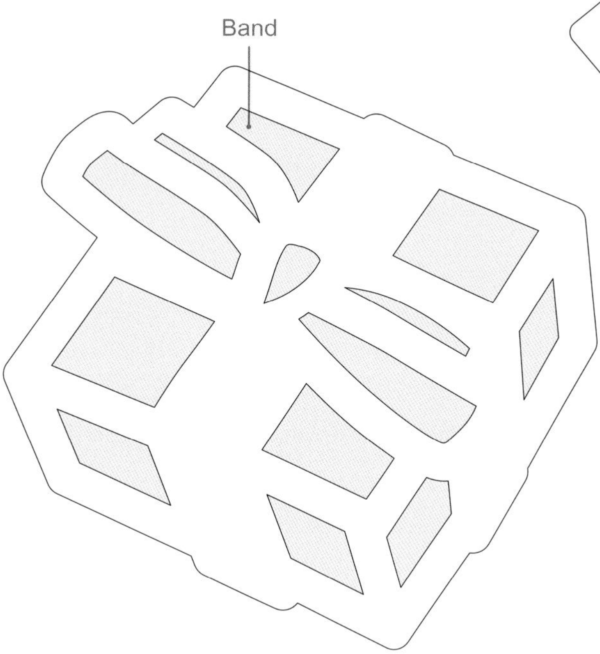

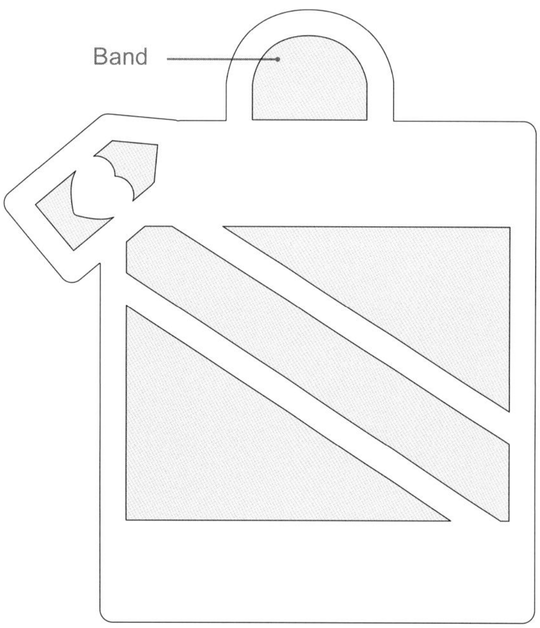

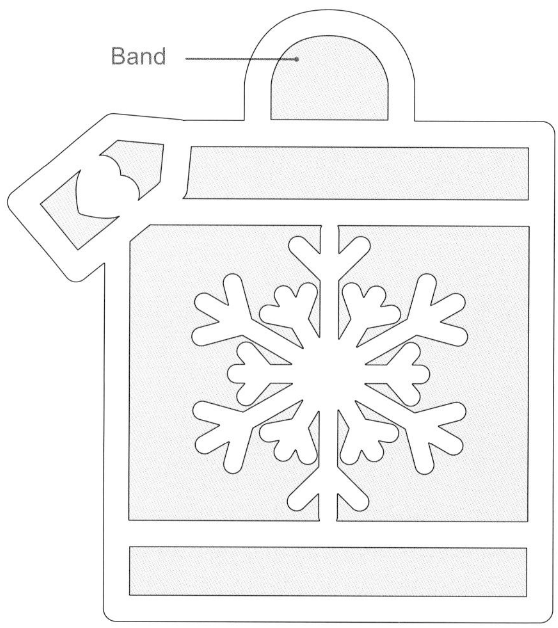

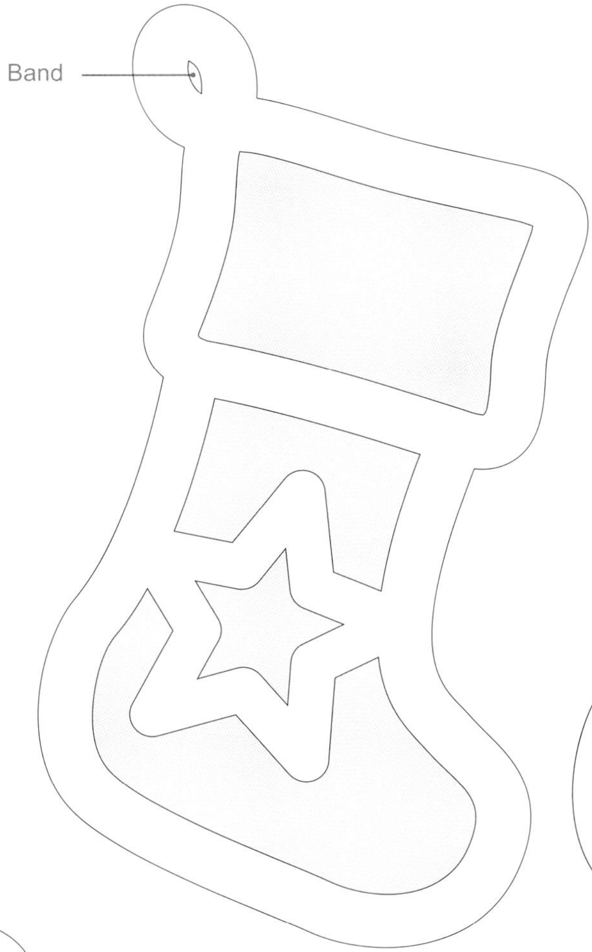
Band

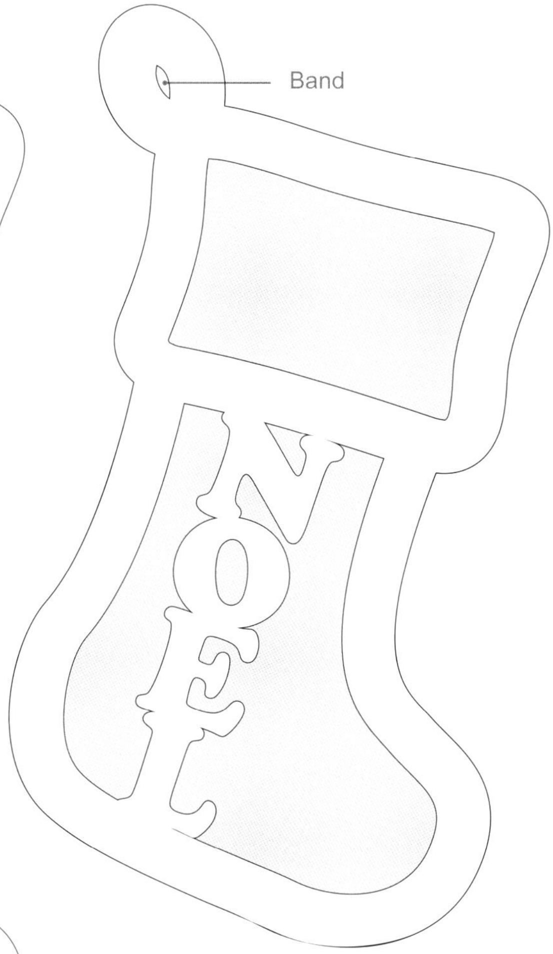
Band
NOEL

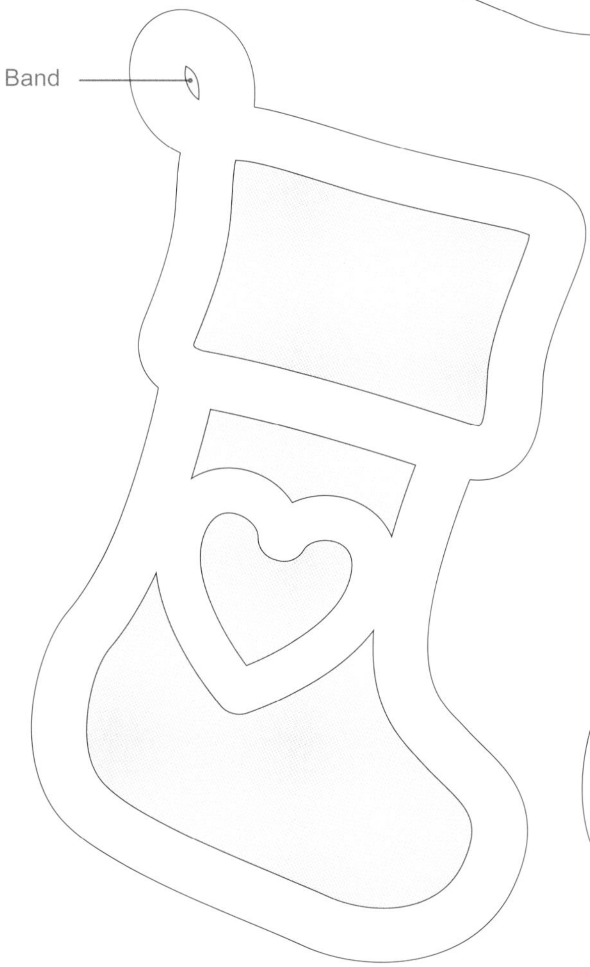
Band

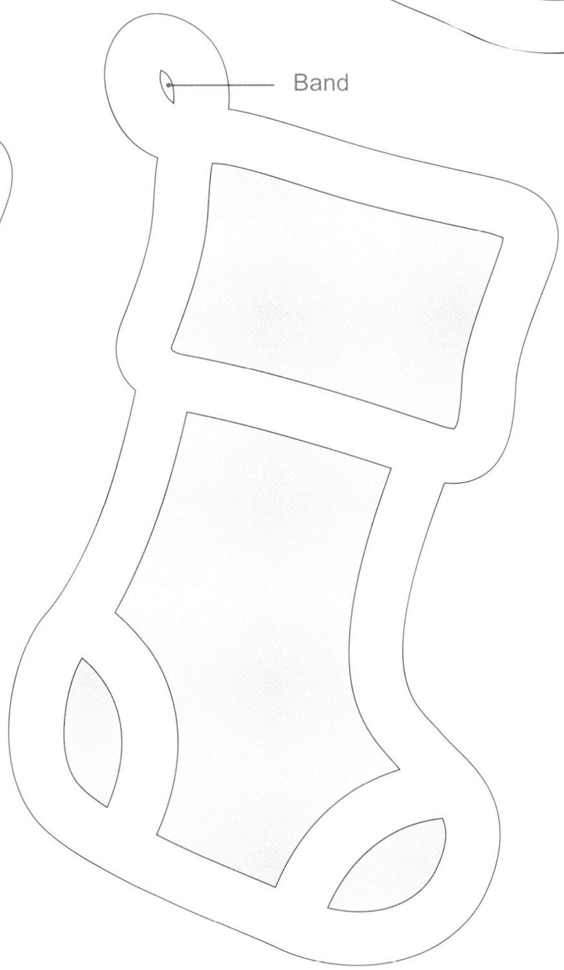
Band

Rentier & Schlitten

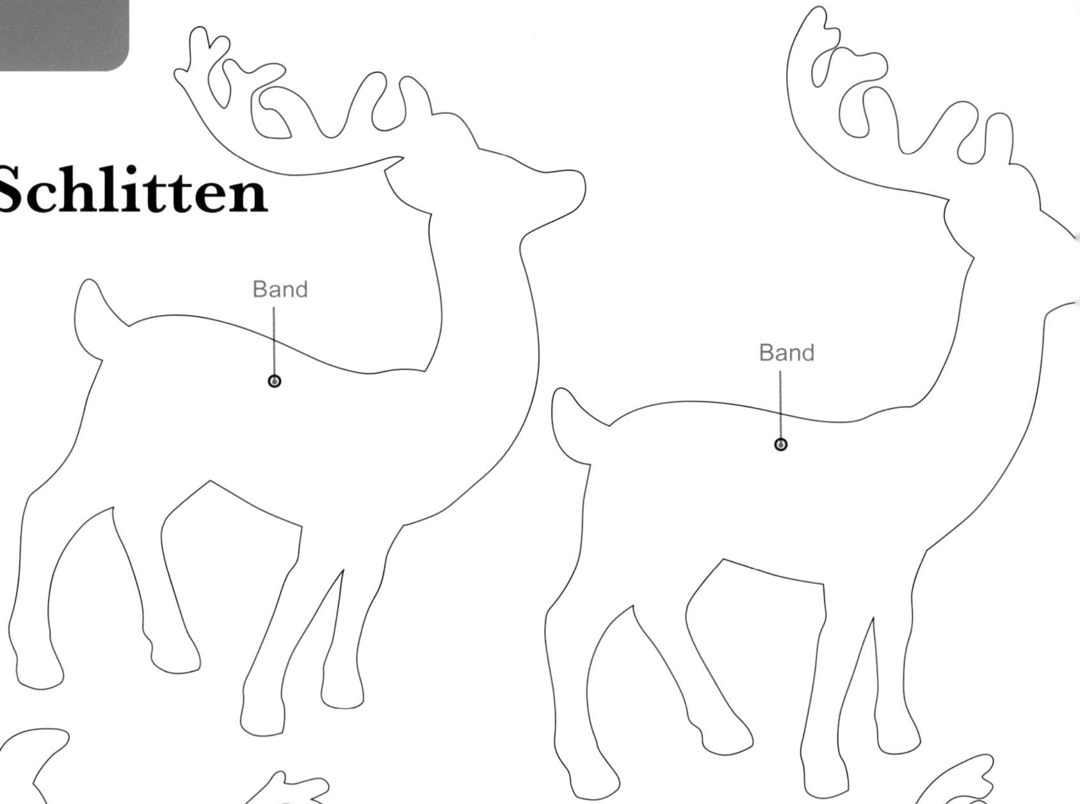

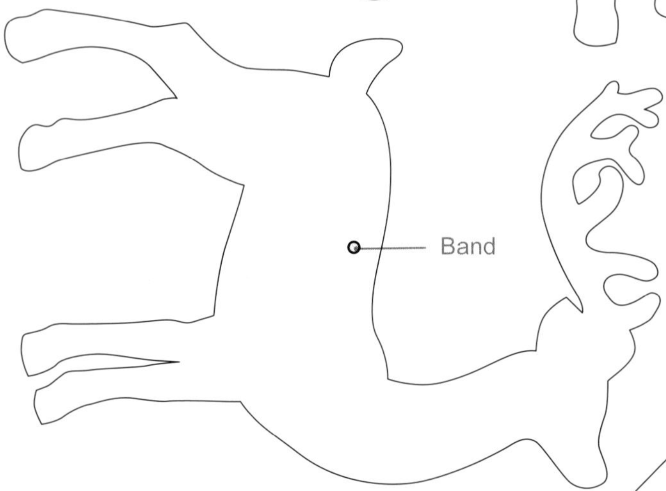

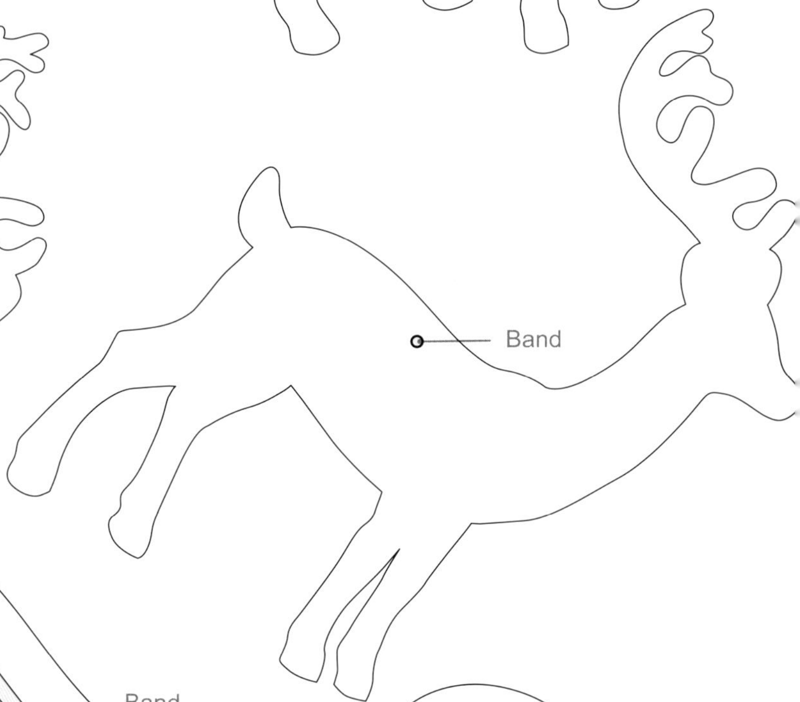

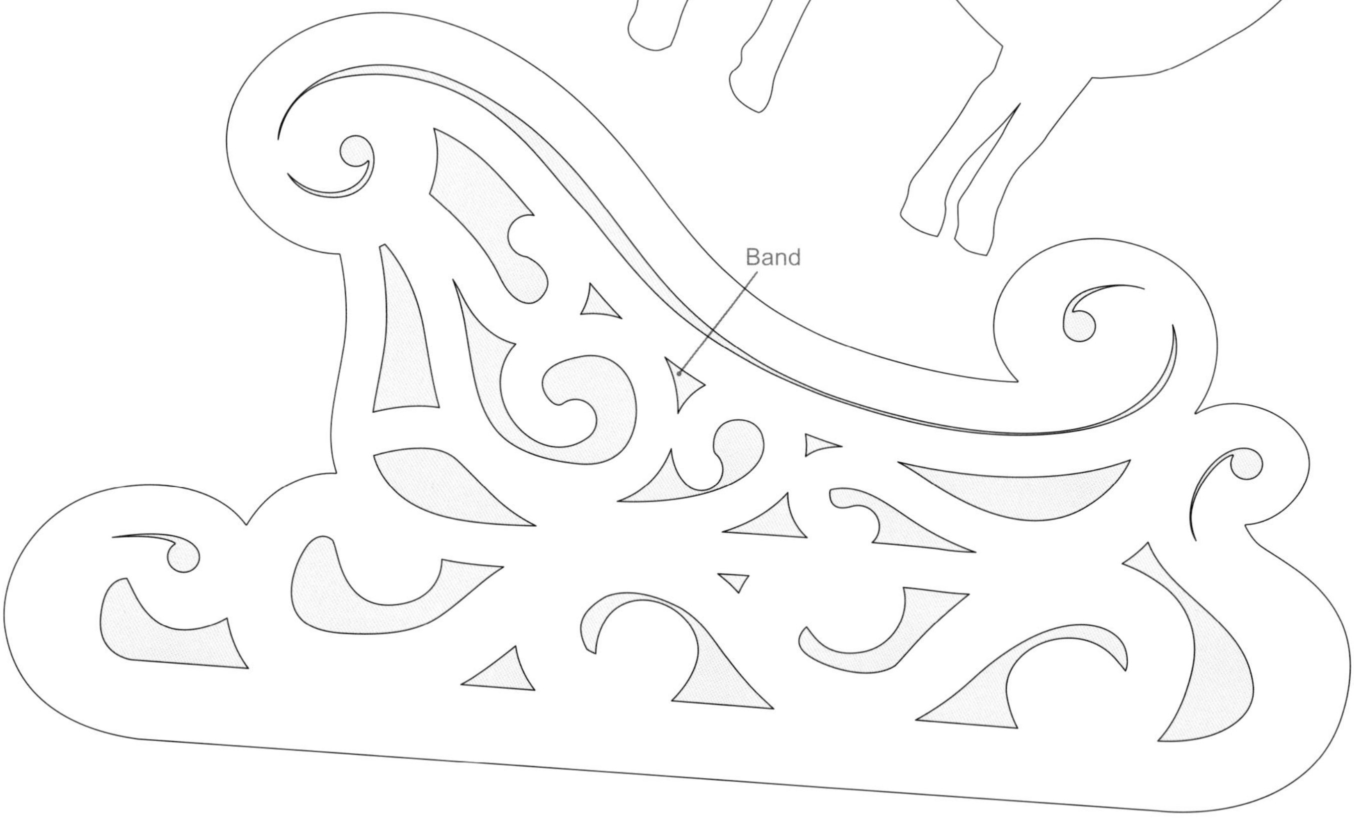

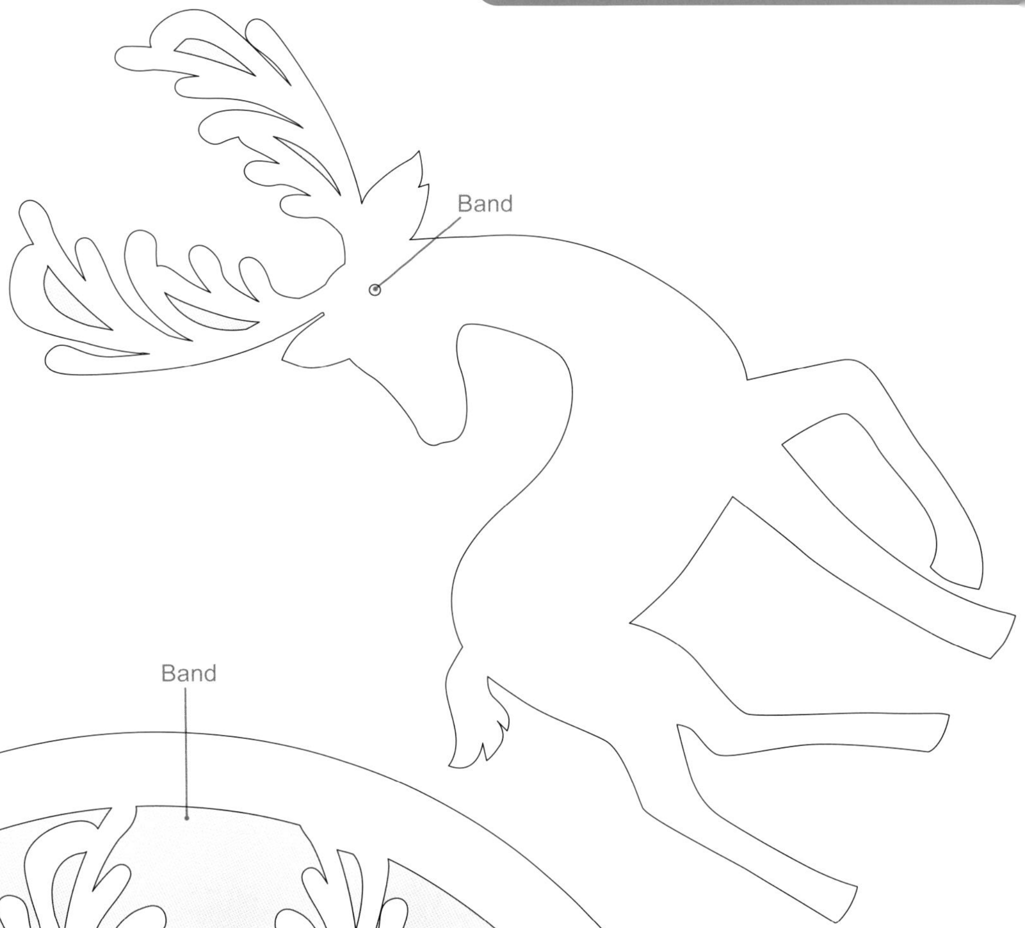
Band

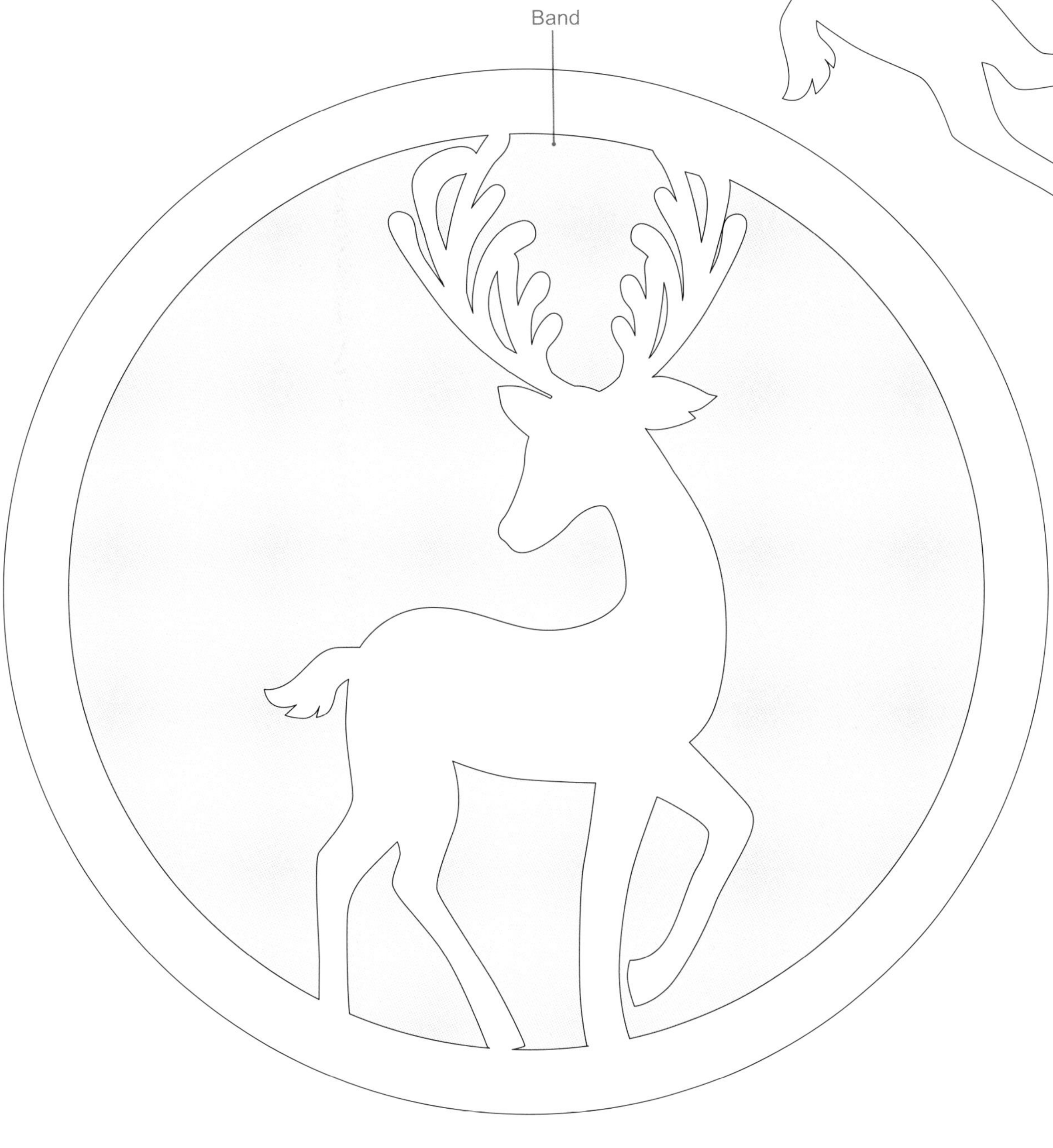
Band

Singvögel

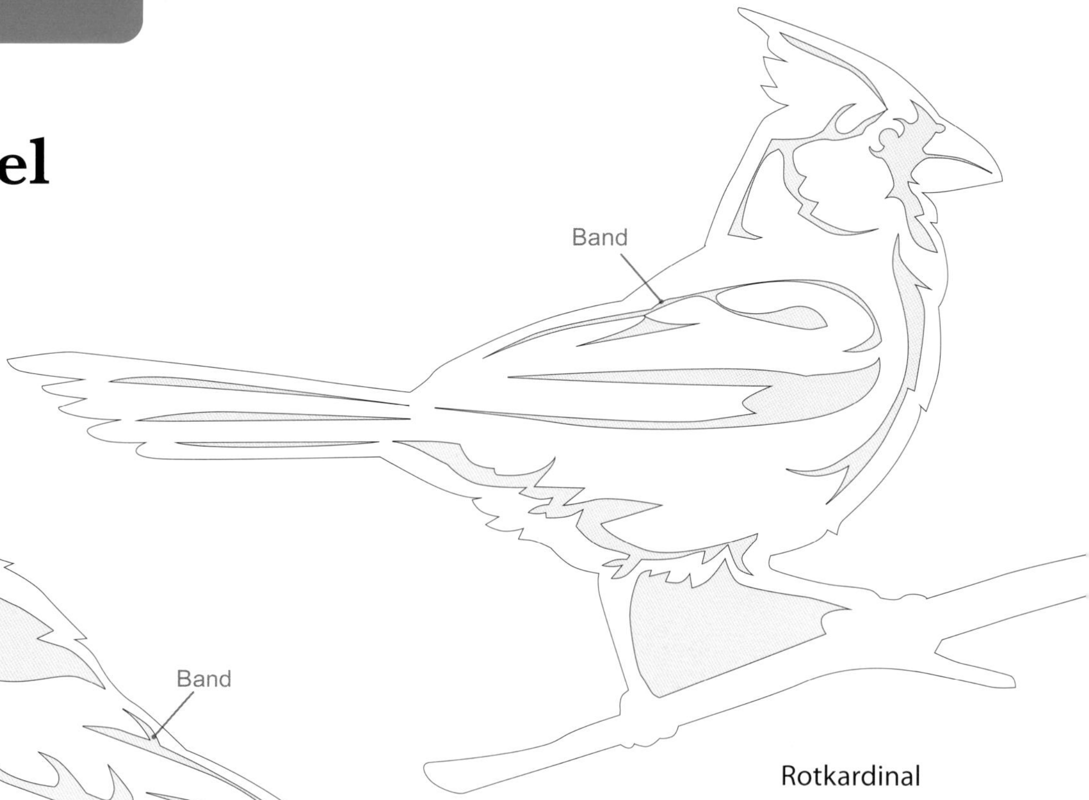

Rotkardinal

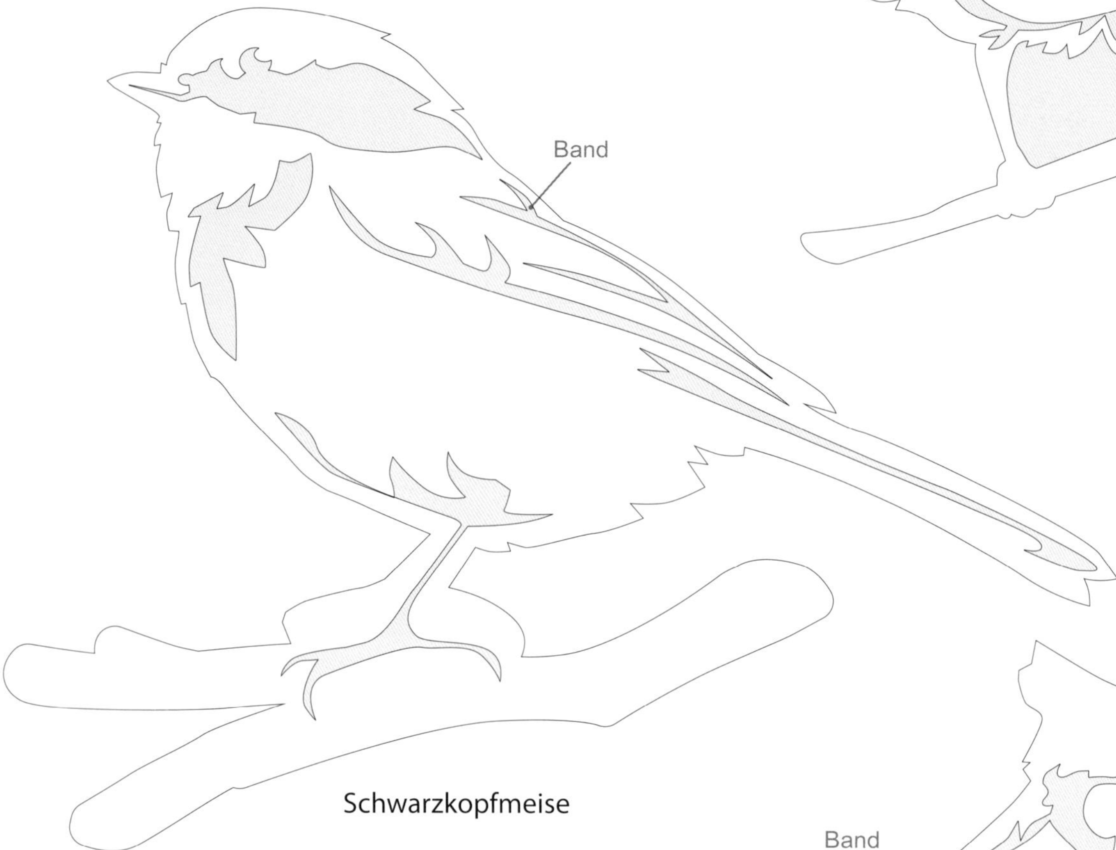

Schwarzkopfmeise

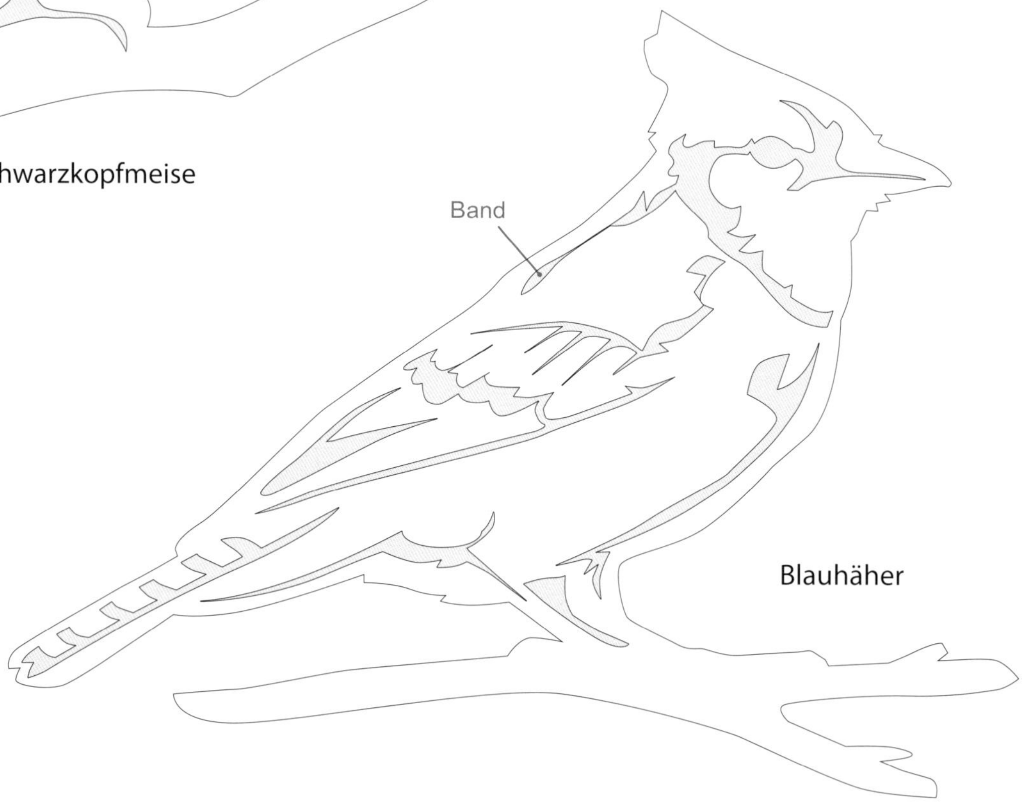

Blauhäher

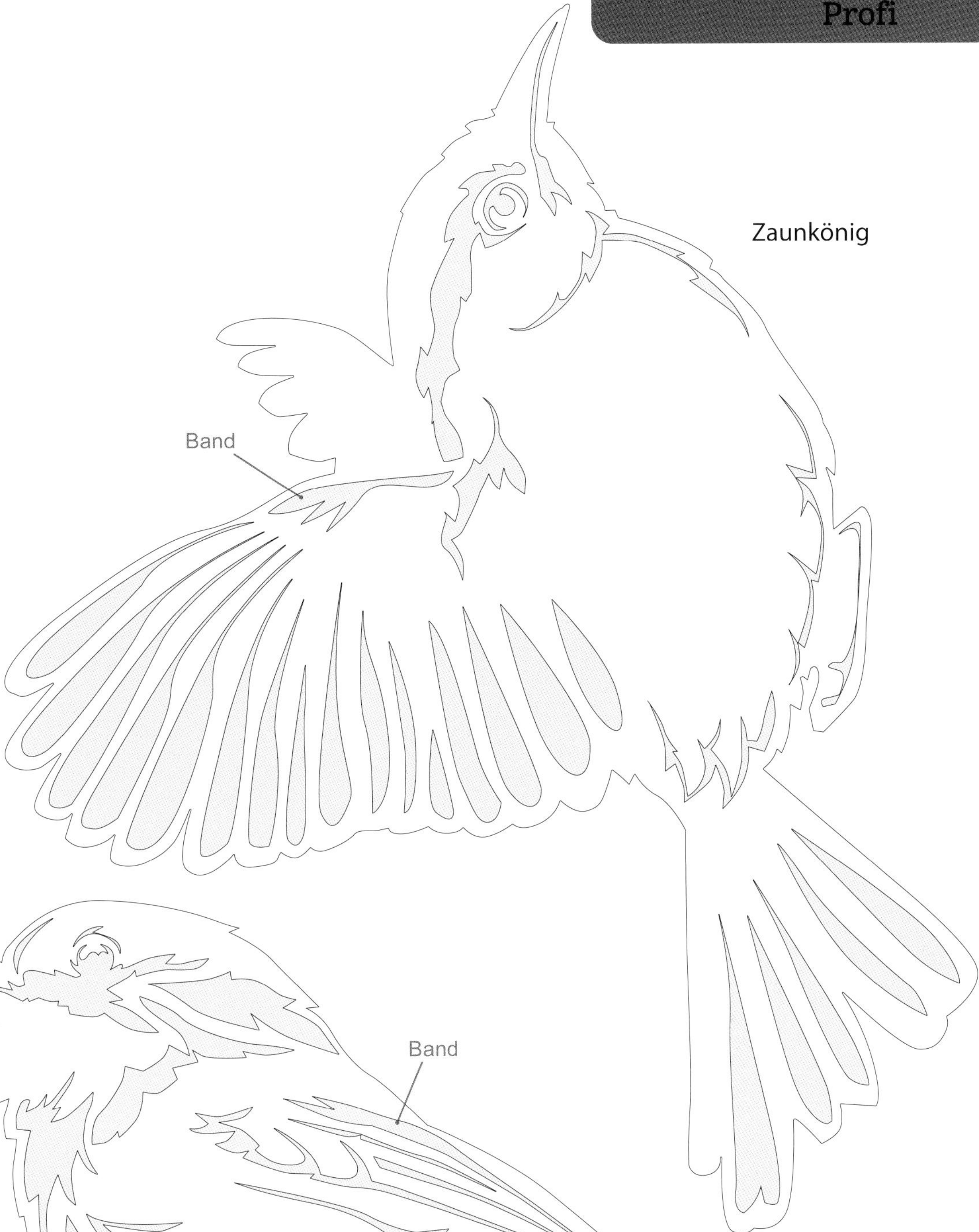

Zaunkönig

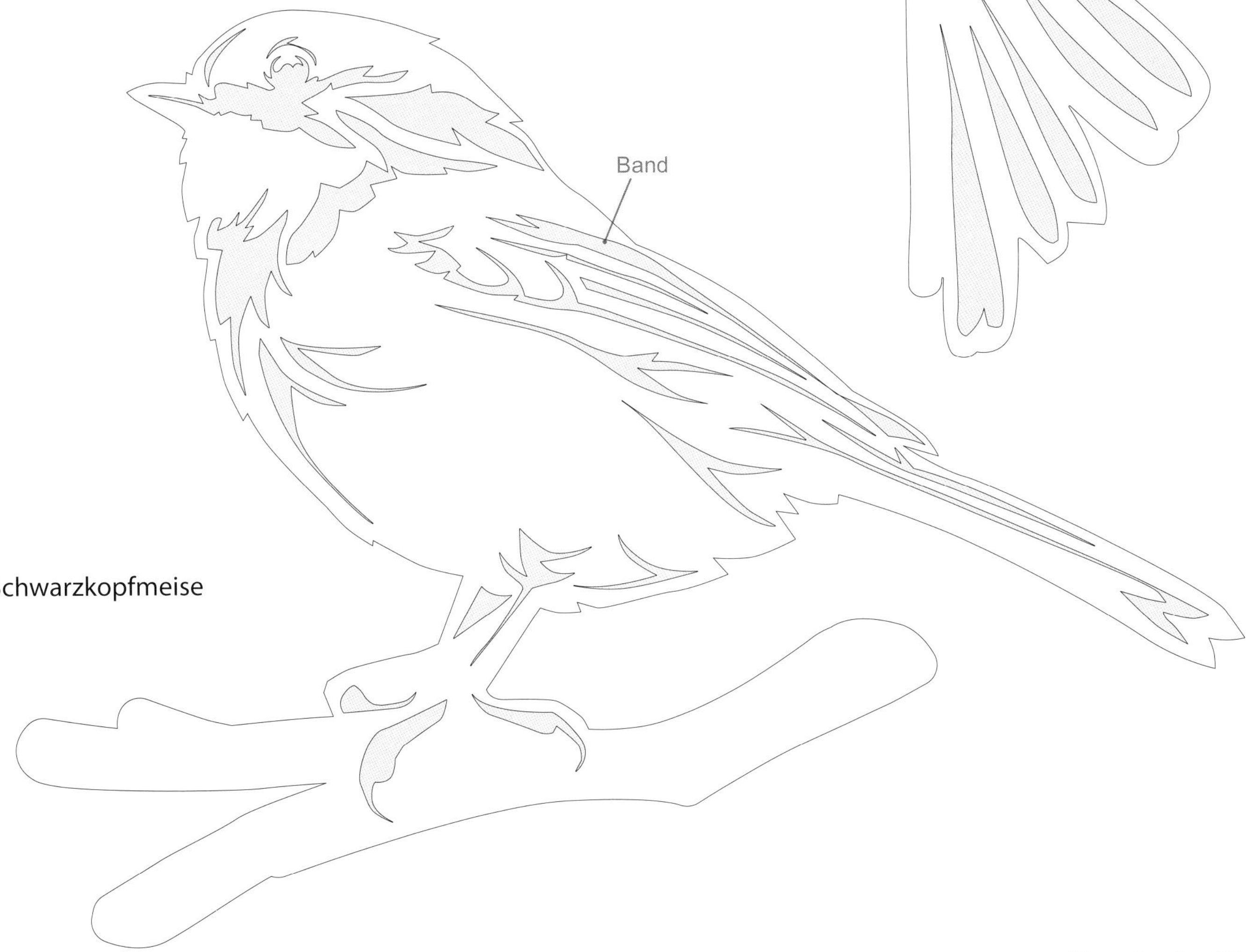

Schwarzkopfmeise

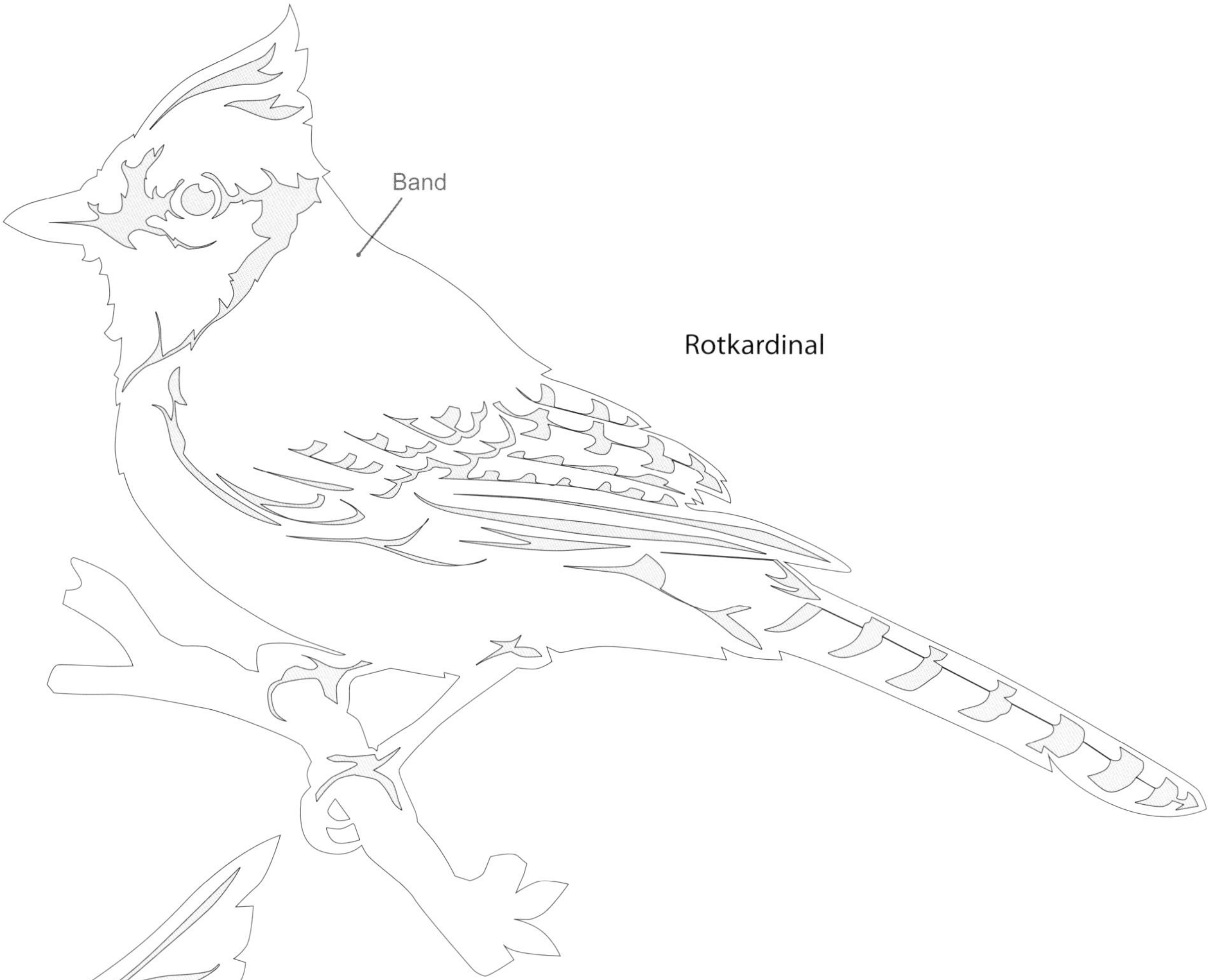

Rotkardinal

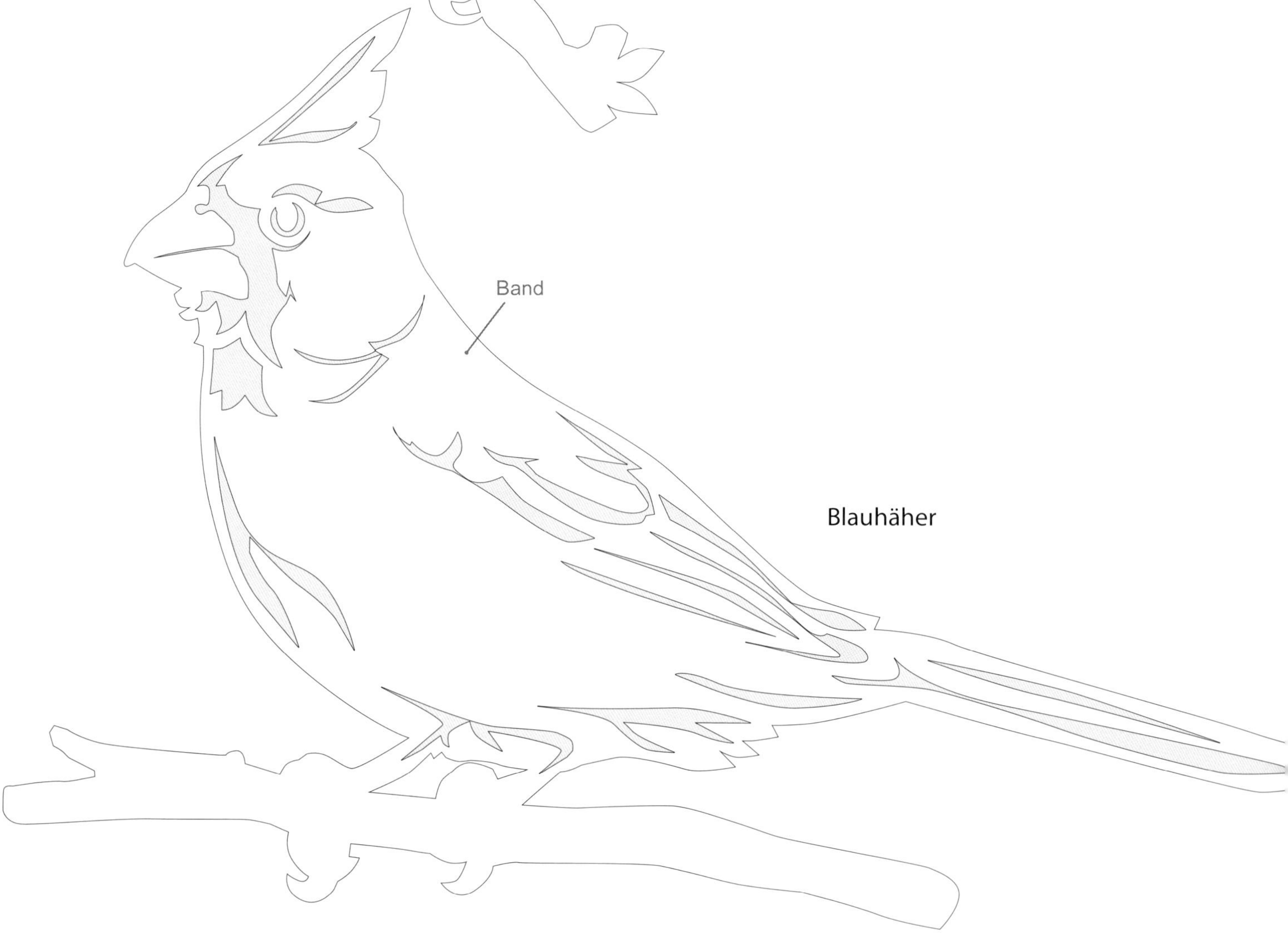

Blauhäher

Meerestiere

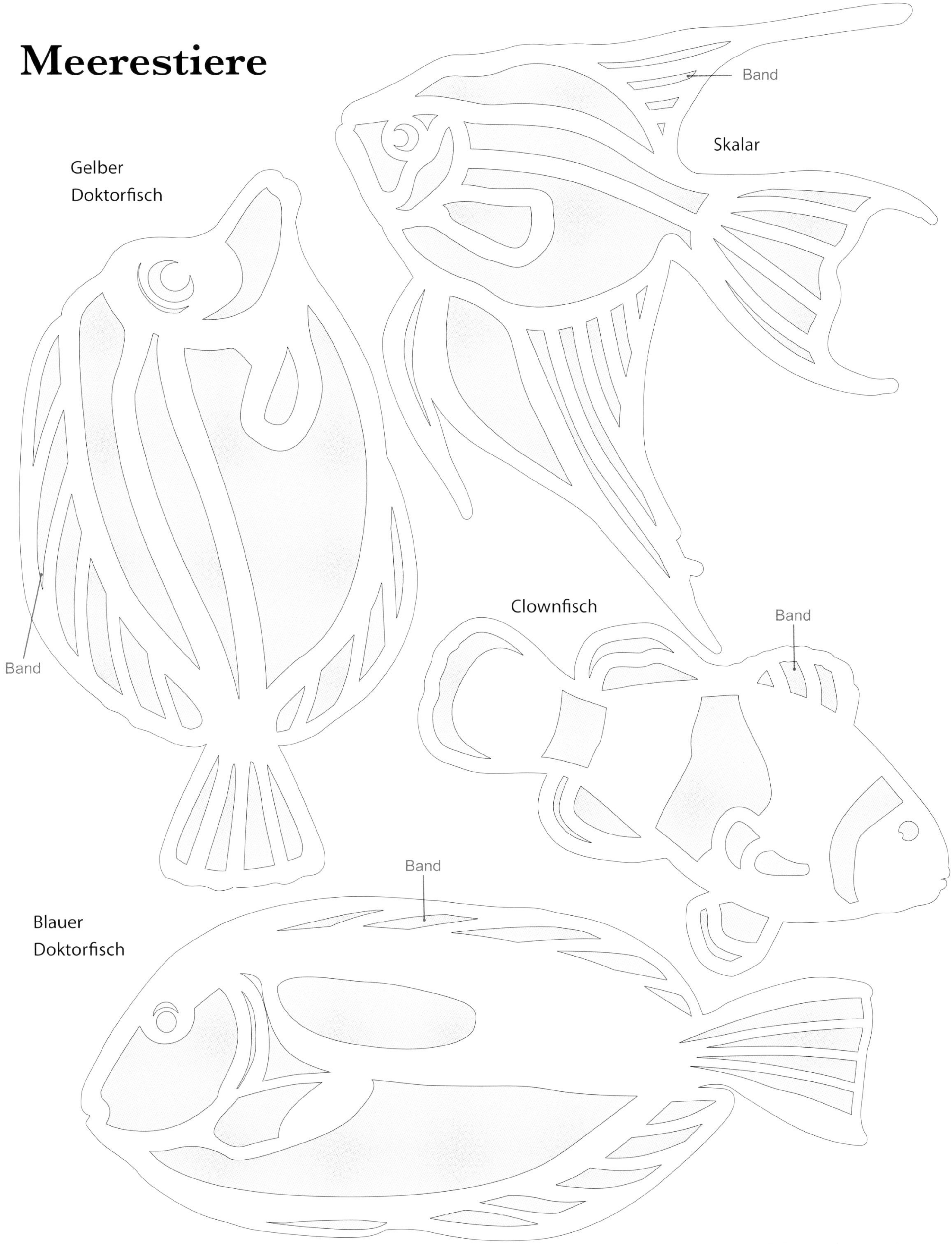

Einsteiger

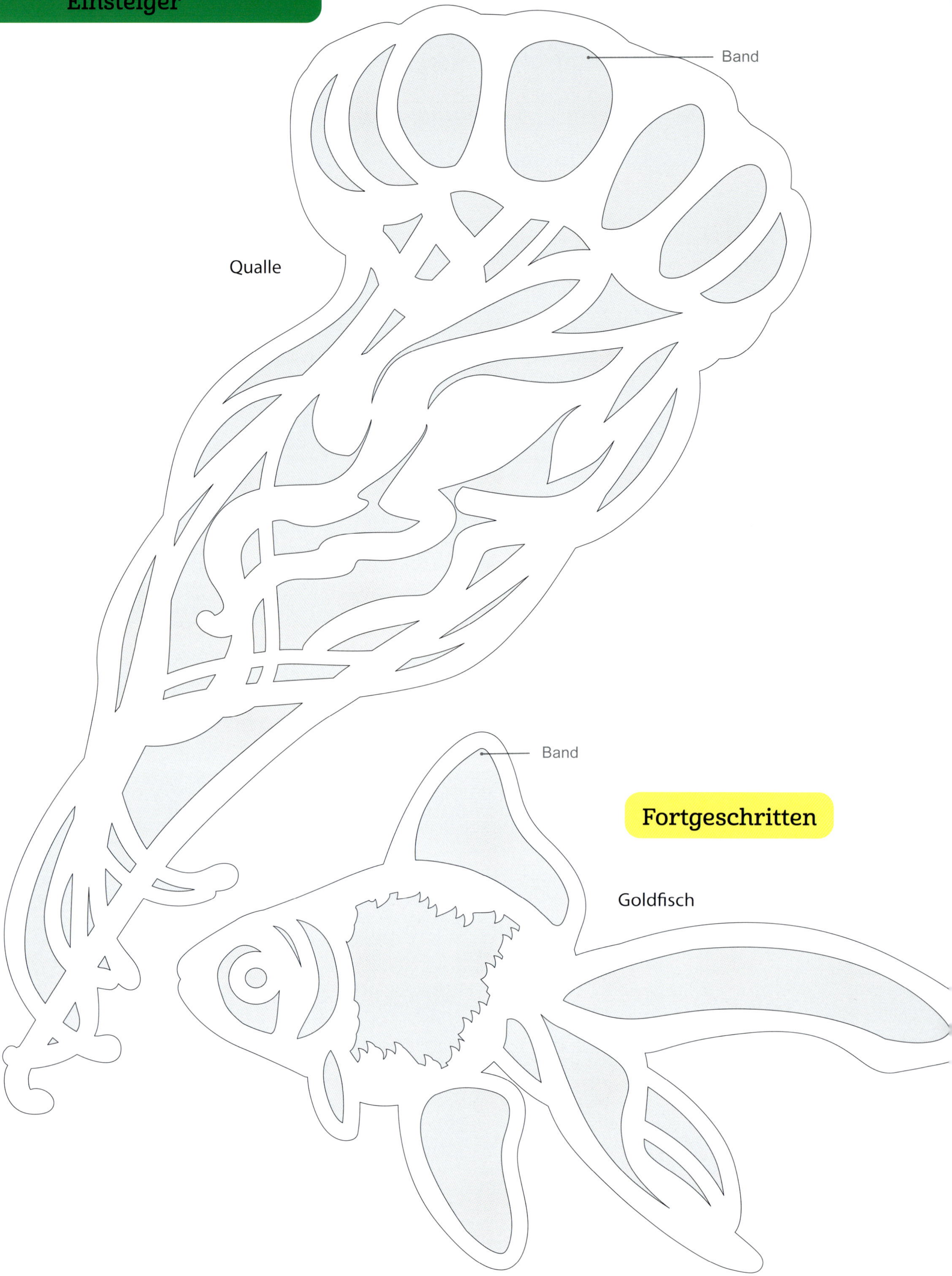

Fortgeschritten

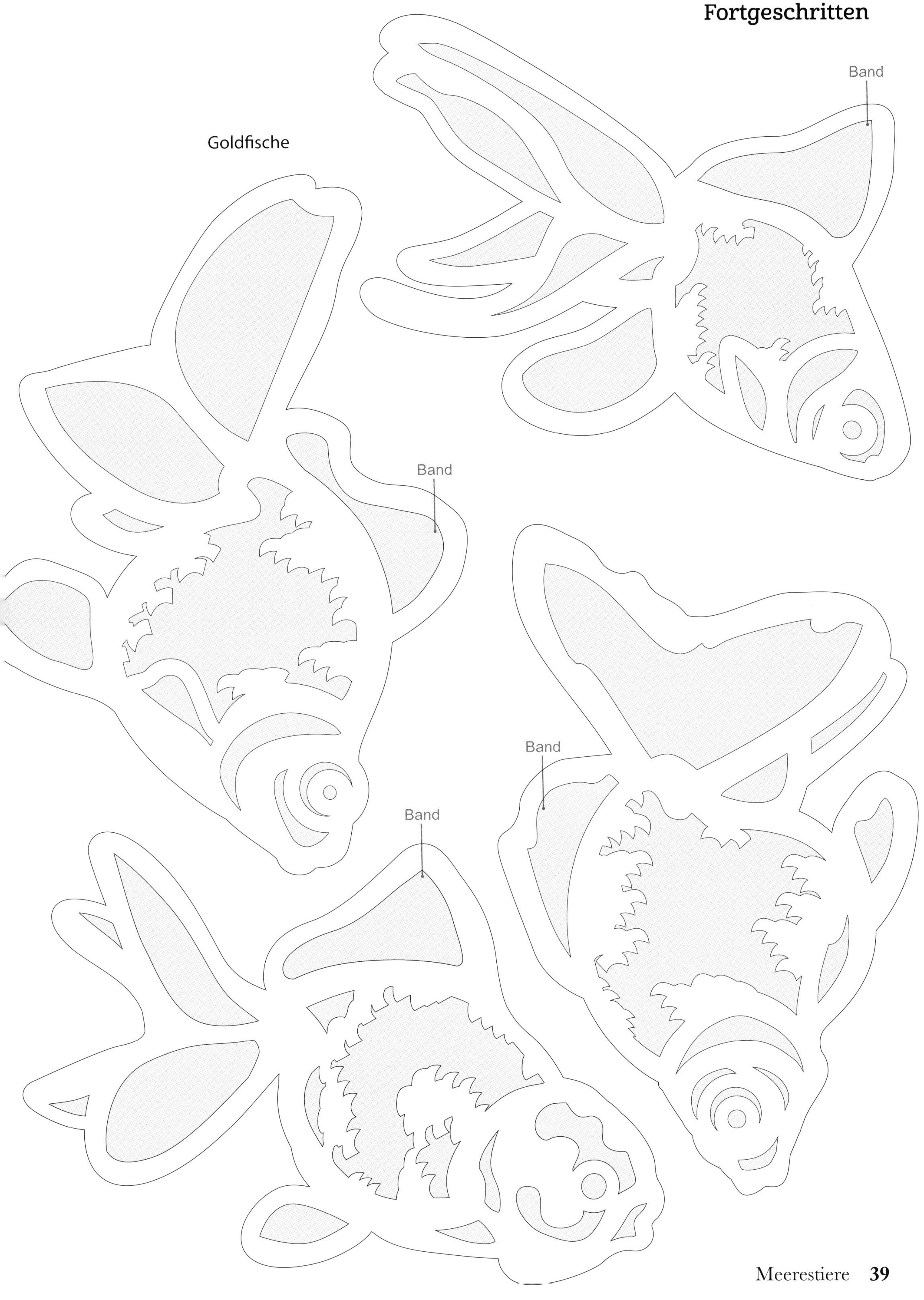
Goldfische
Band
Band
Band
Band

Appliken

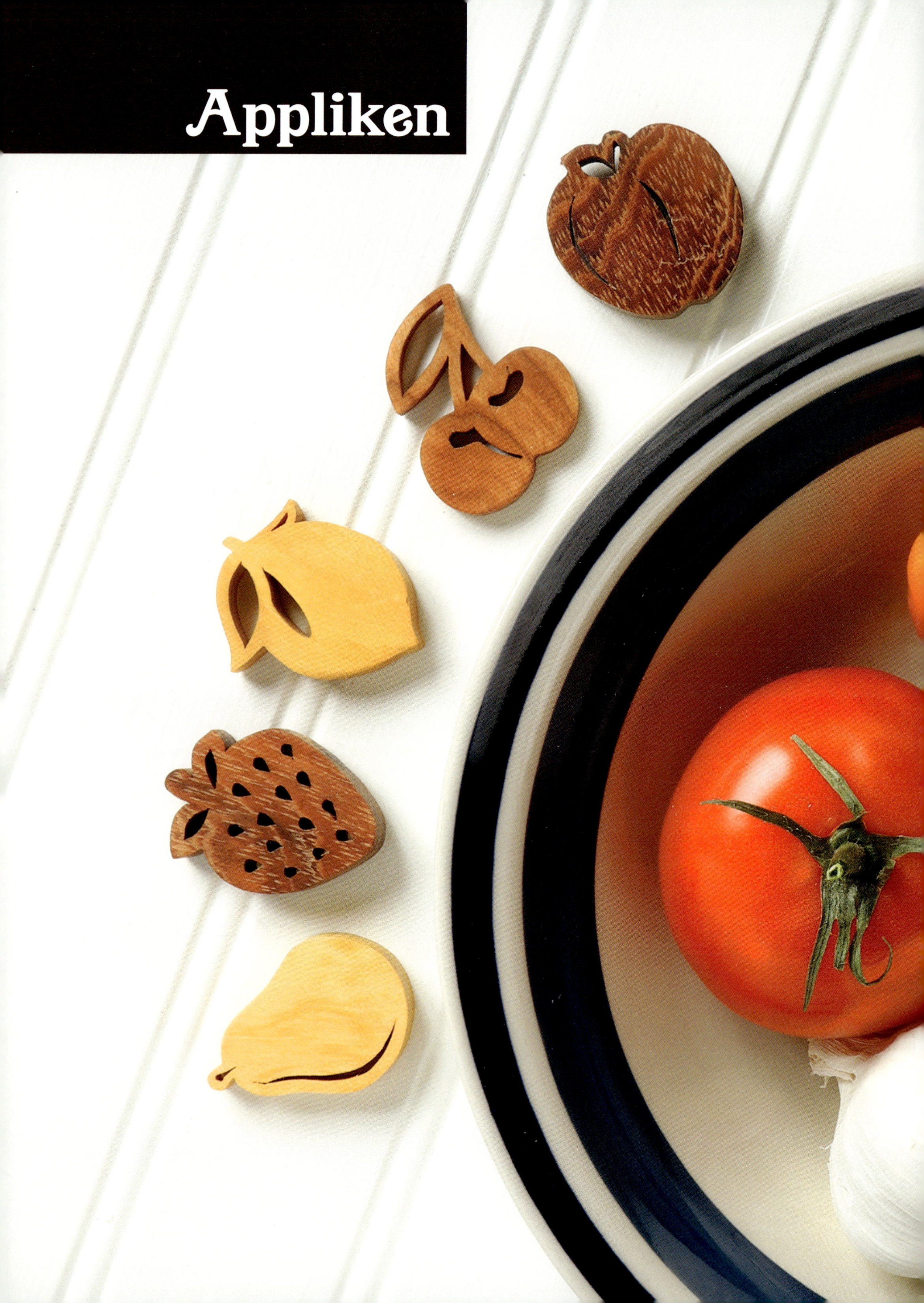

Gartenwerkzeug

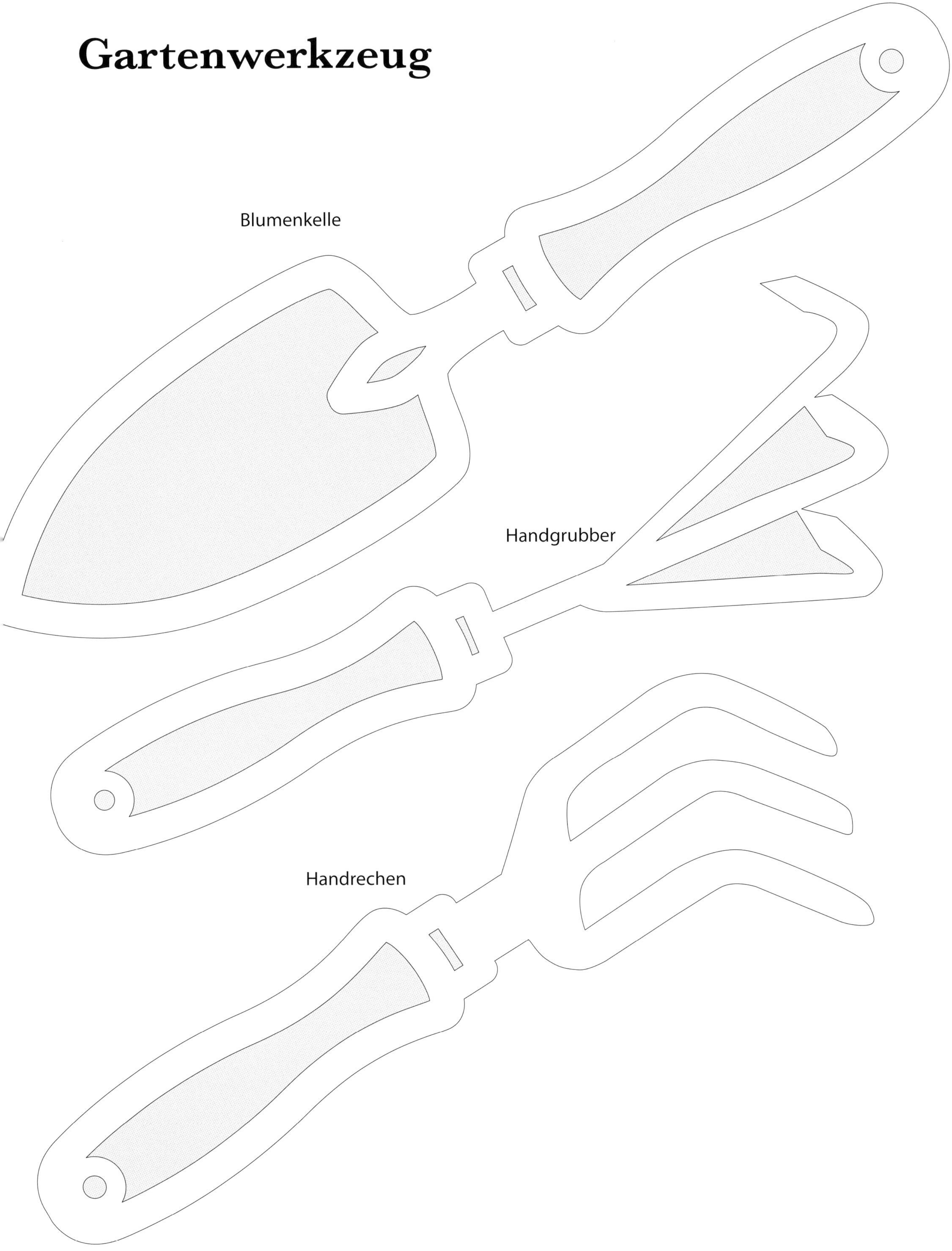

Obst

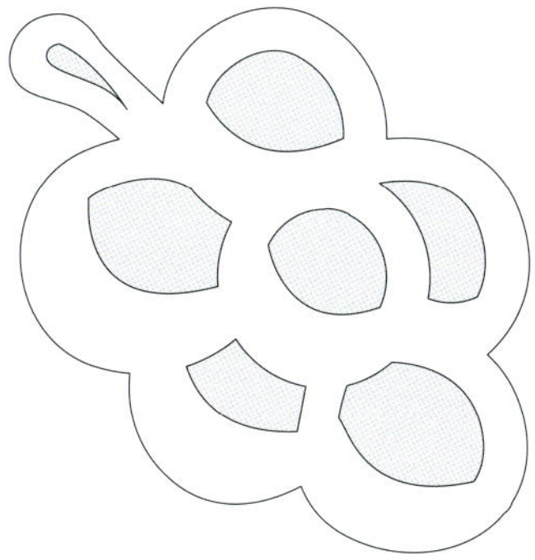

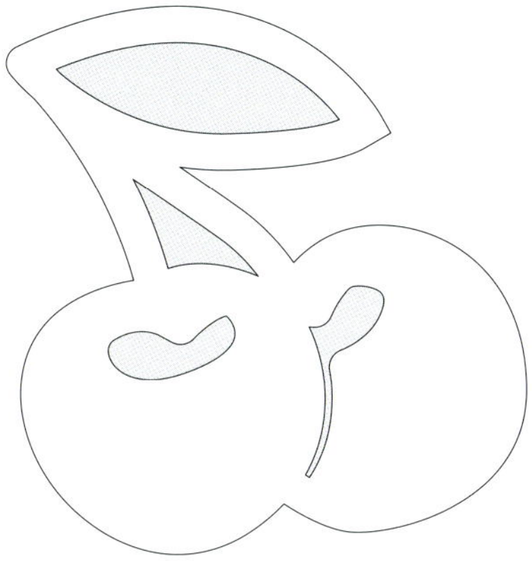

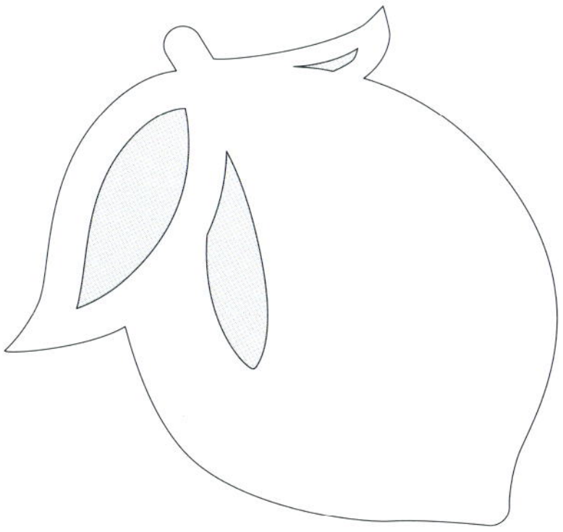

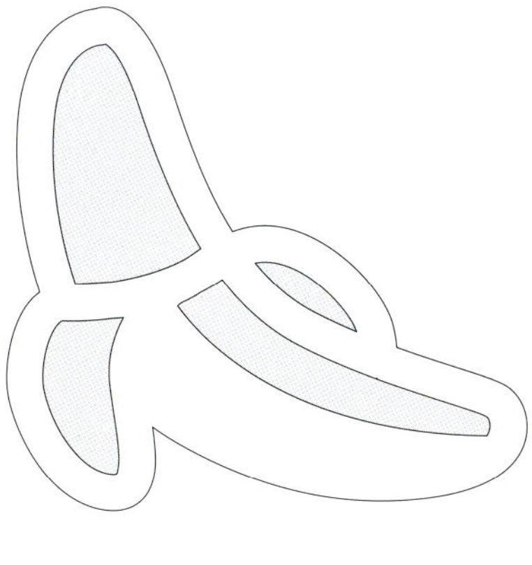

Fortgeschritten

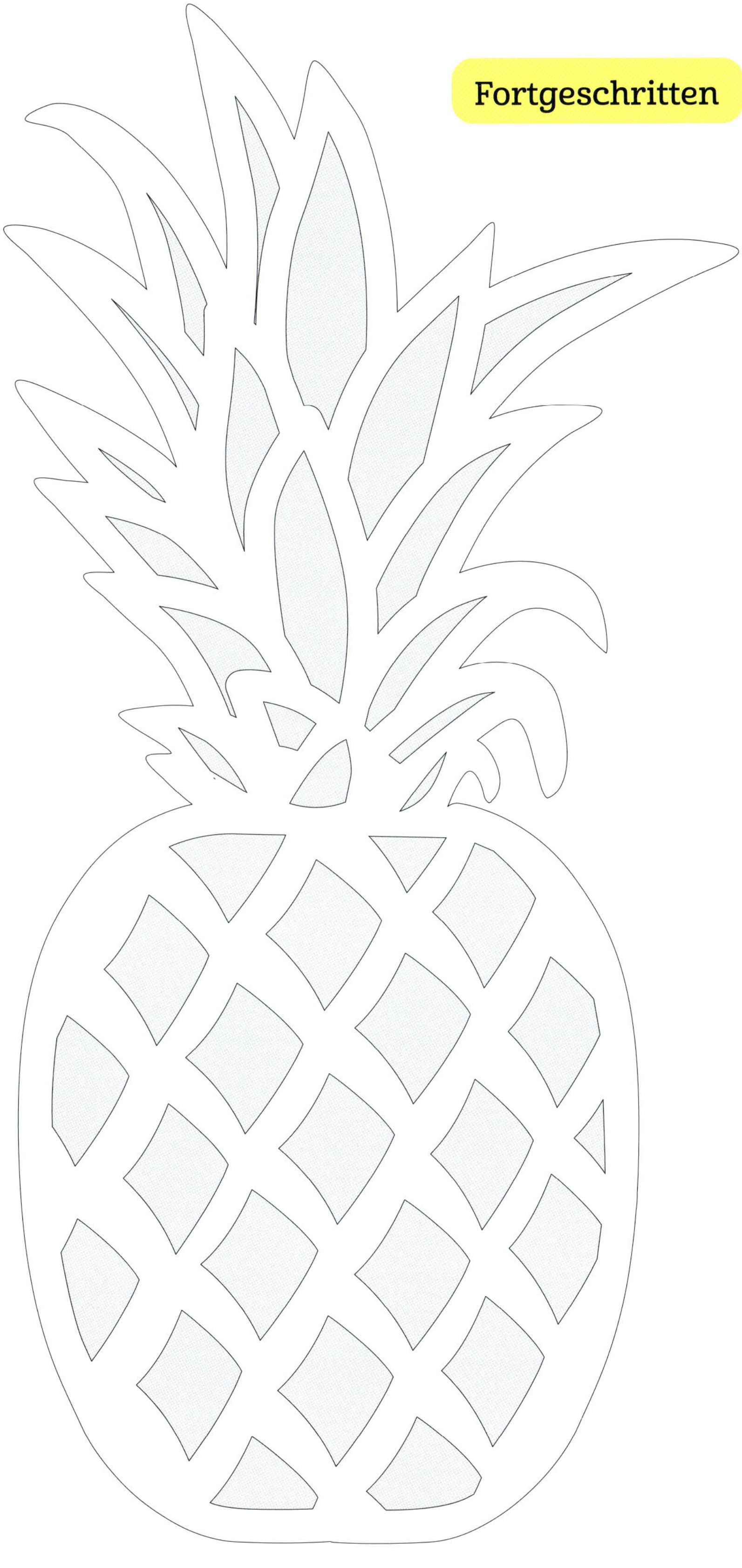

Küchenutensilien

Kopie auf 125 % vergrößern

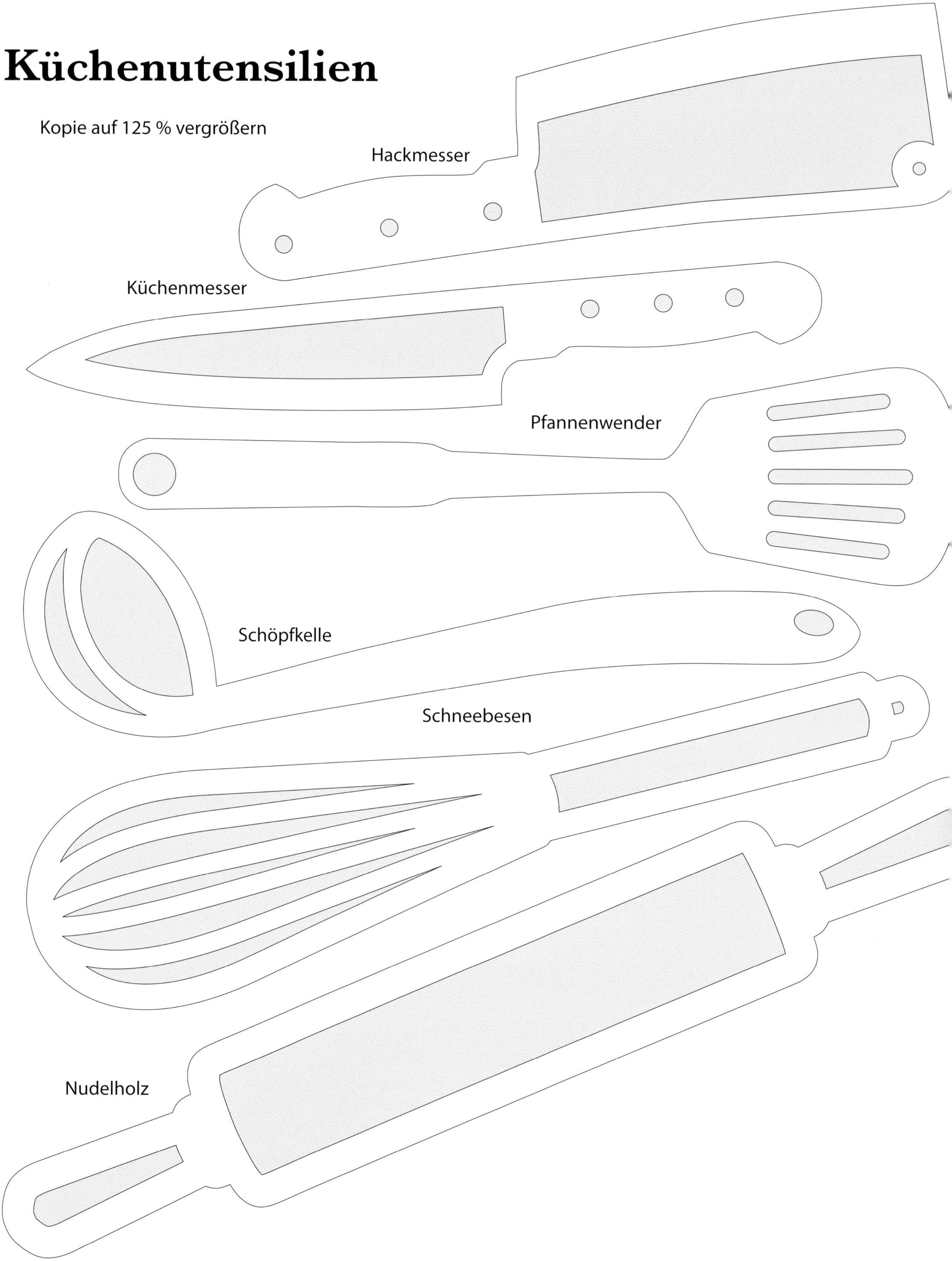

In der Werkstatt

Zange

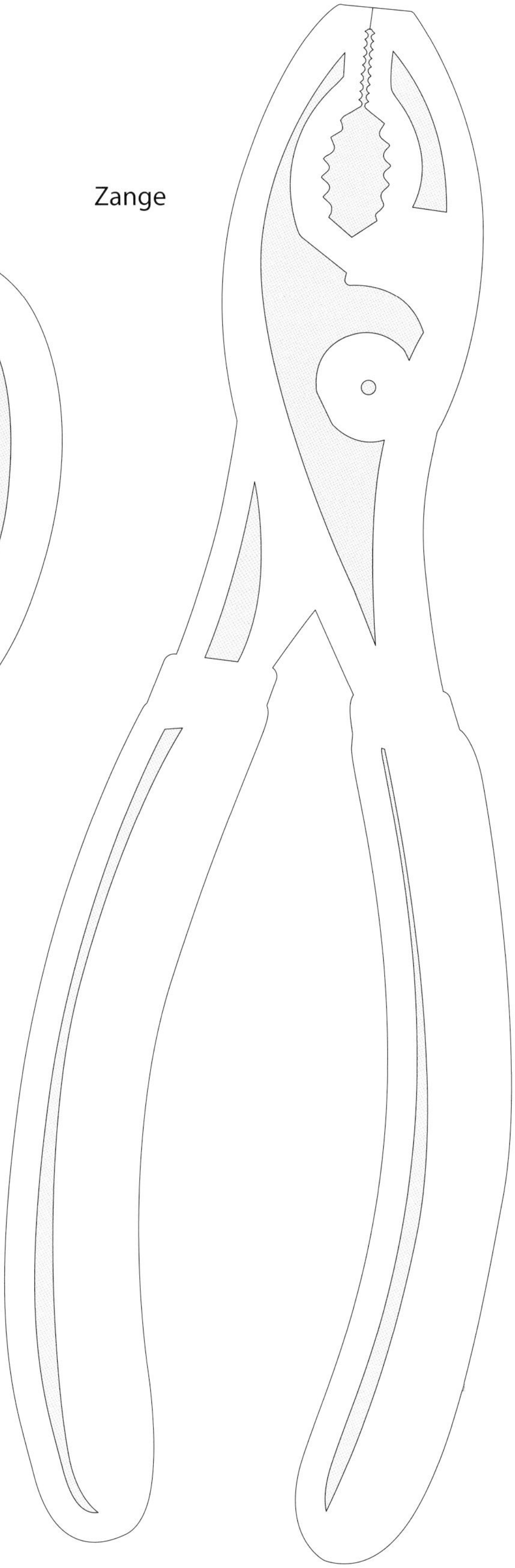

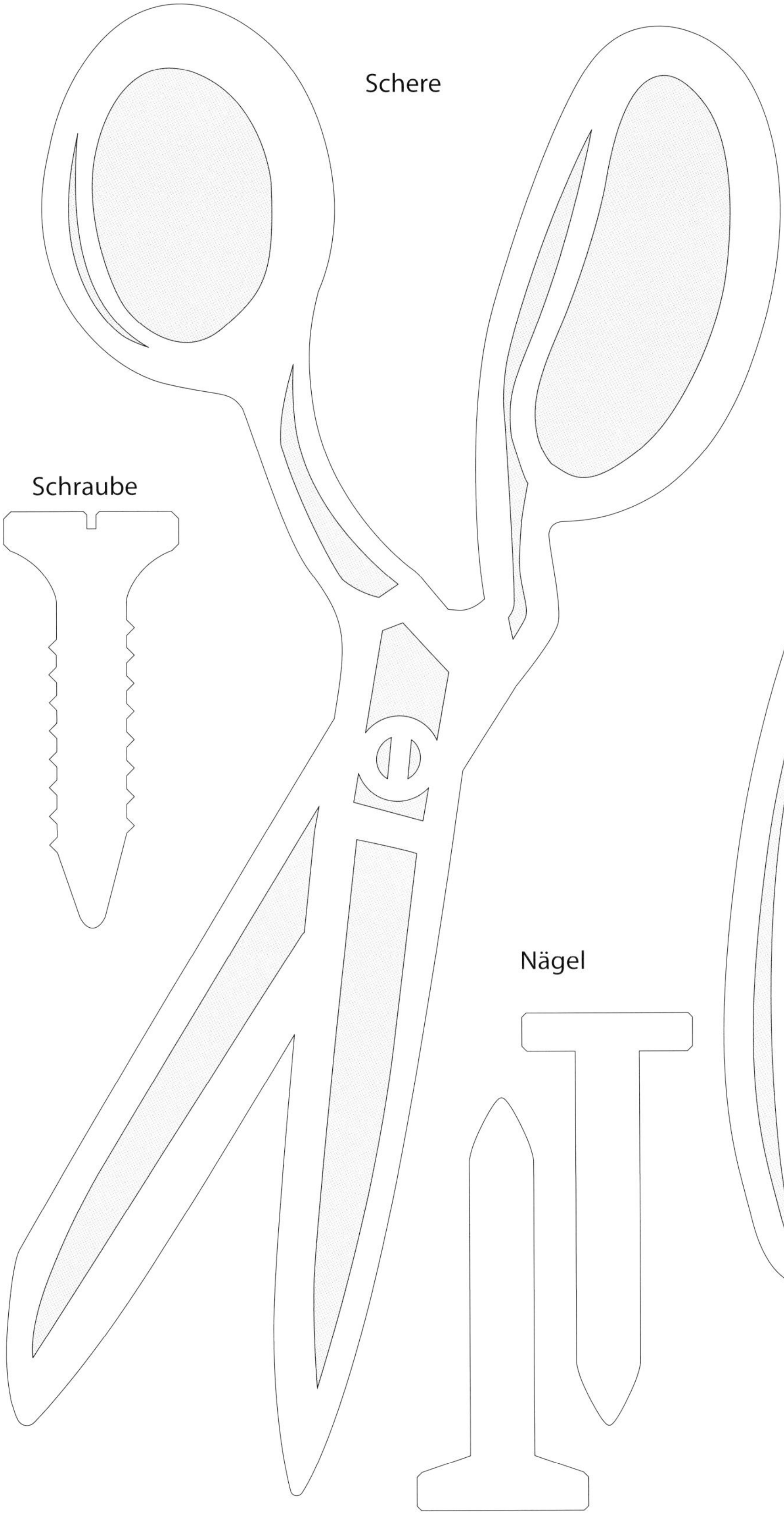

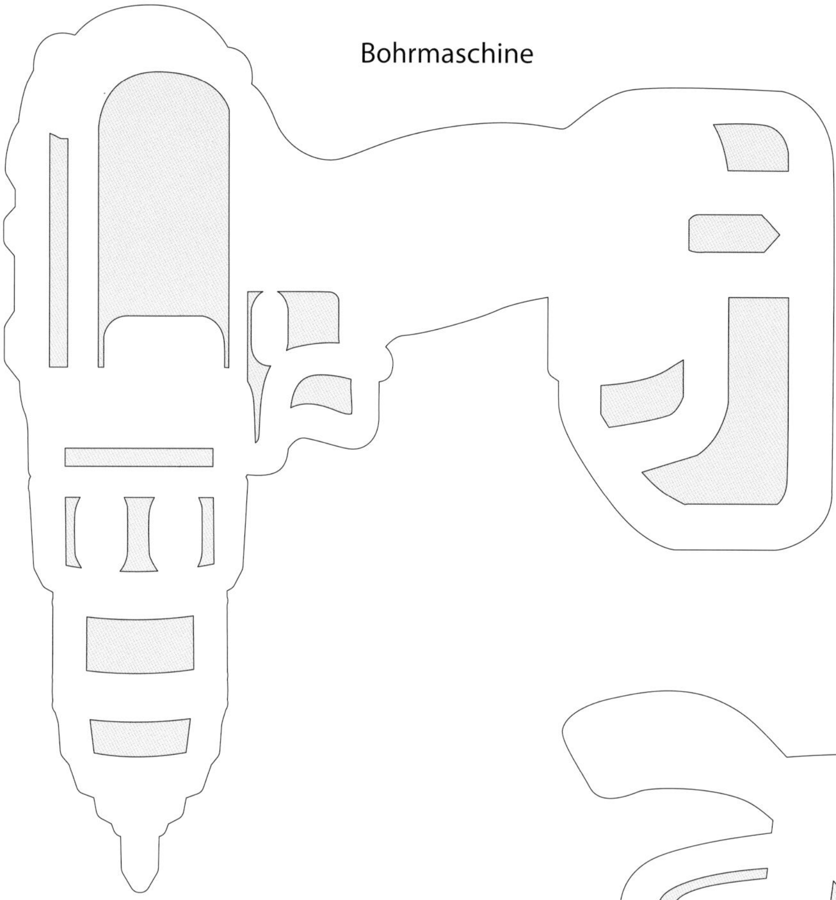
Bohrmaschine

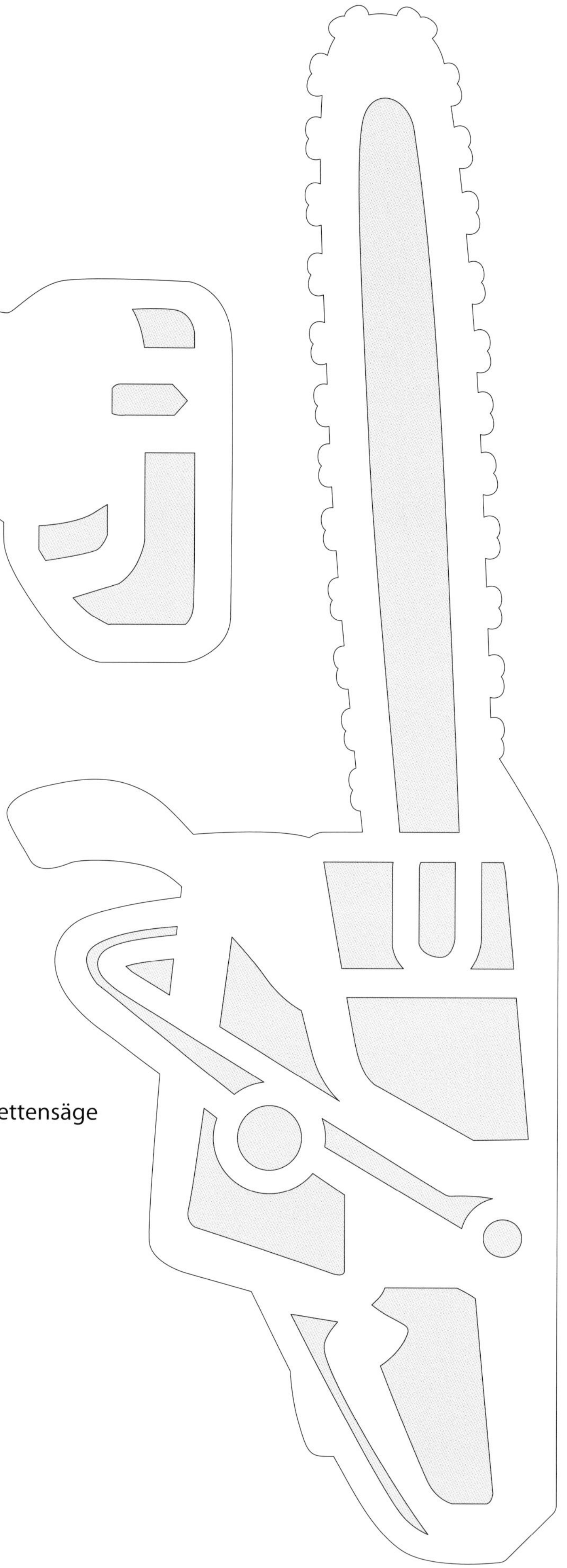
Kettensäge

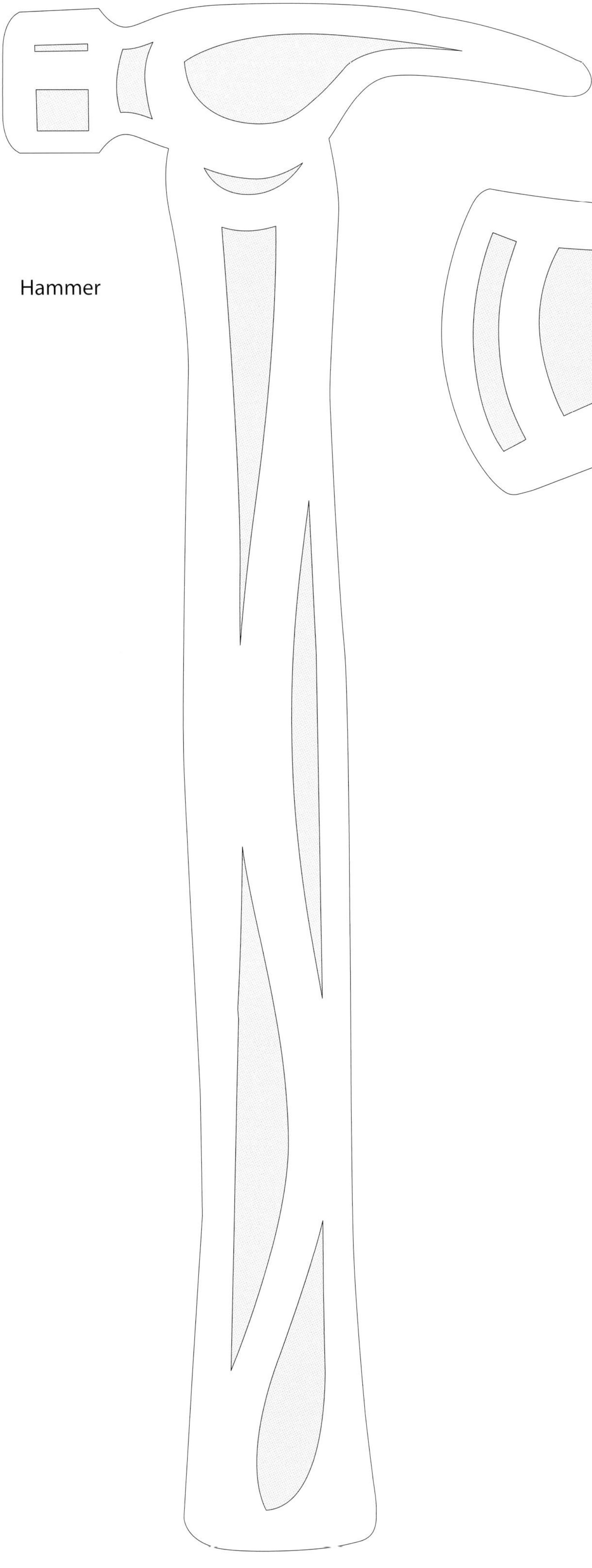

Hammer

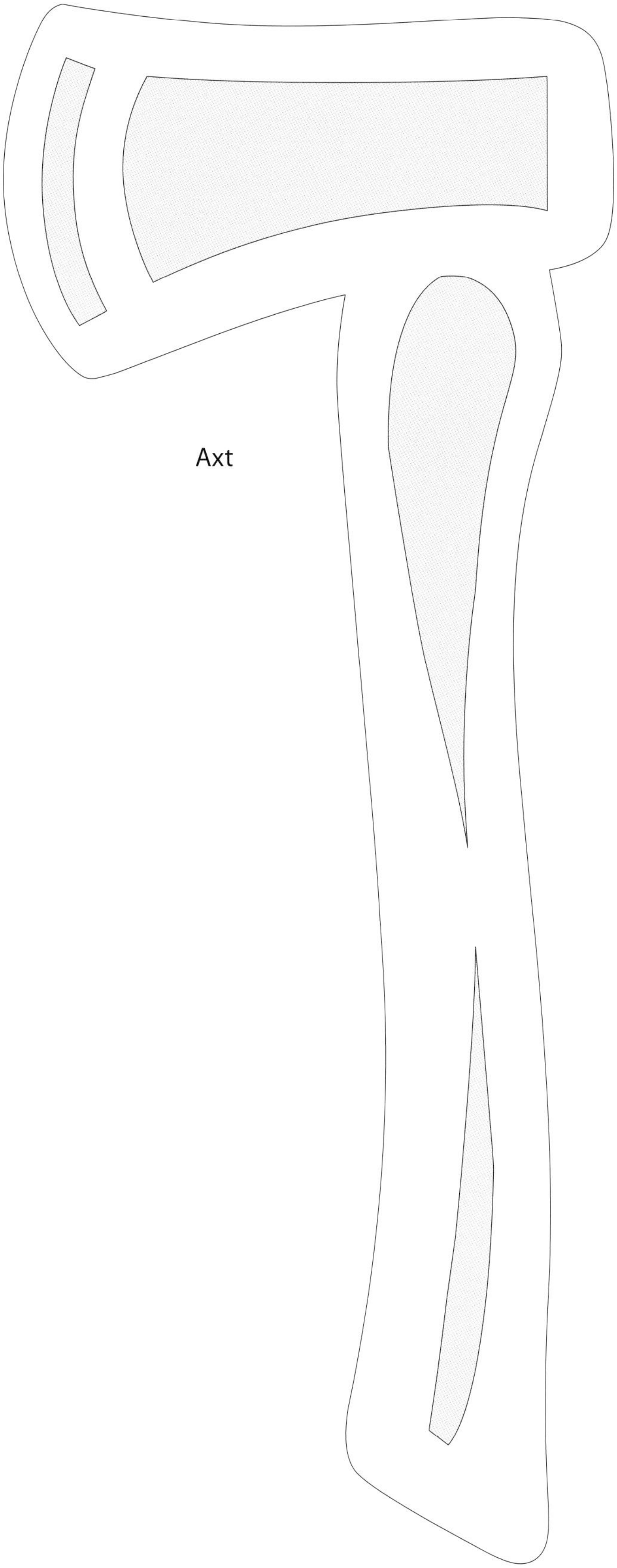

Axt

Rohrzange

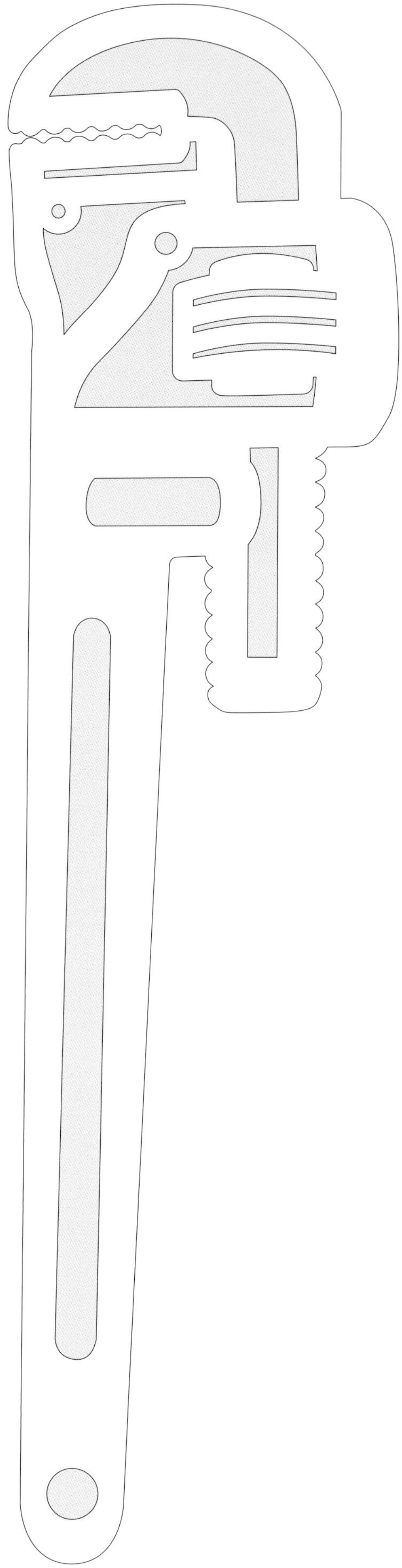

Rollgabelschlüssel

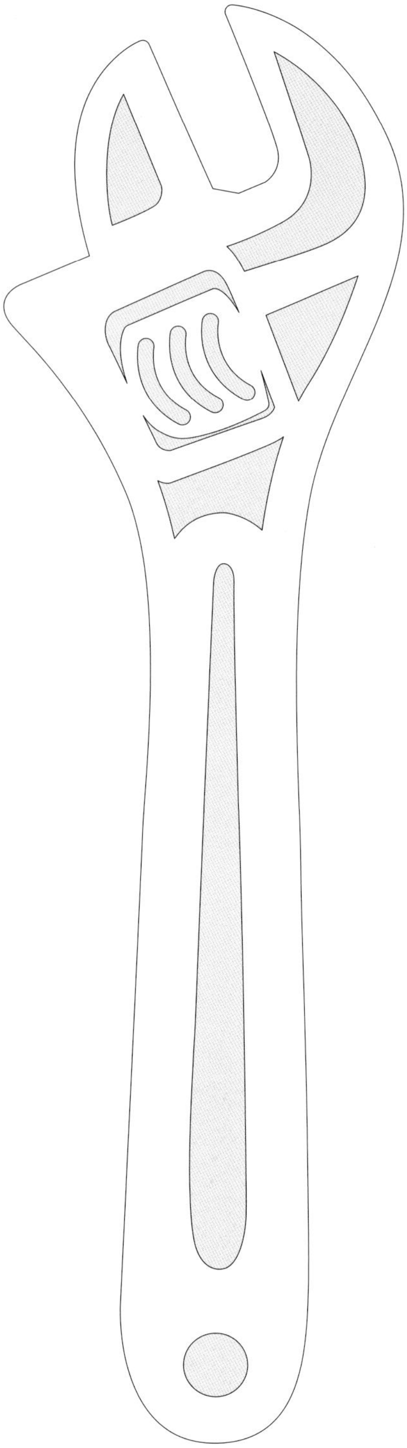

Am Strand

Kopie auf 125 % vergrößern

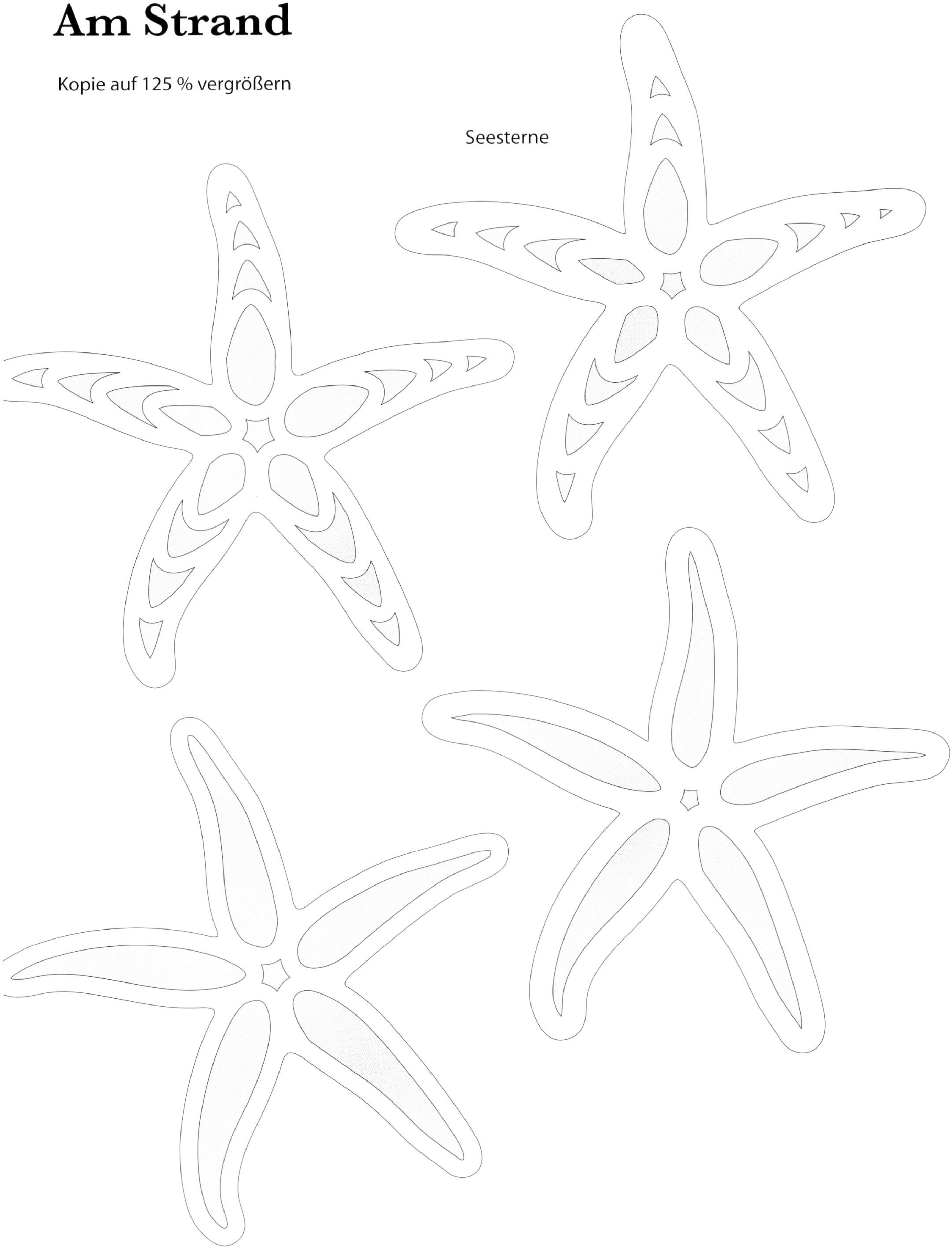

Kopie auf 150 % vergrößern

Flipflops

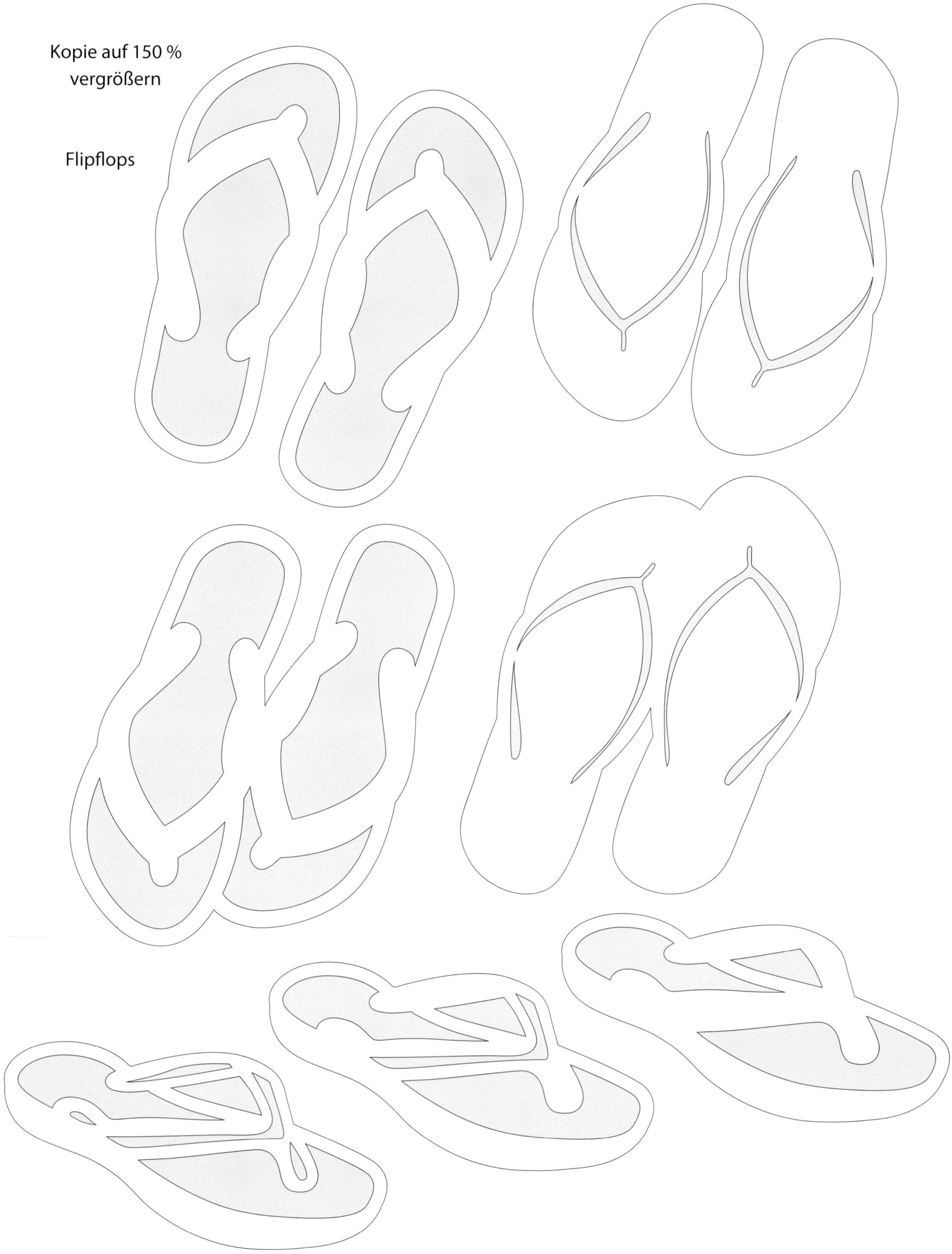

Kopie auf 125 % vergrößern

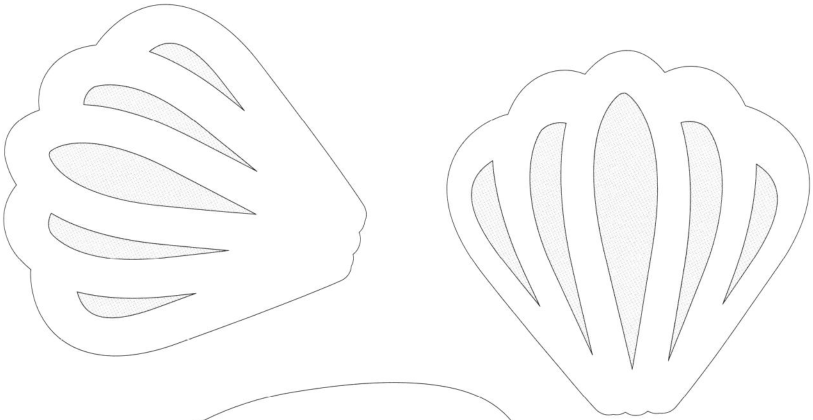

Einfache Muscheln

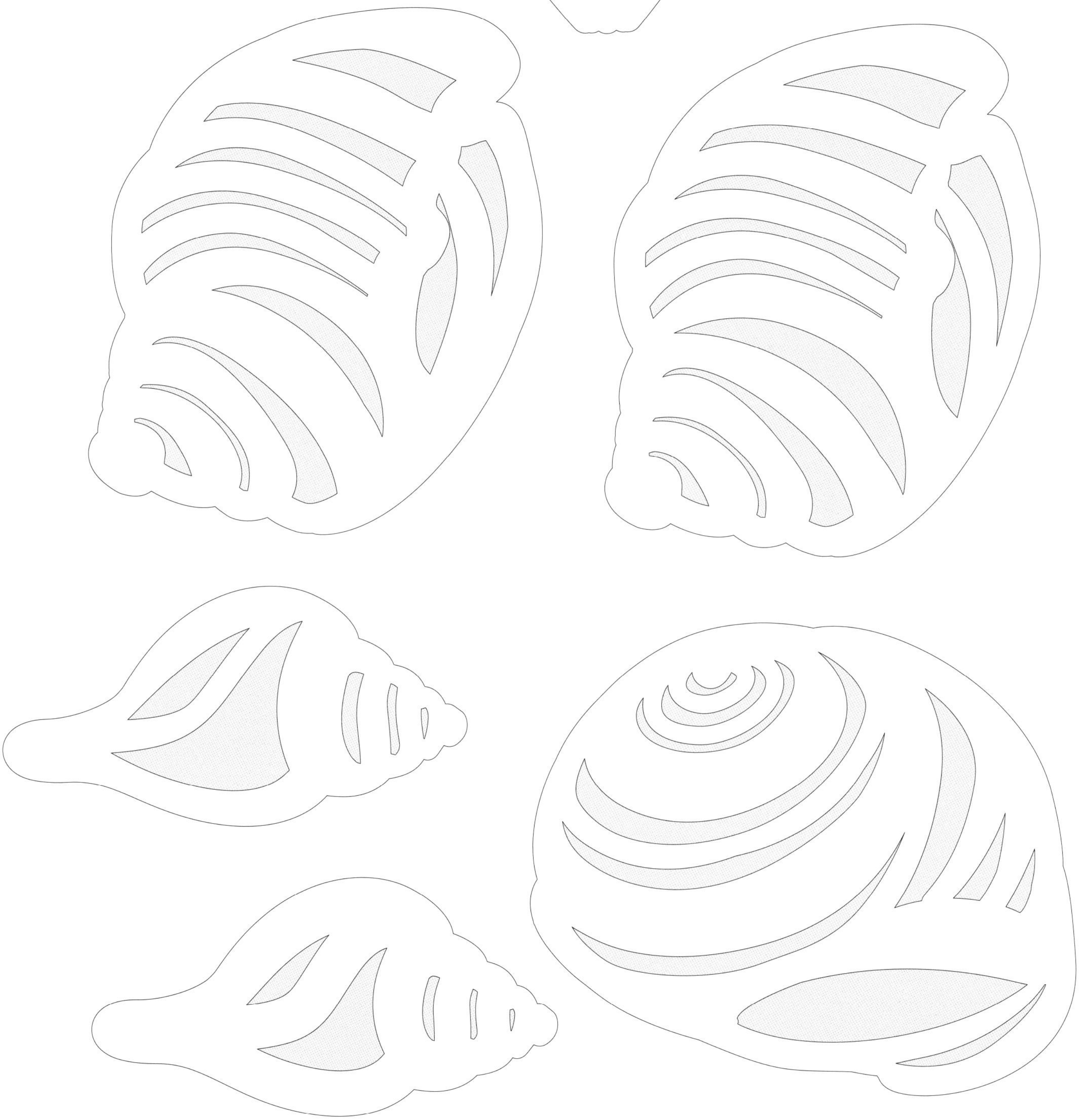

Kopie auf 125 % vergrößern

Hummer

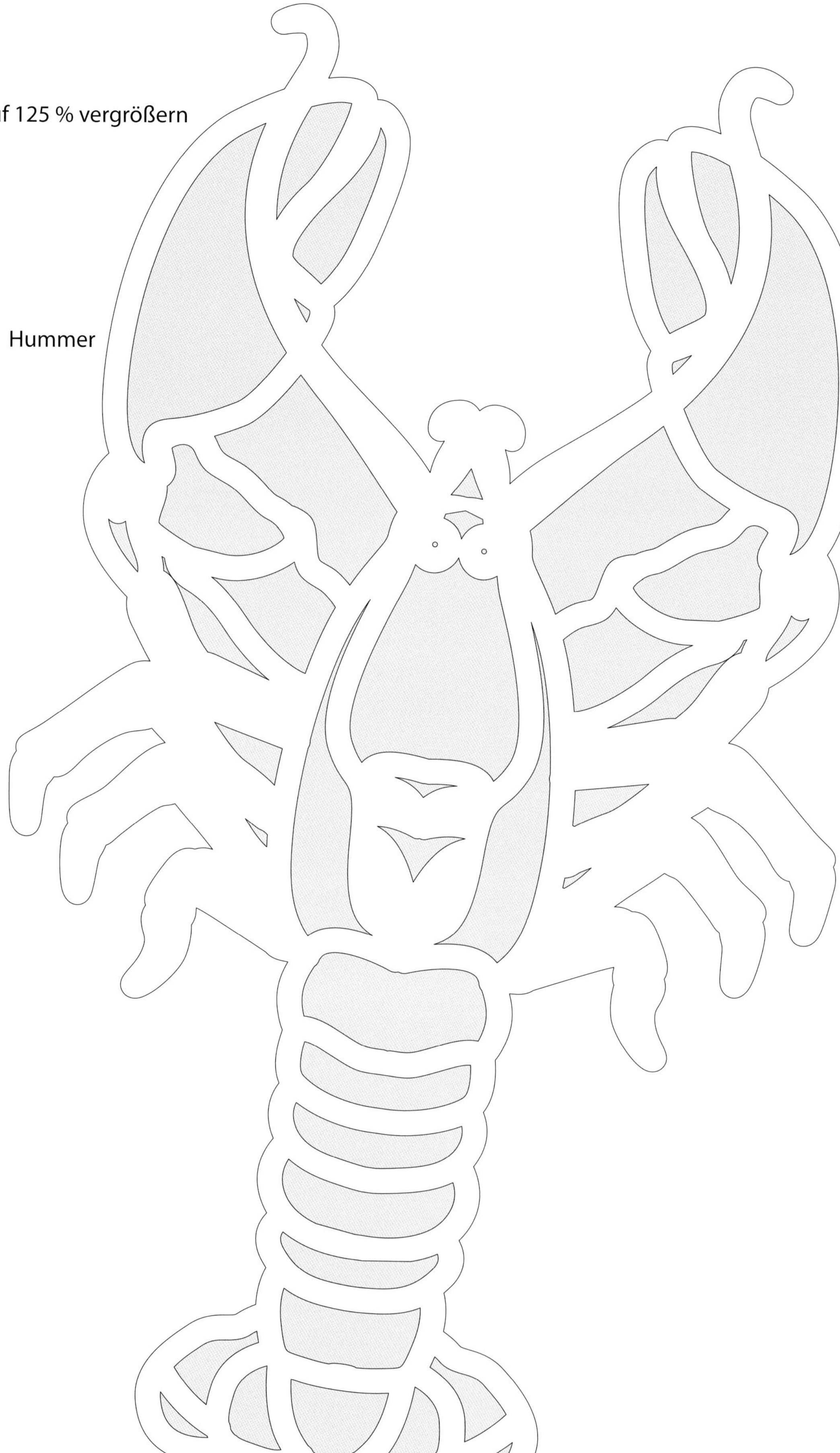

Wetter

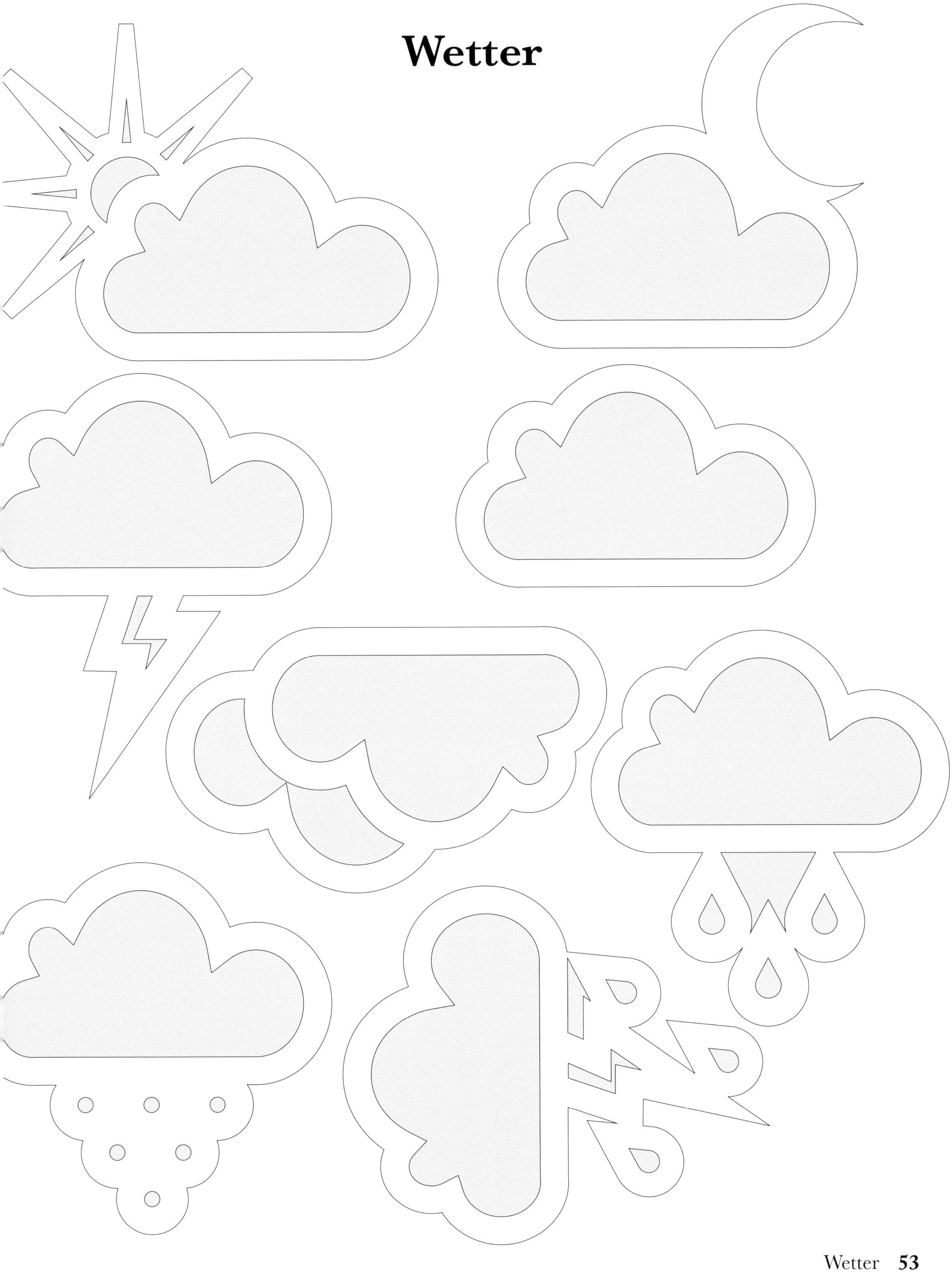

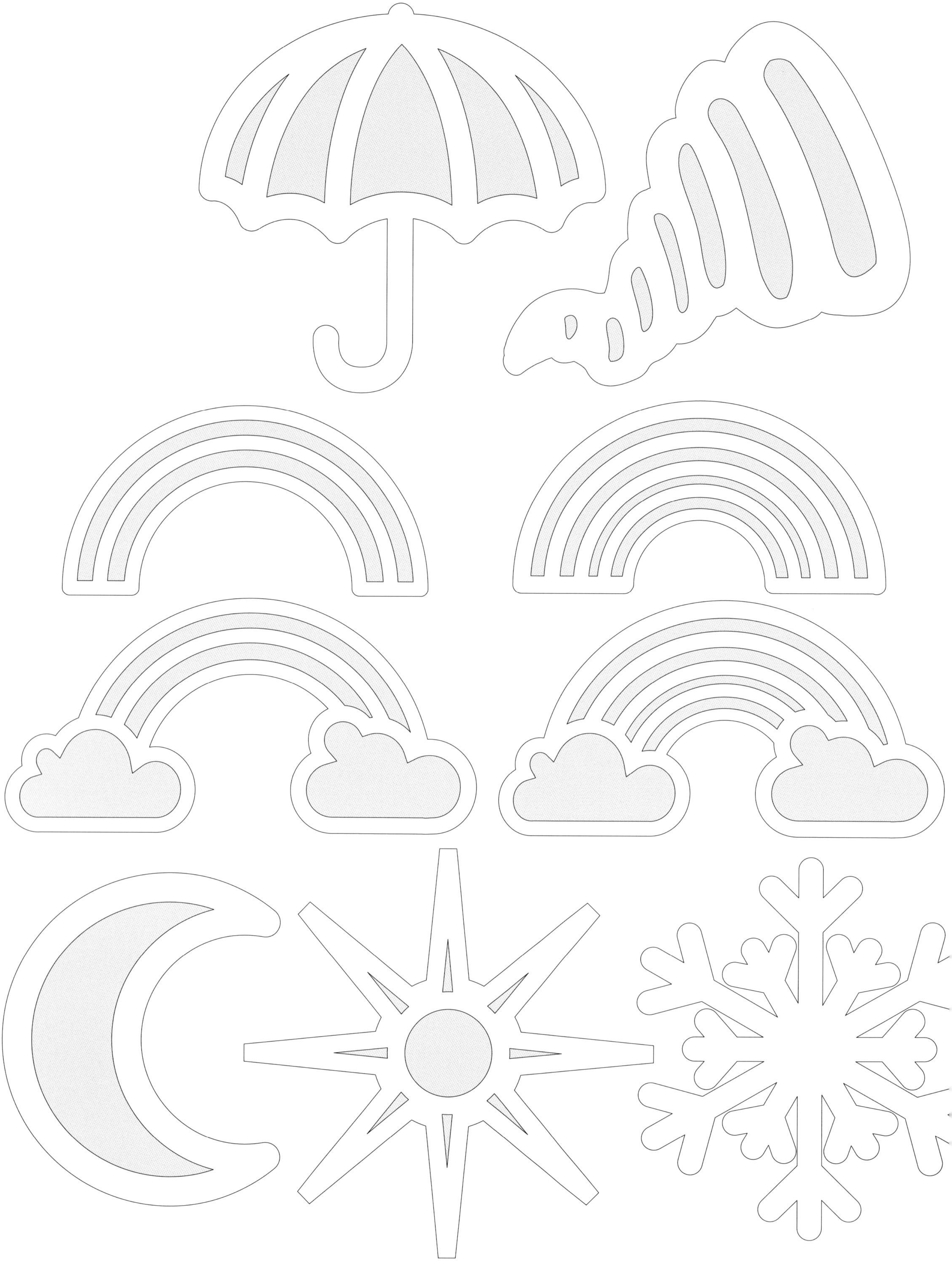

Sport

Kopie auf 125 % vergrößern

Footballhelm

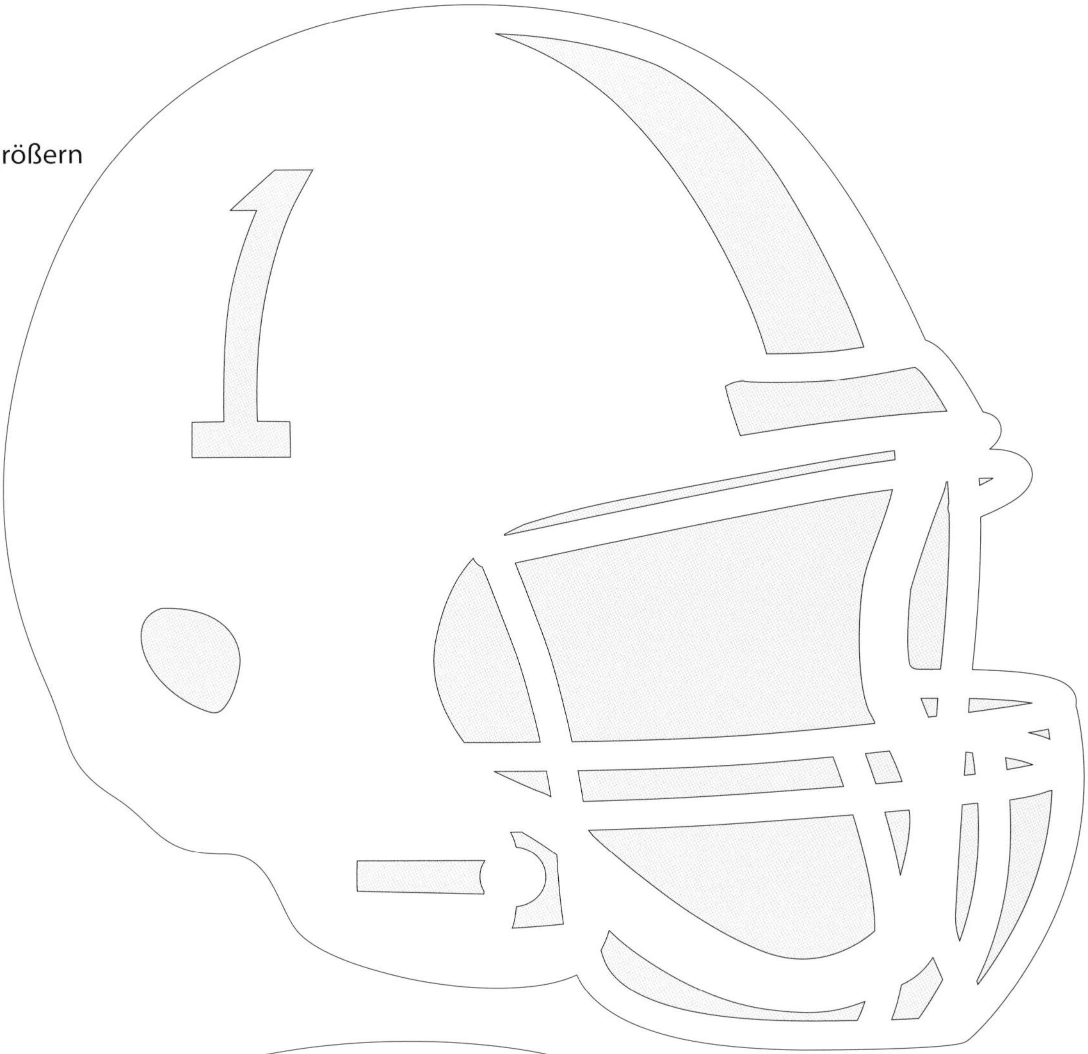

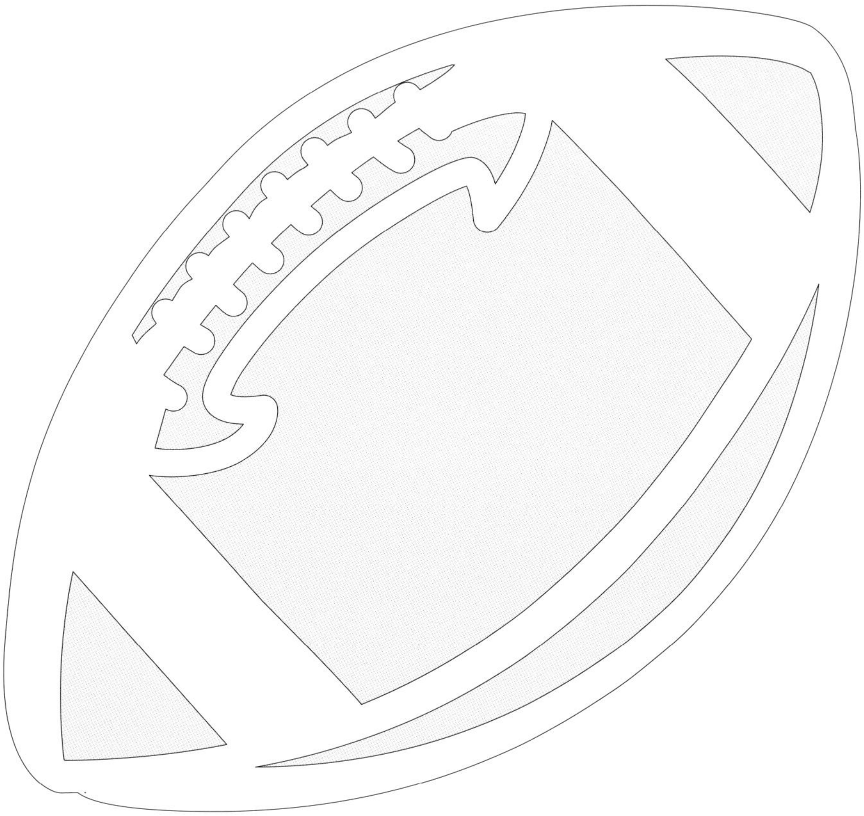

Football

Kopie auf 125 % vergrößern

Fußball

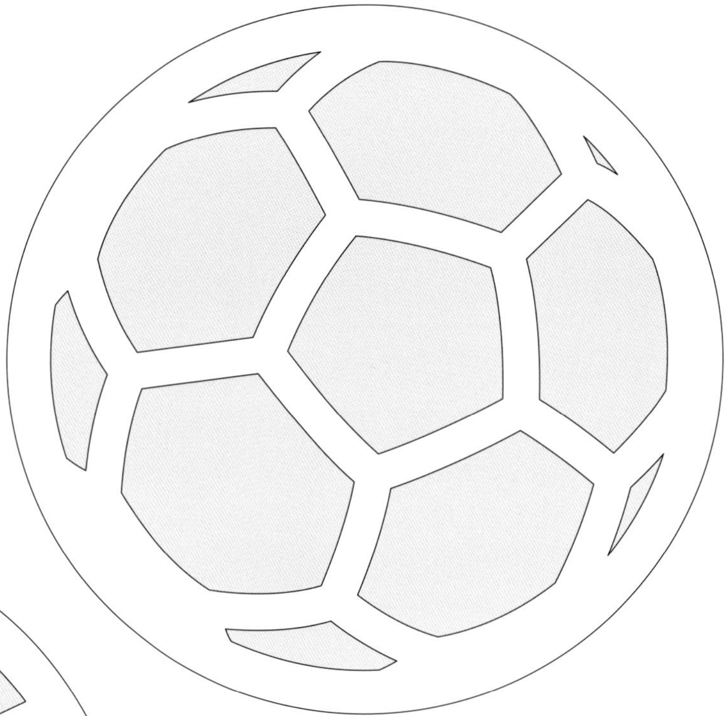

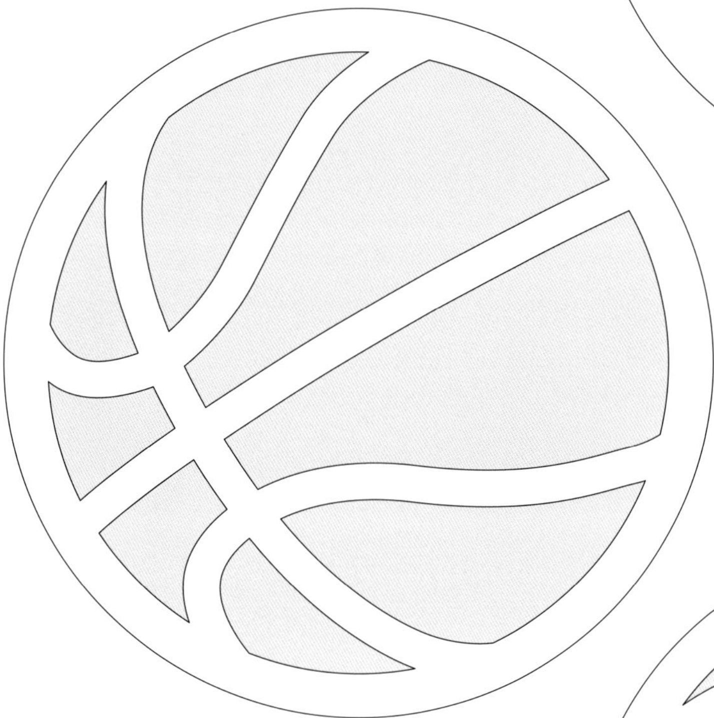

Basketball

Volleyball

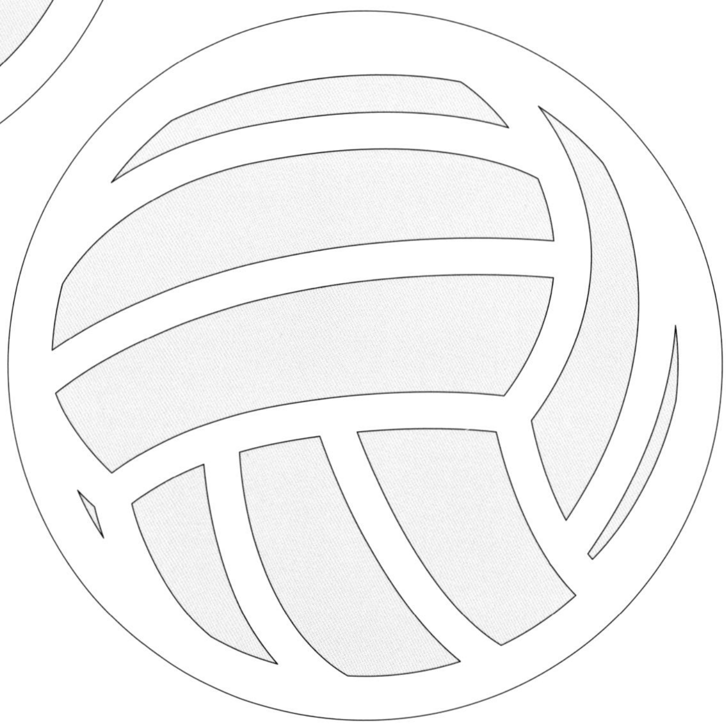

Kopie auf 125 % vergrößern

Baseball

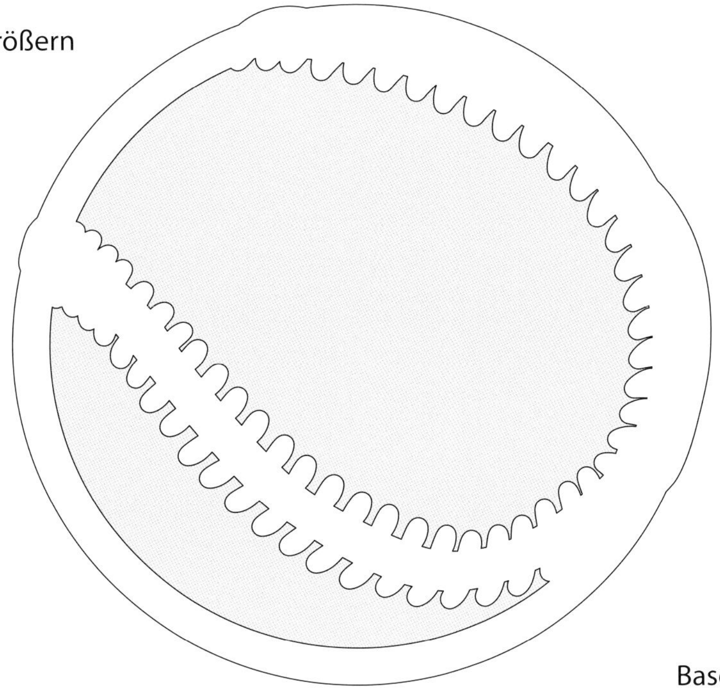

Baseballschläger

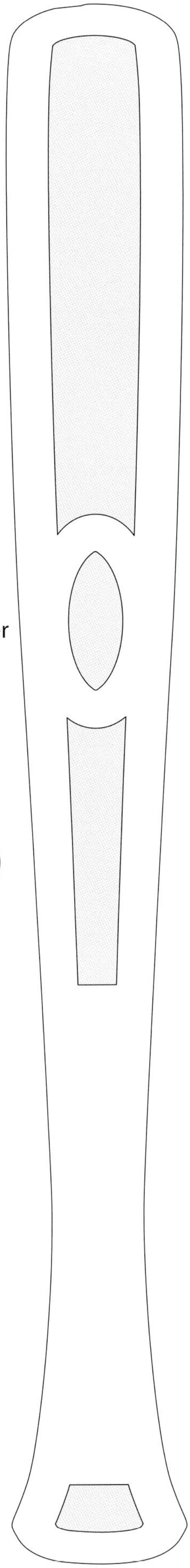

Baseballhandschuh

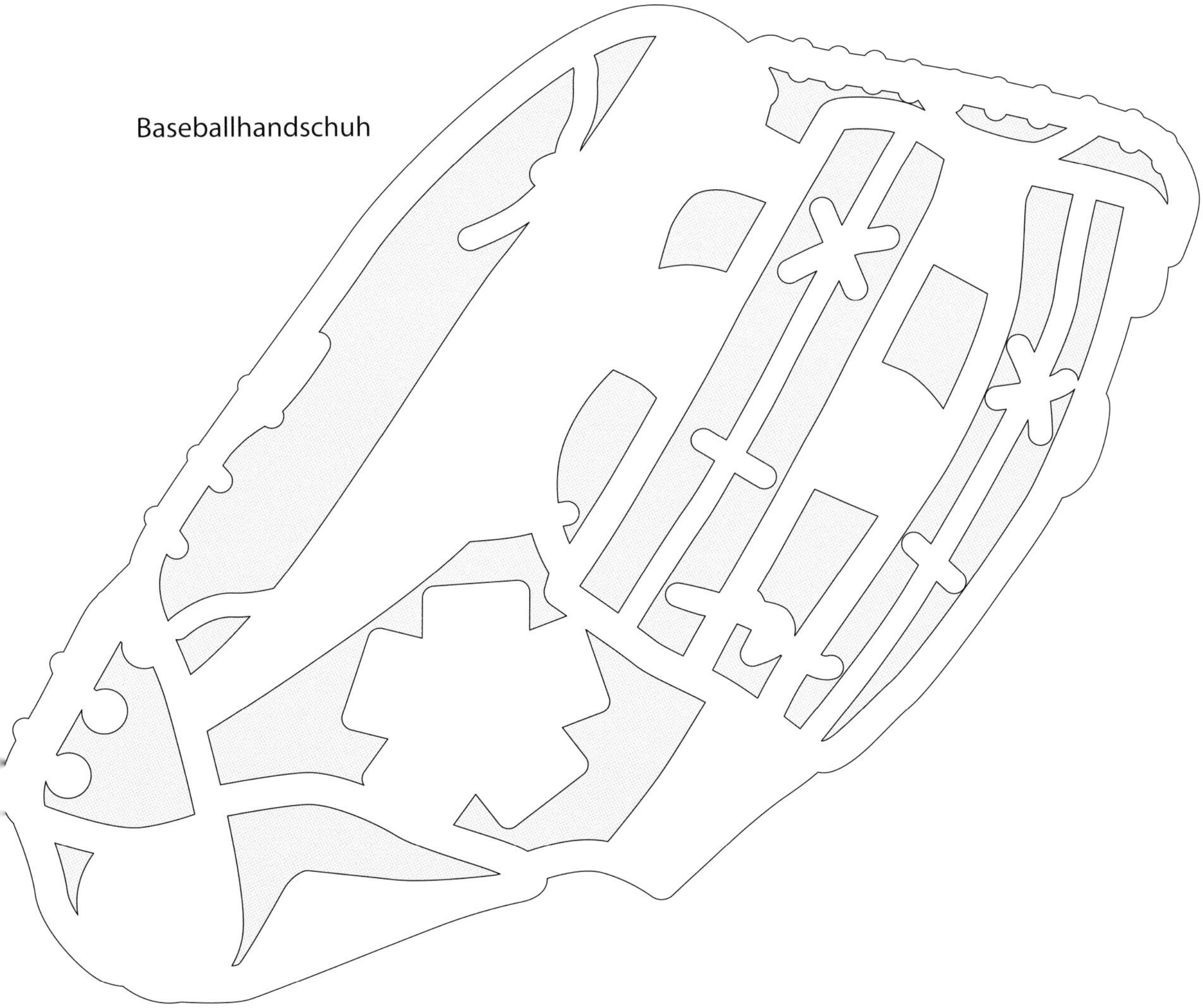

Kopie auf 125 % vergrößern

Fußball

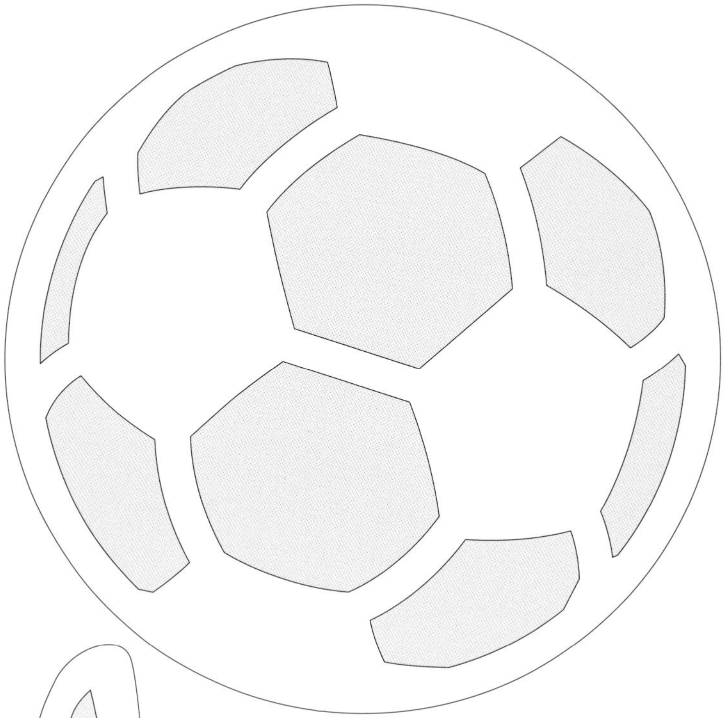

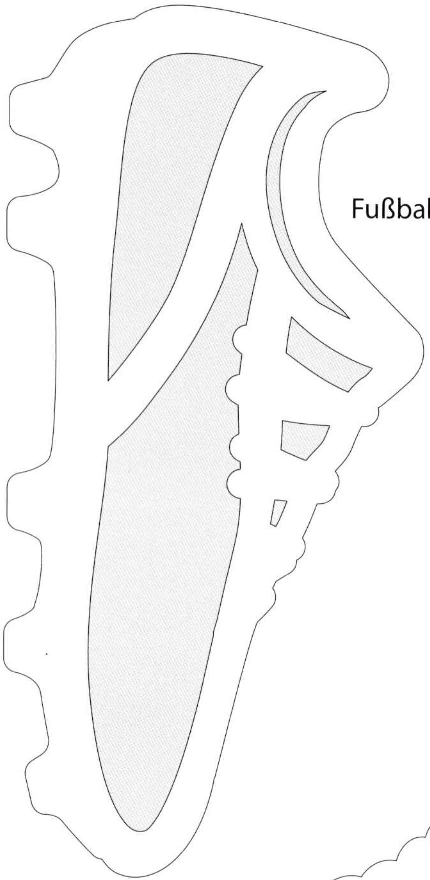

Fußballschuhe

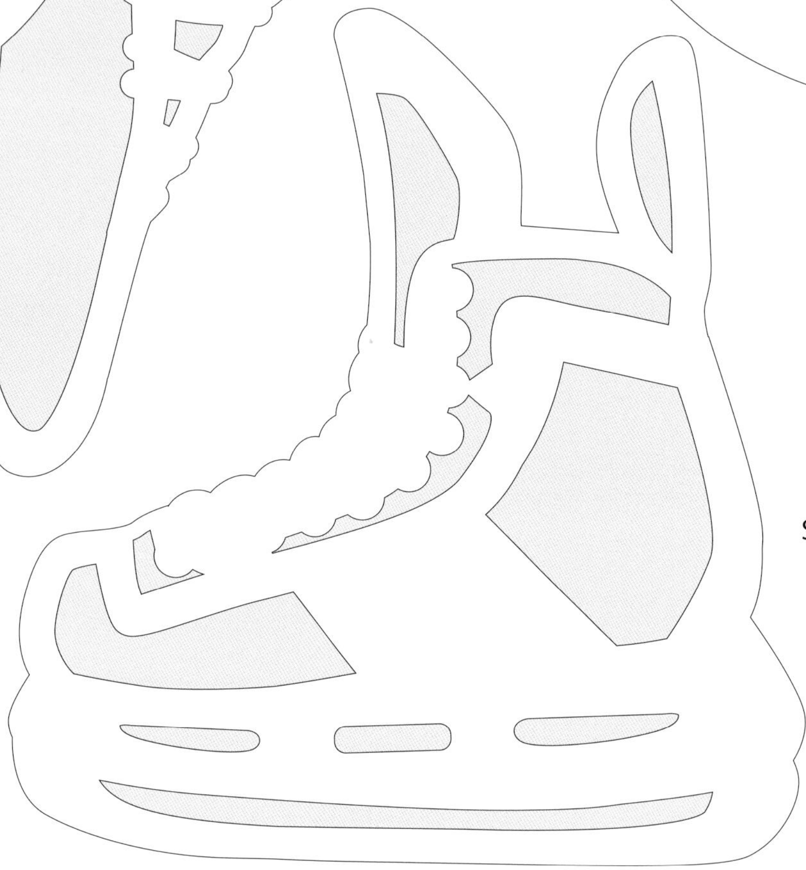

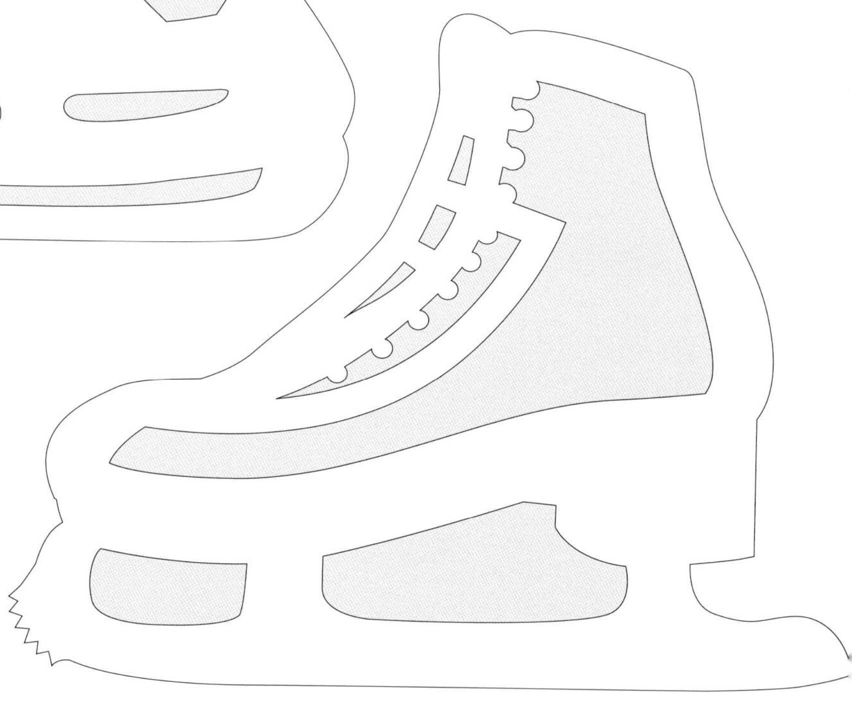

Schlittschuhe

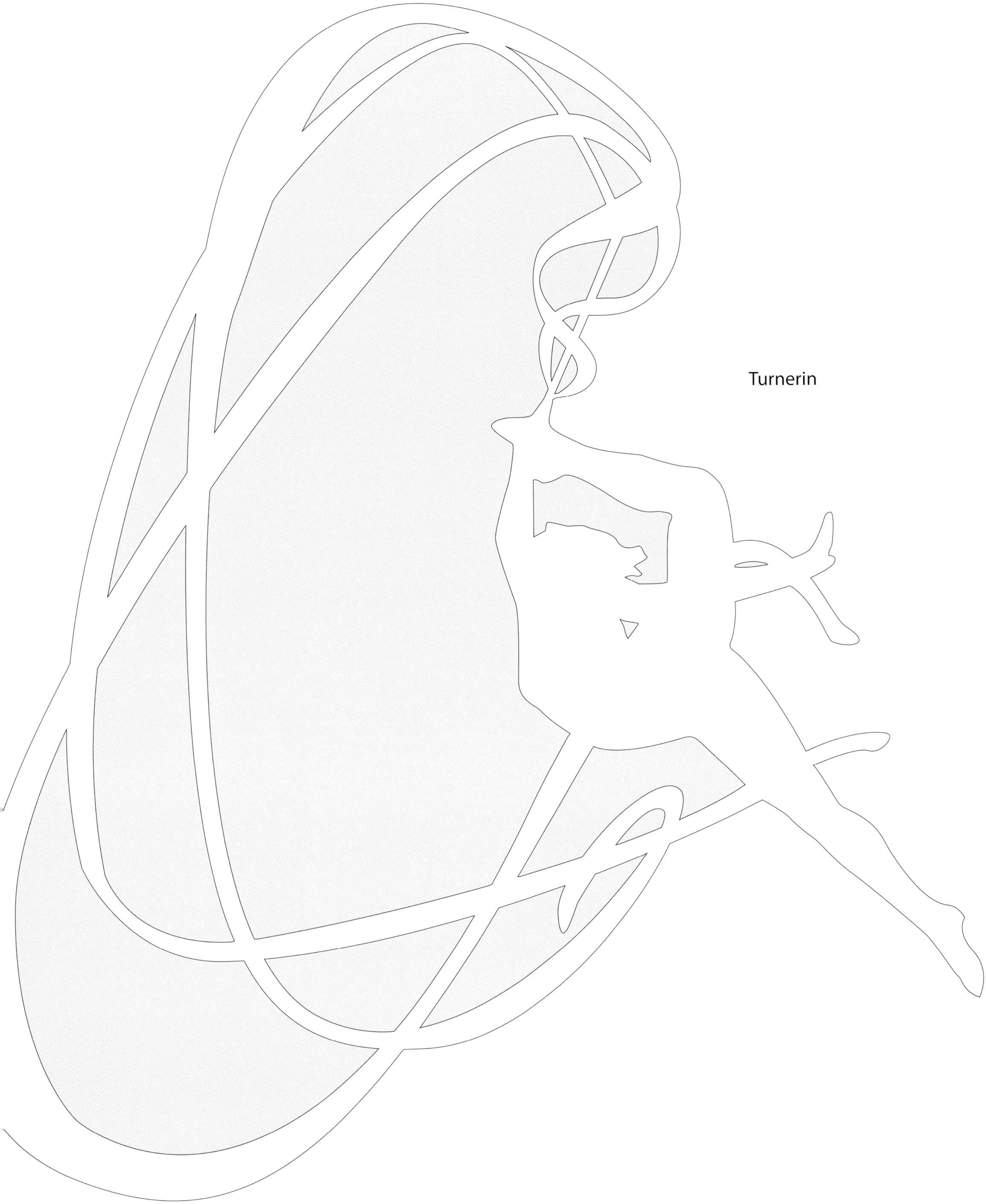

Turnerin

Musiknoten & Notenschlüssel

Kopie auf 125 % vergrößern

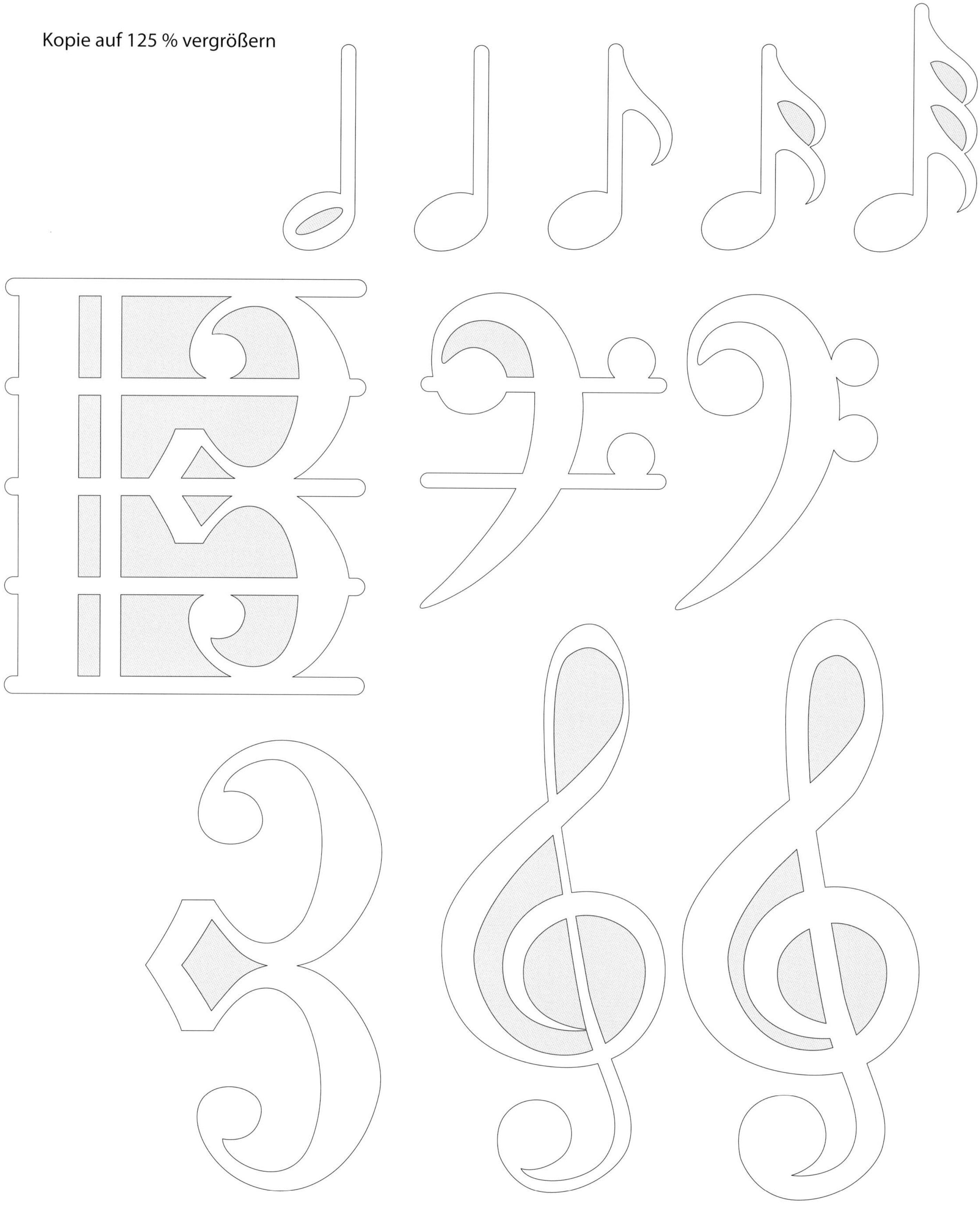

Fantasy

Kopie auf 125 % vergrößern

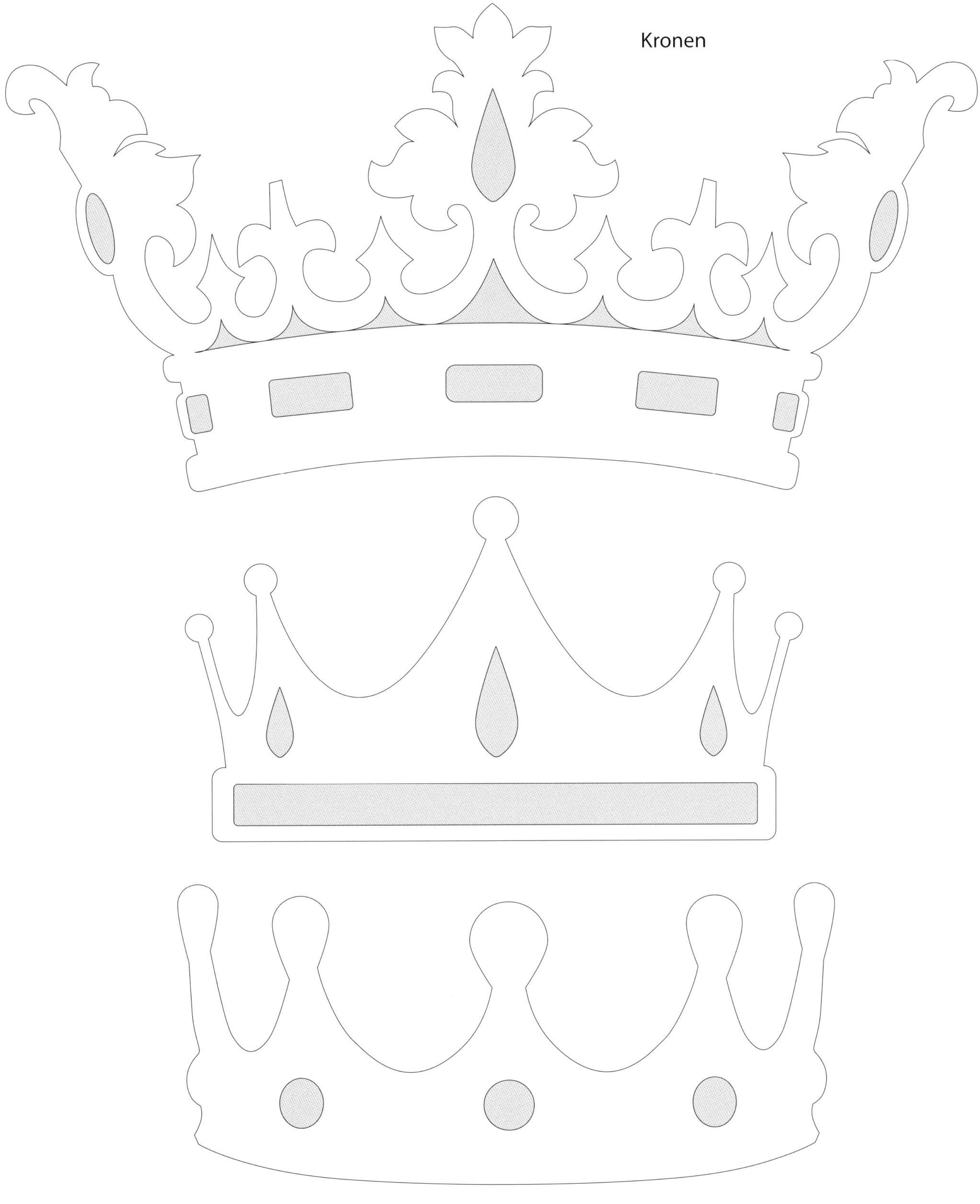

Drache

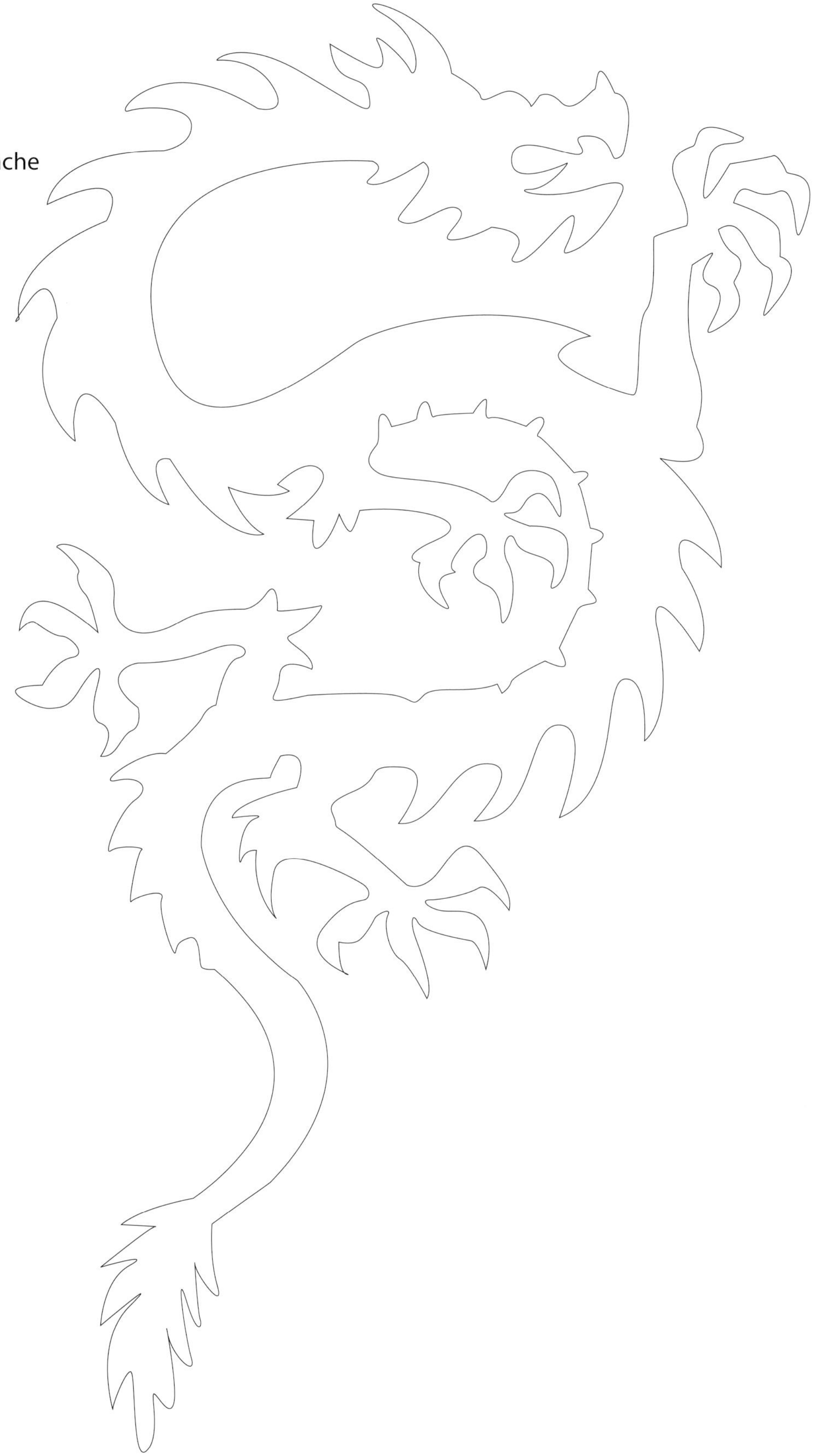

Kopie auf 125 % vergrößern

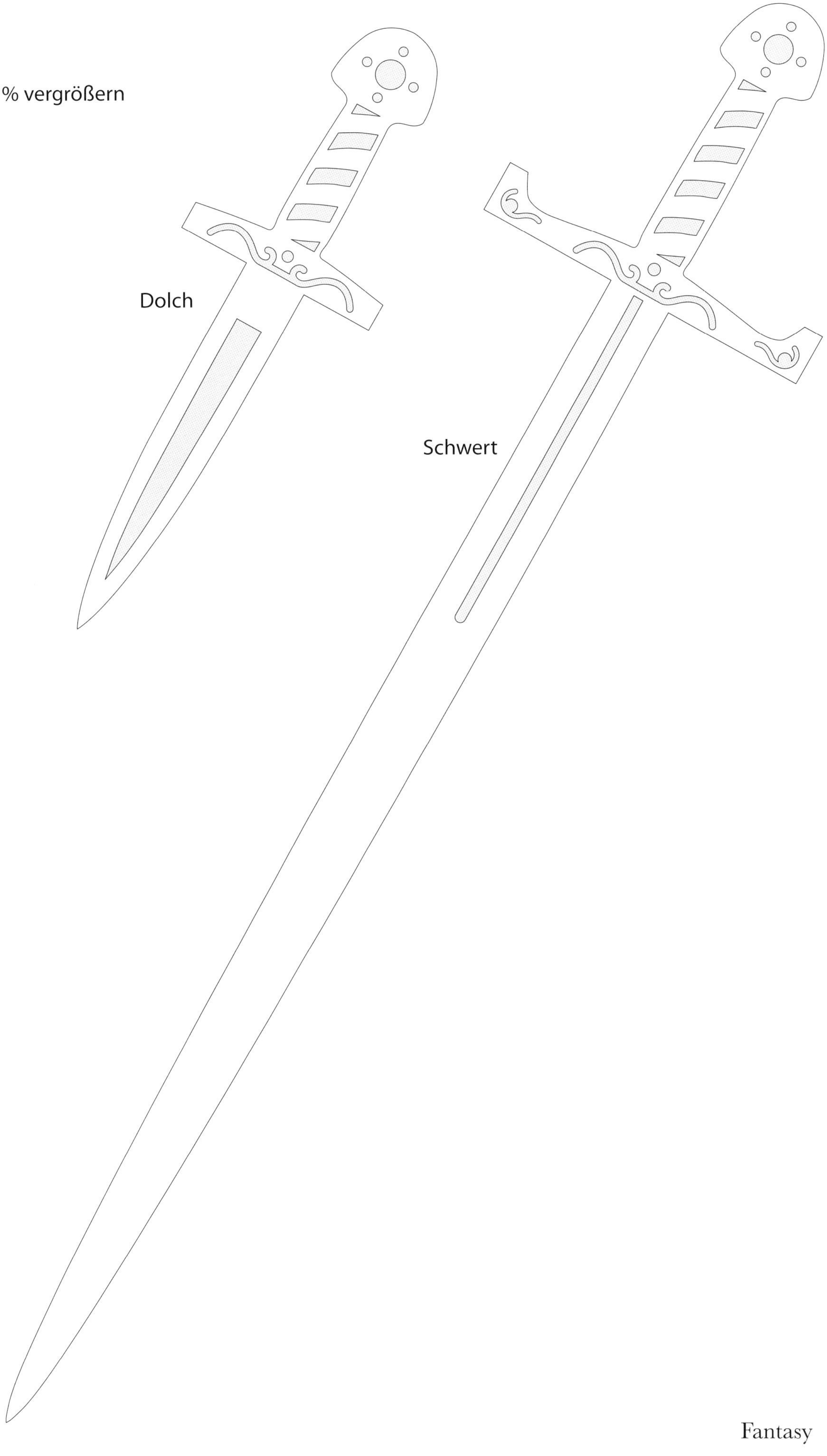

Topf- & Glasuntersetzer

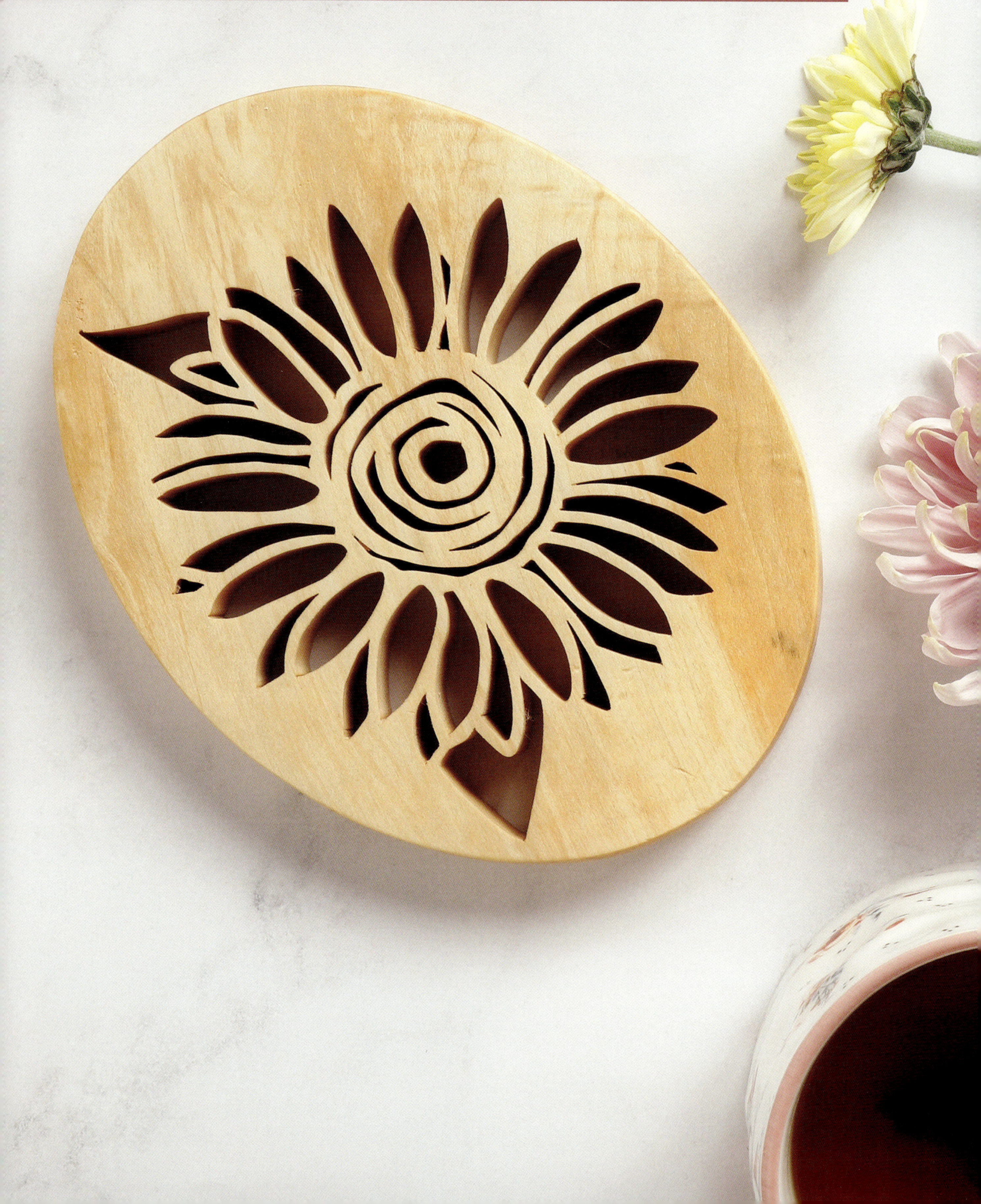

Muscheln

Kopie auf 200 % vergrößern

Große Atlantische Herzmuschel

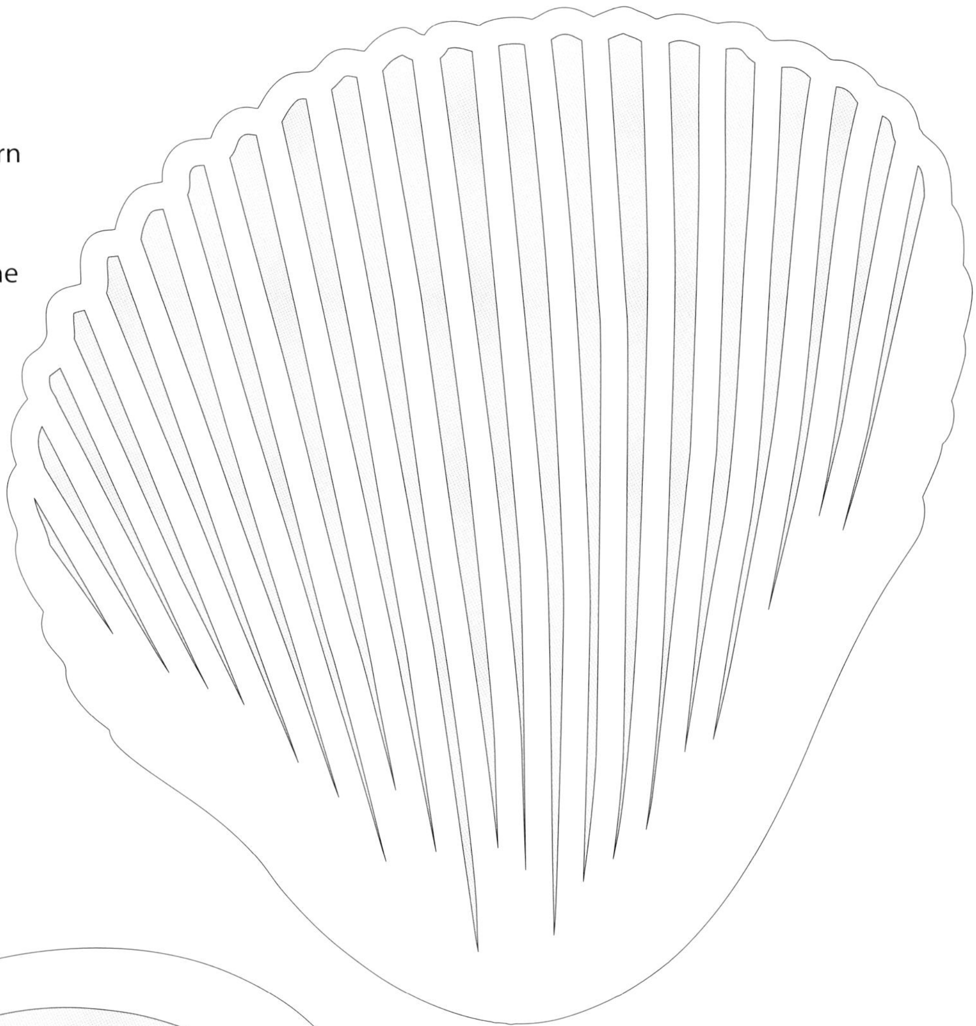

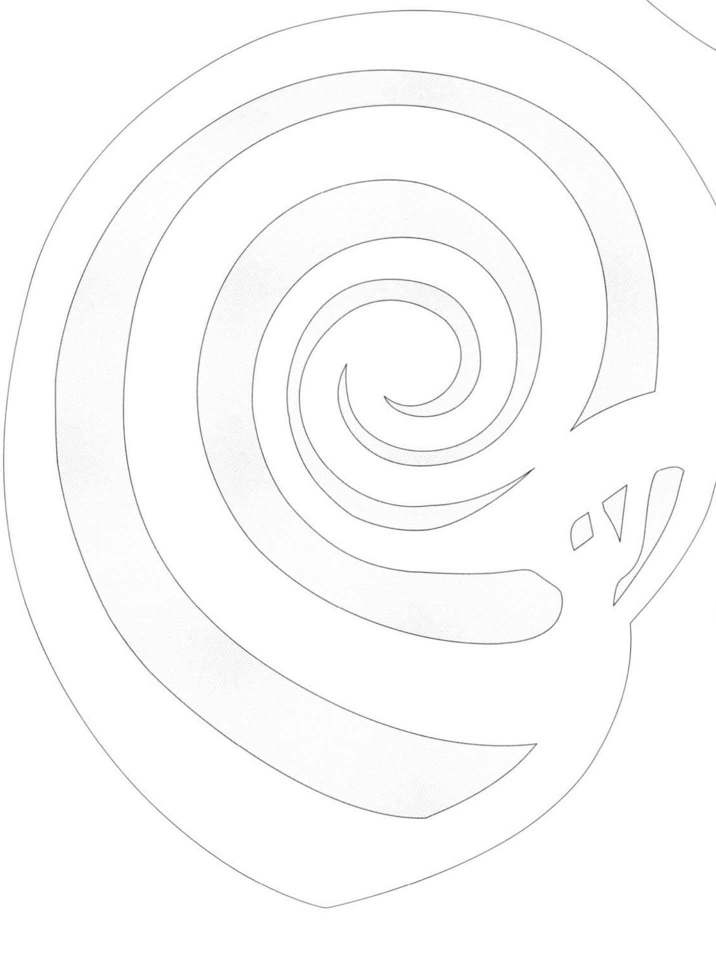

Mondschnecke

Kopie auf 200 % vergrößern

Jakobsmuschel

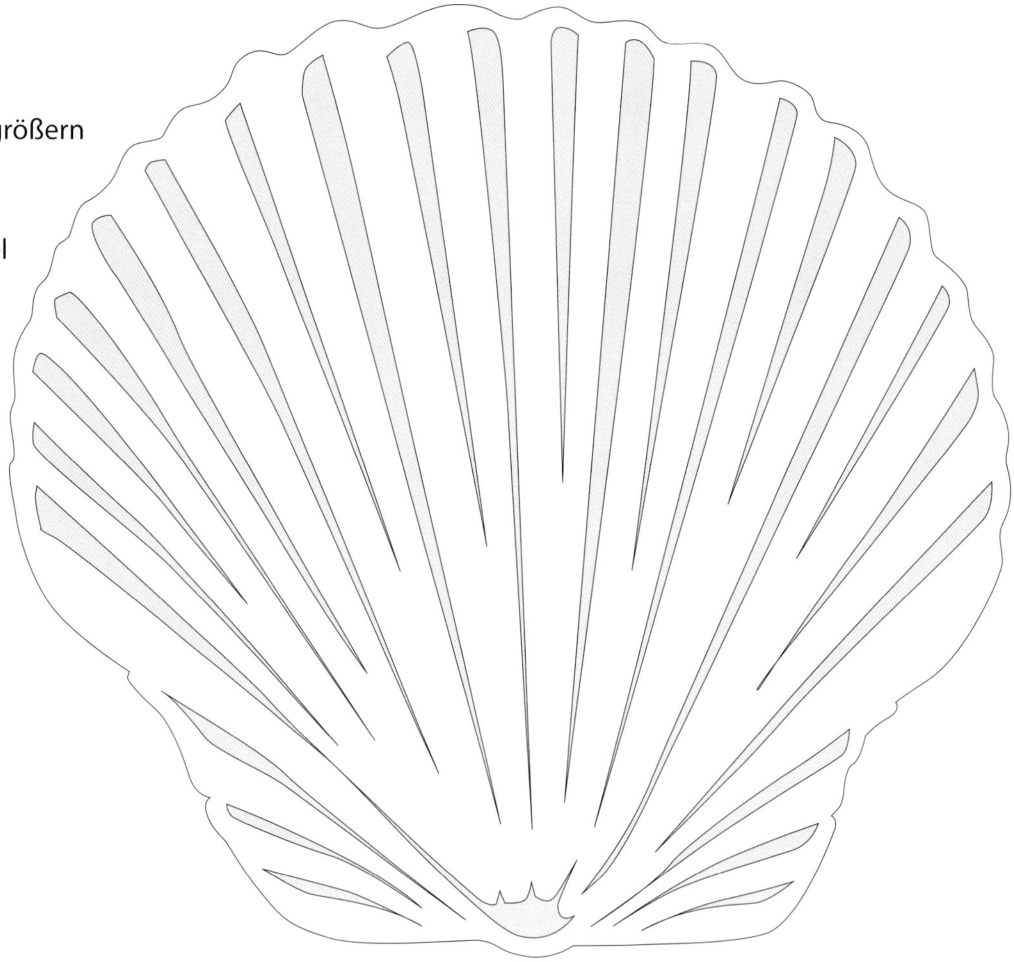

Große Fechterschnecke

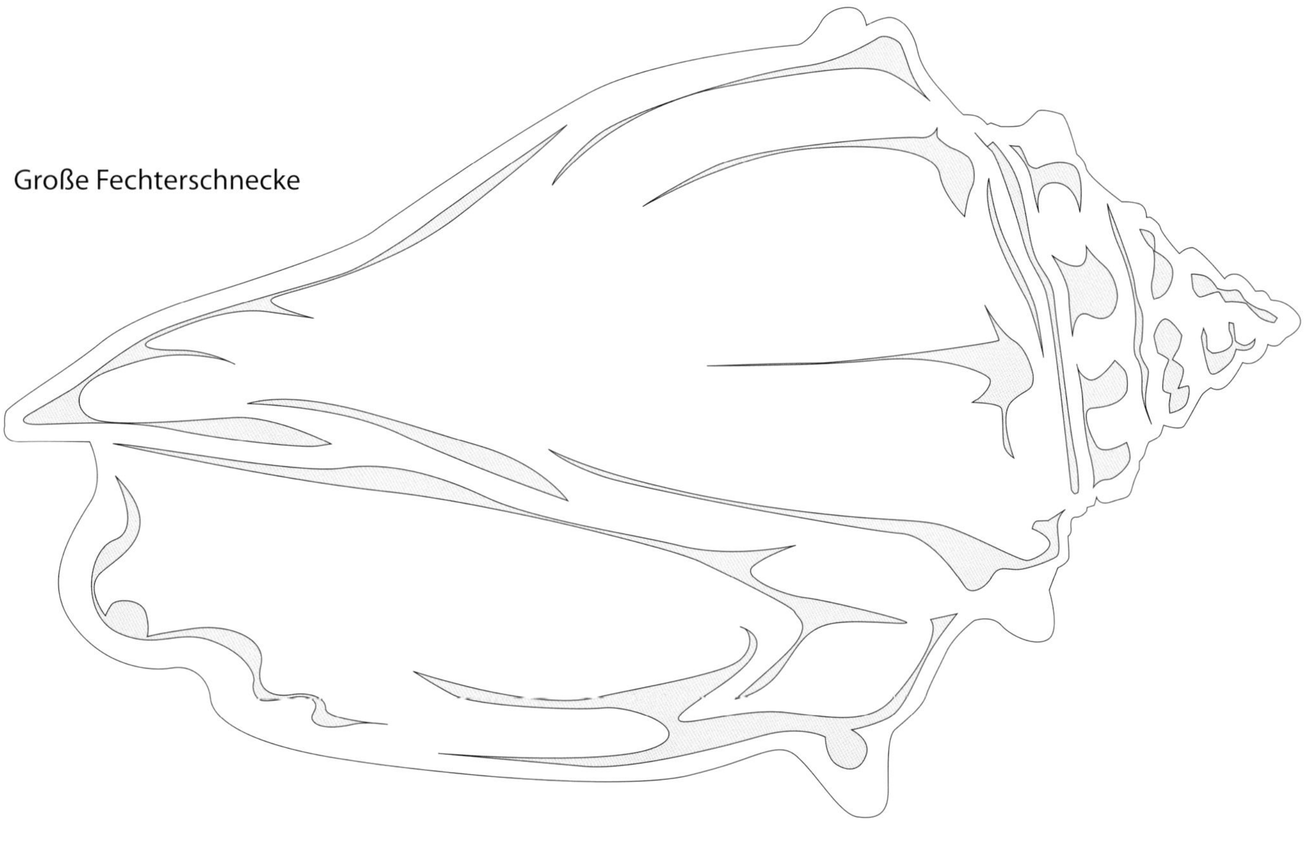

Kopie auf 200 % vergrößern

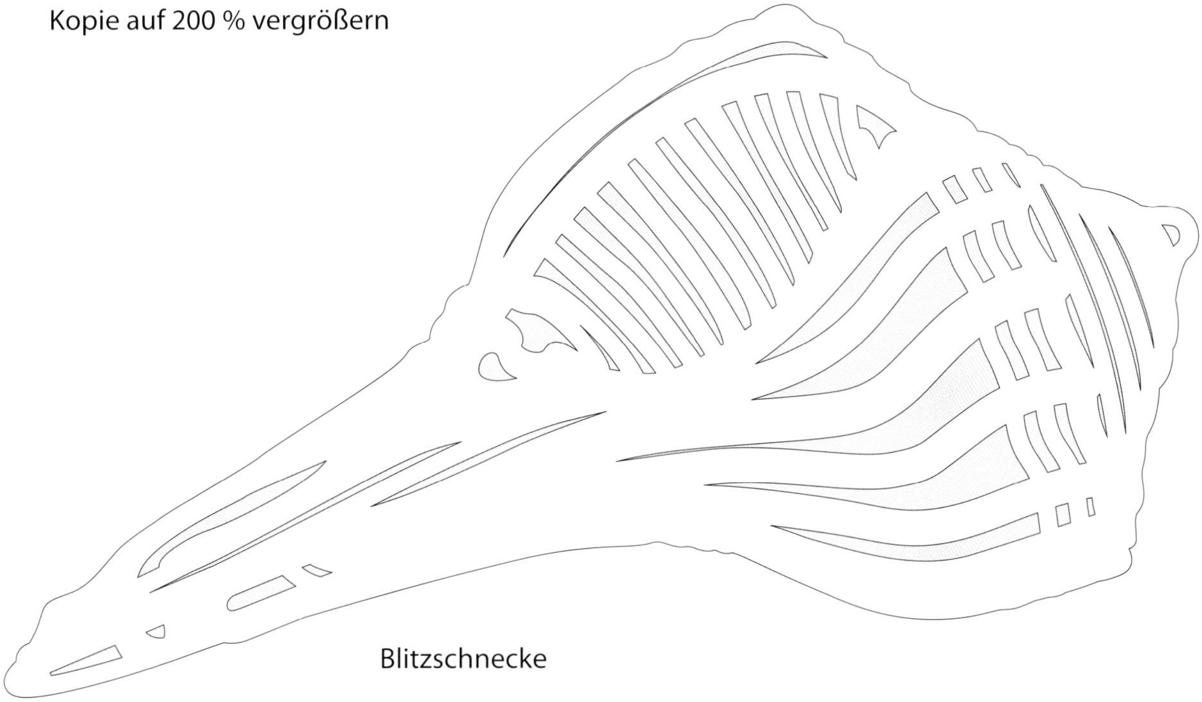

Blitzschnecke

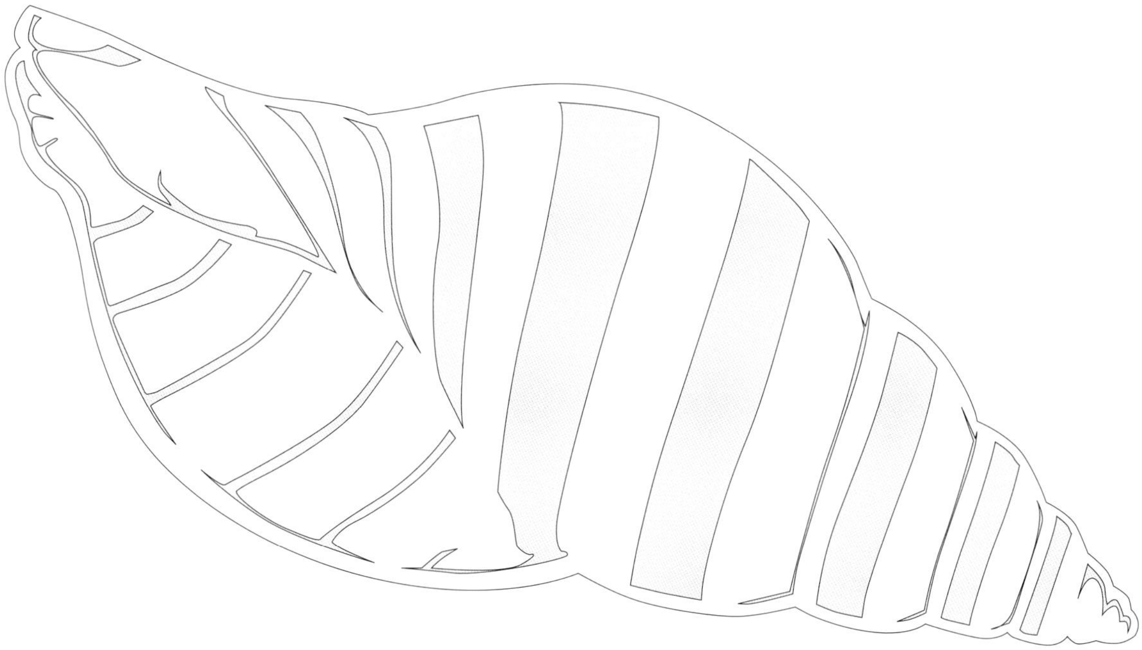

Gebänderte Tulpenschnecke

Blumen

Kopie auf 200 % vergrößern

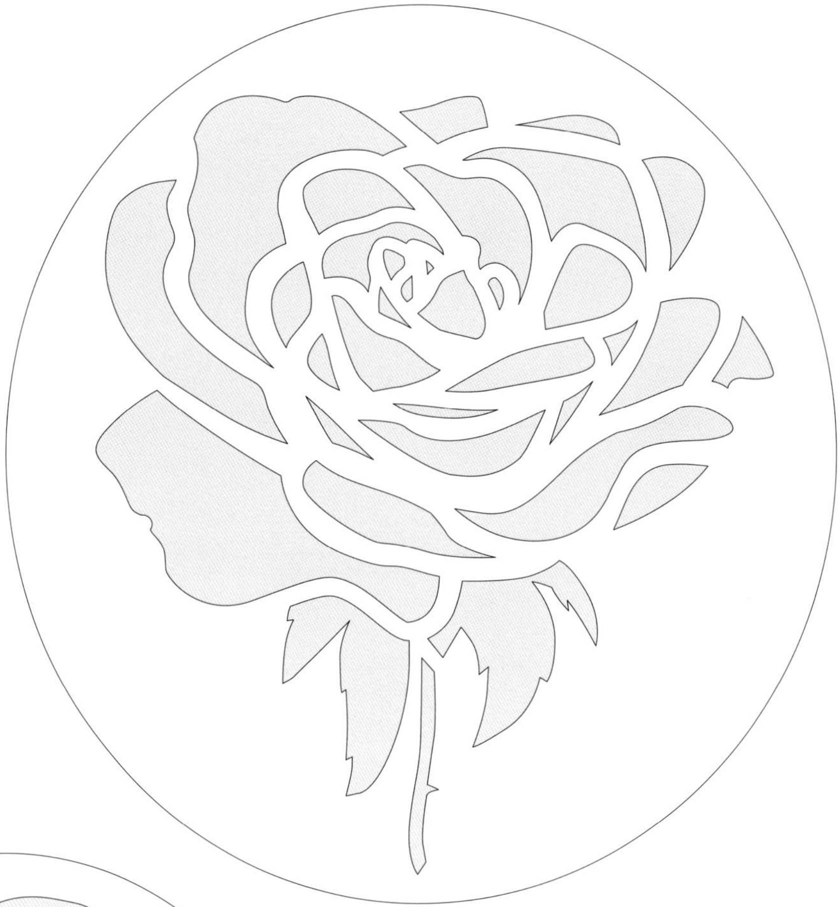

Rose

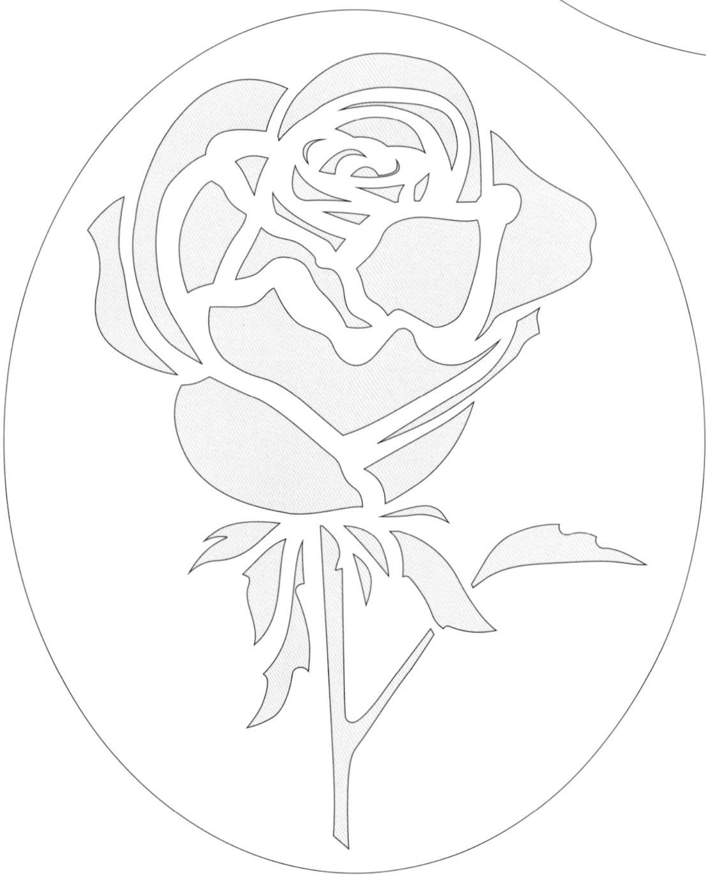

Kopie auf 150 % vergrößern

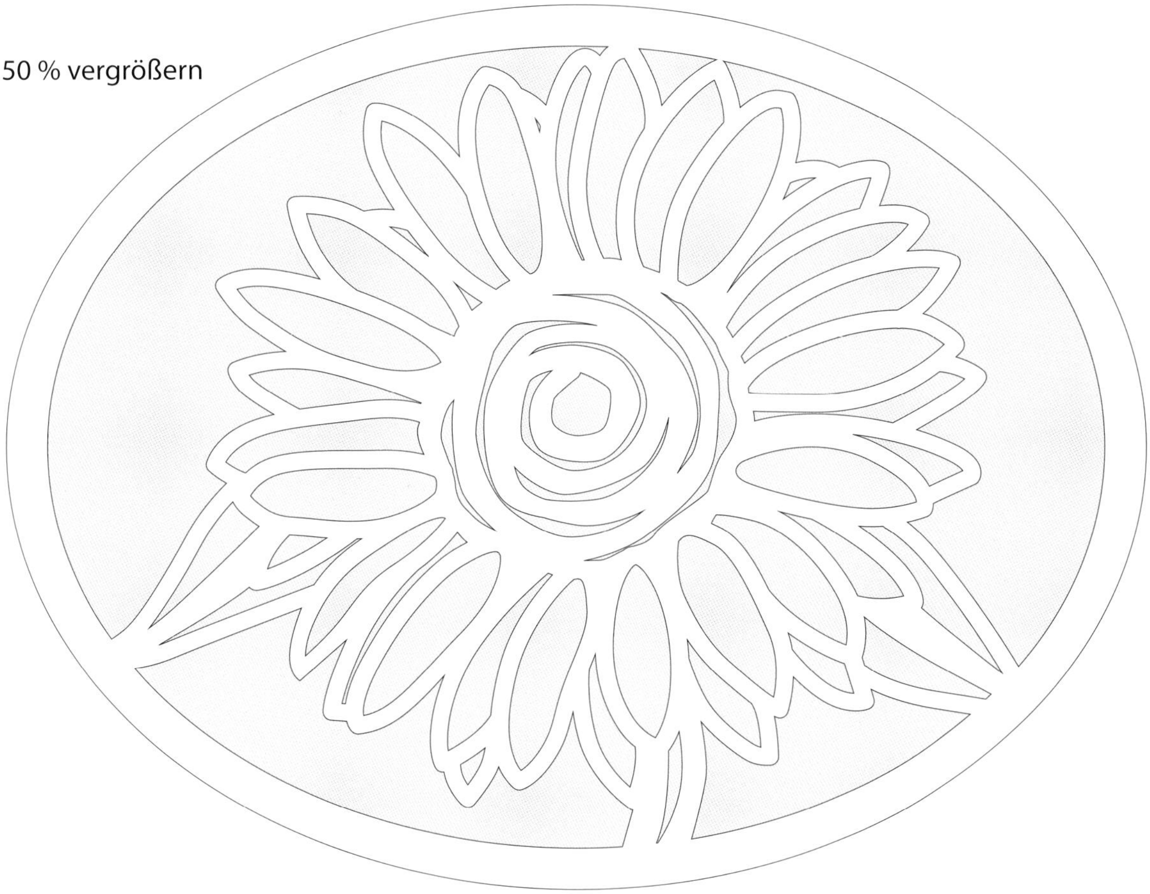

Sonnenblume

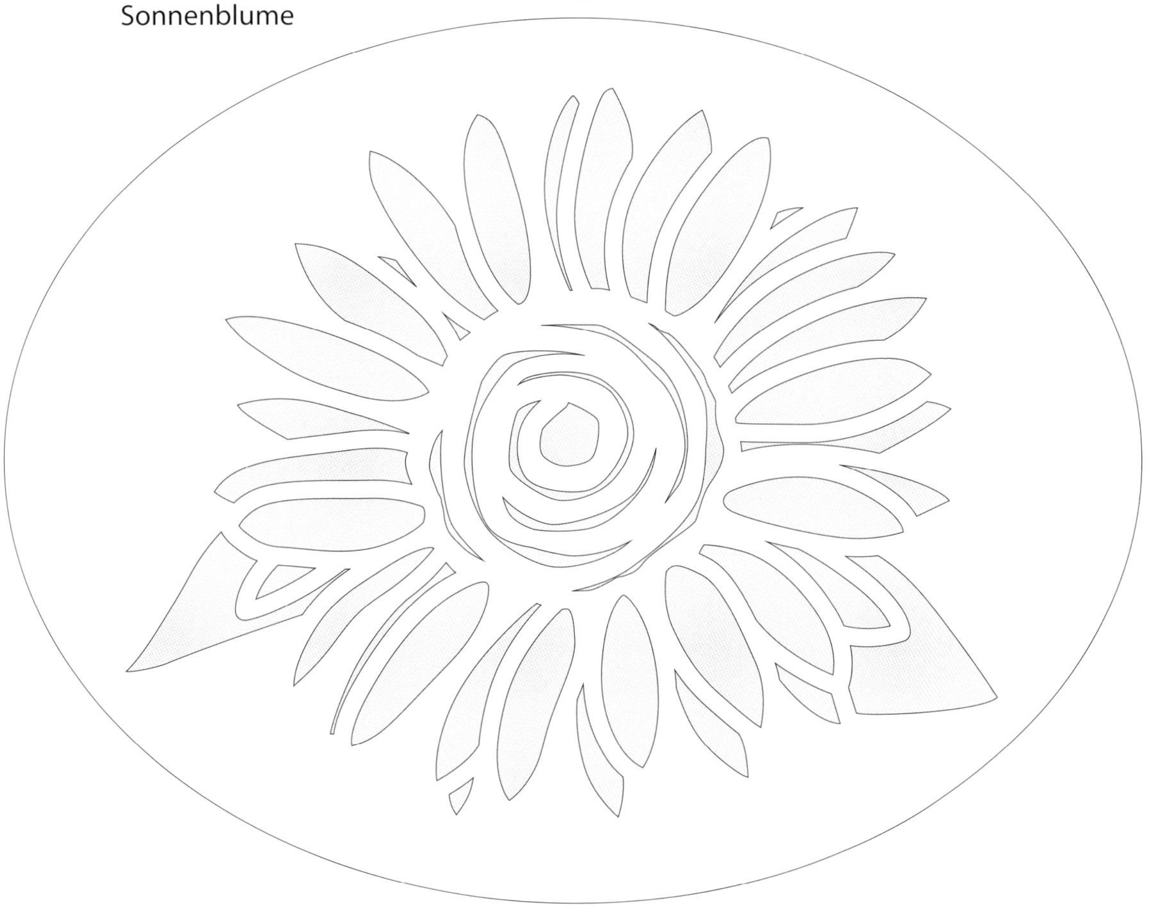

Kopie auf 150 % vergrößern

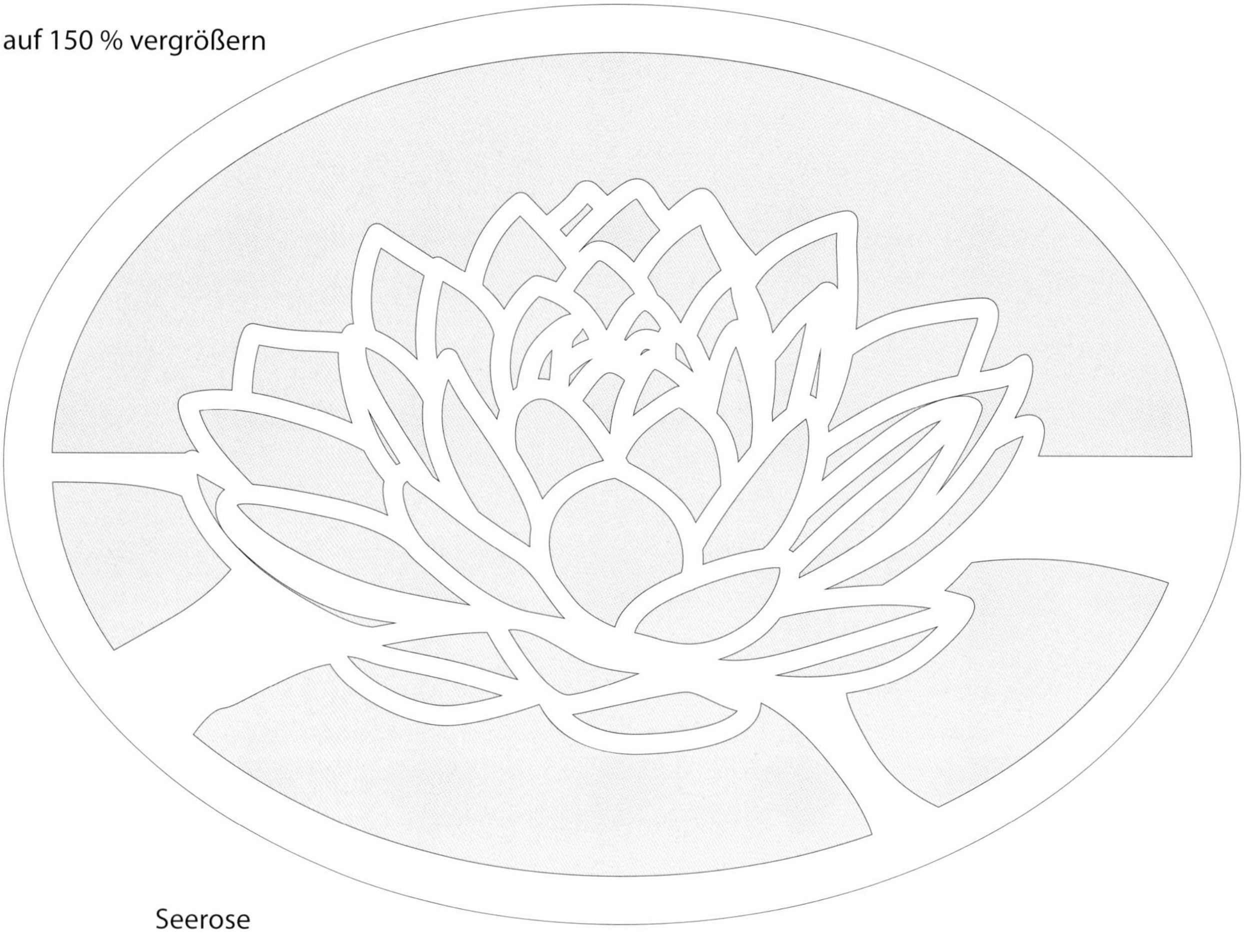

Seerose

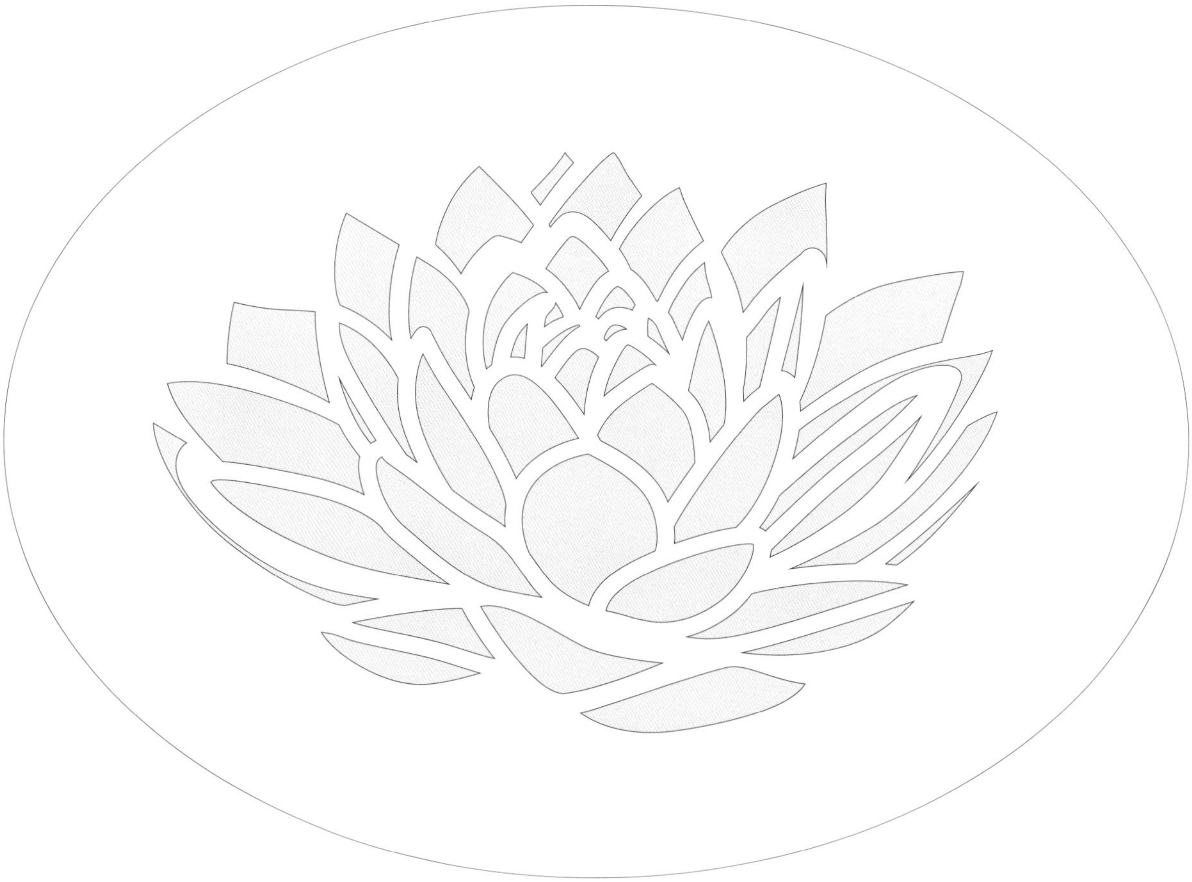

Kopie auf 125 % vergrößern

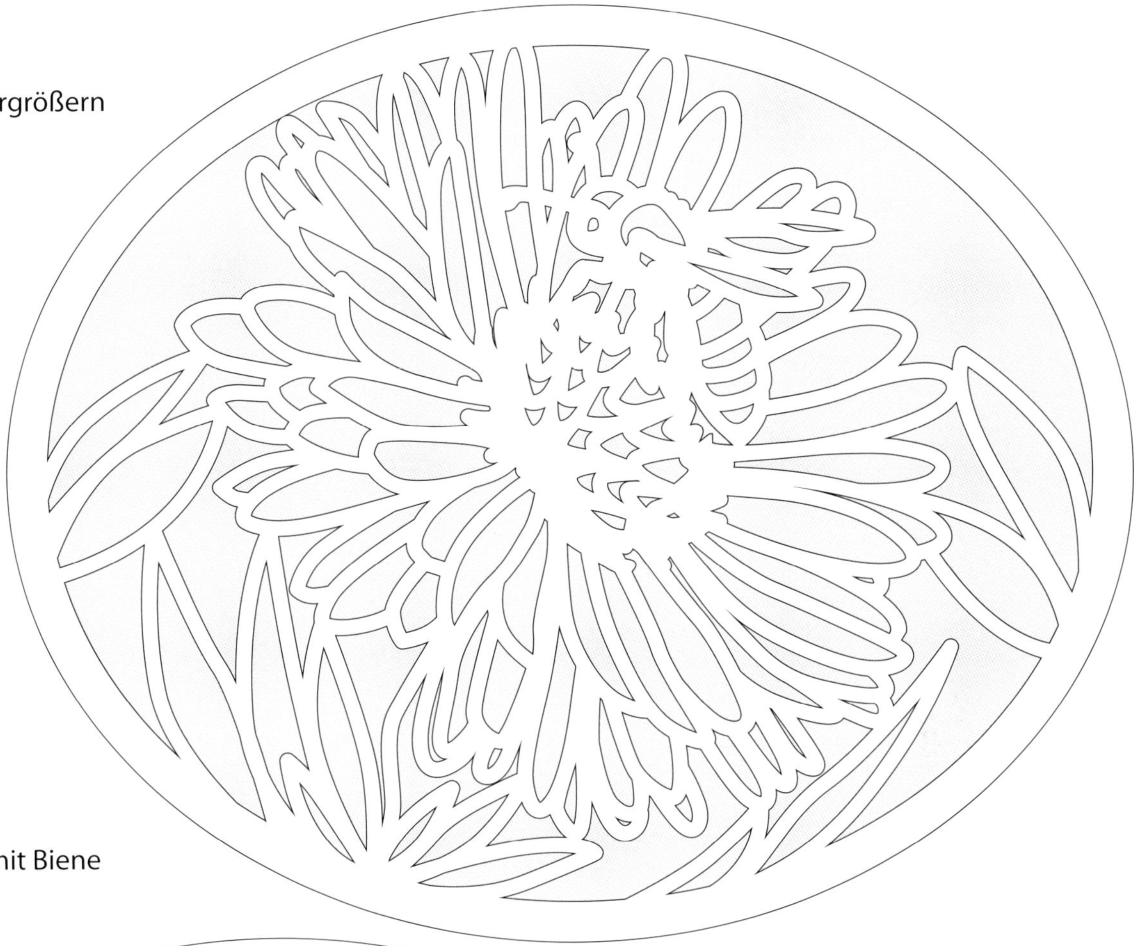

Aster mit Biene

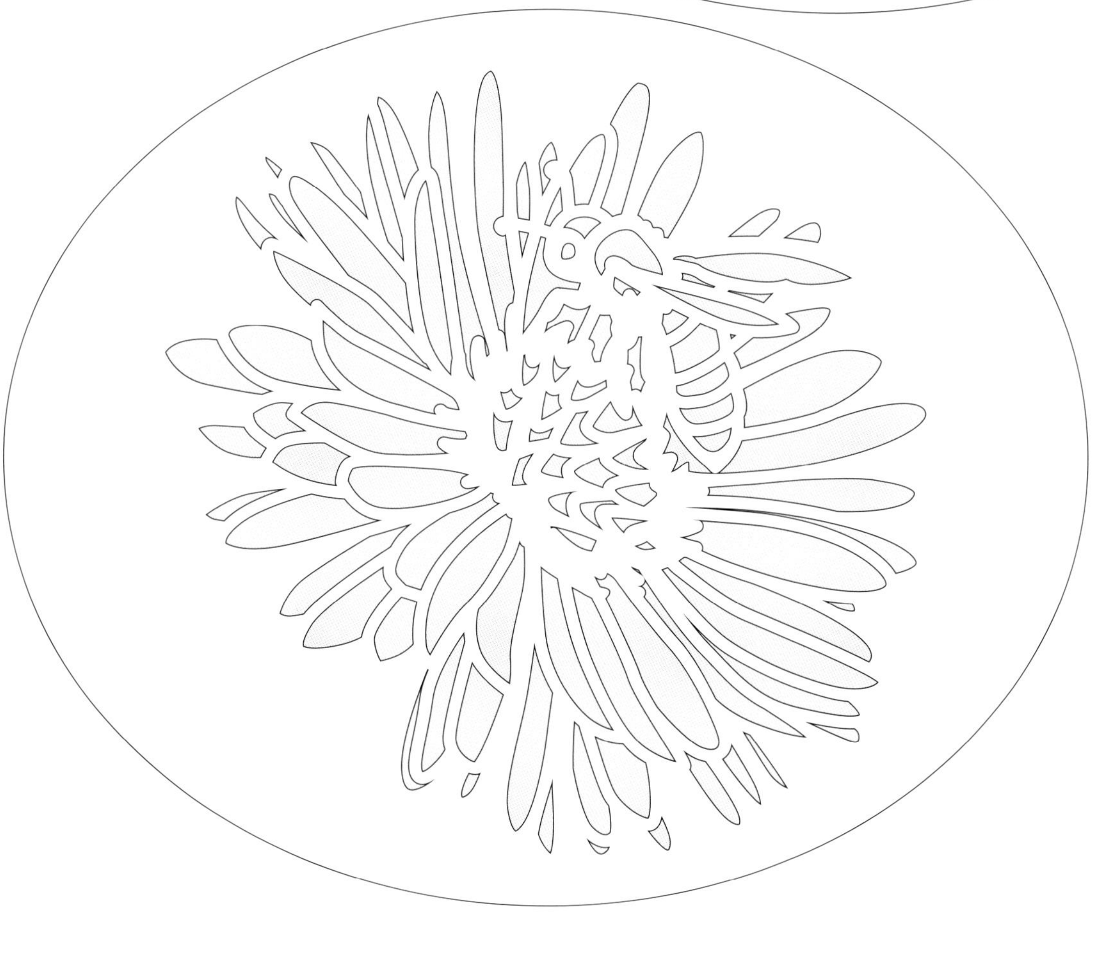

Blätter

Kopie auf 150 % vergrößern

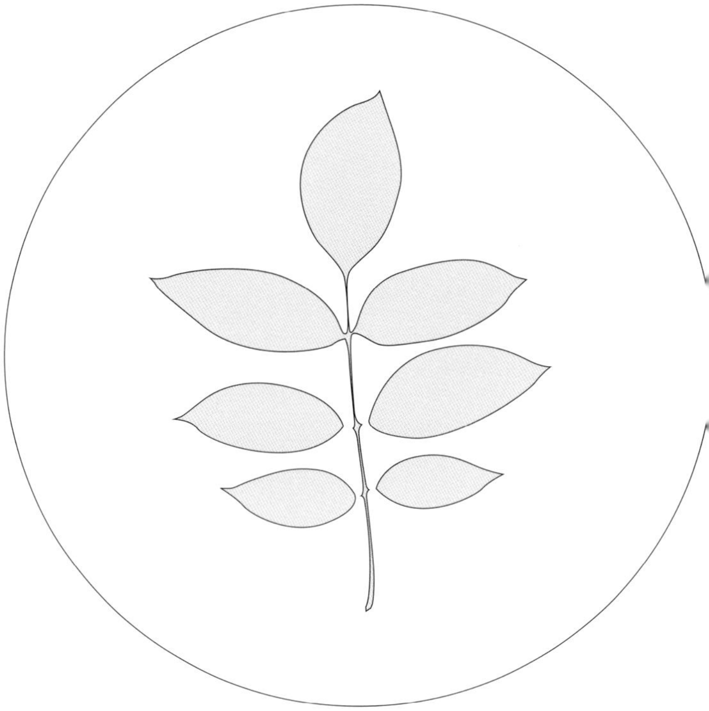

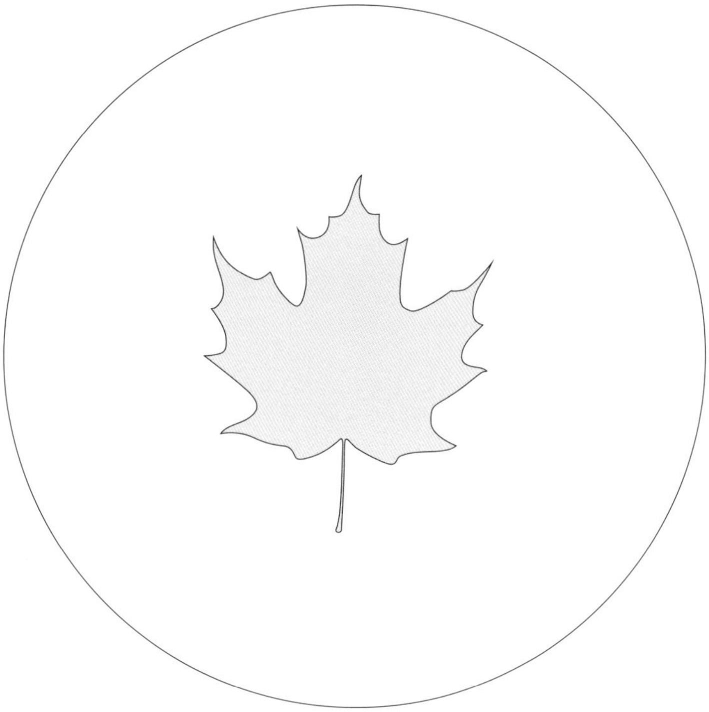

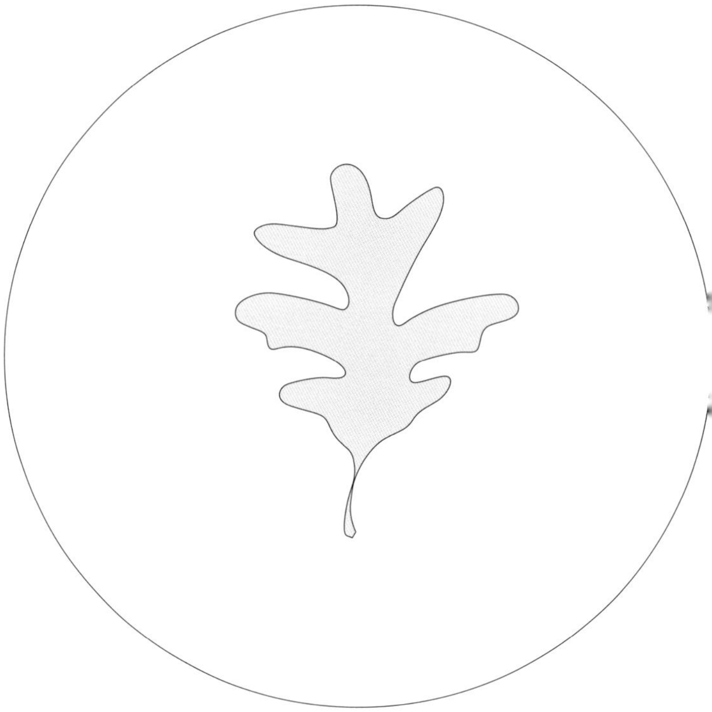

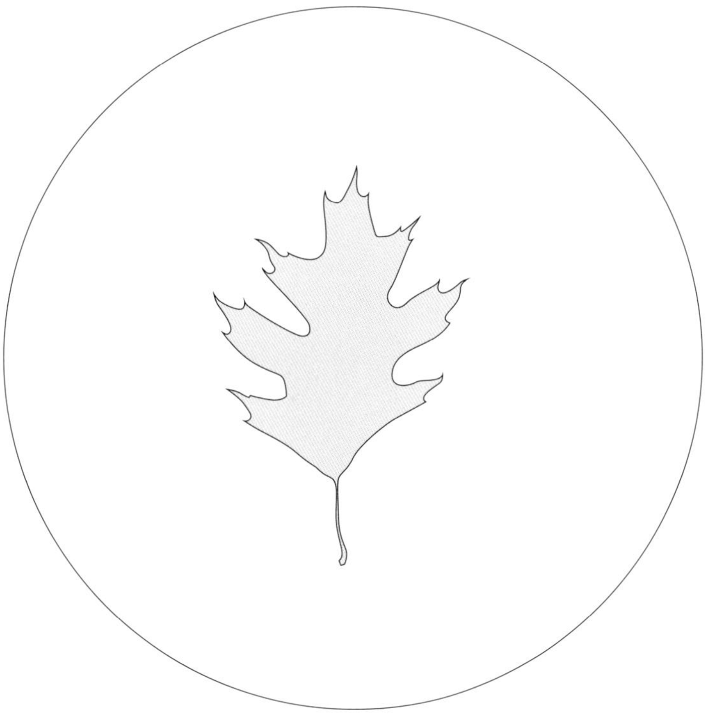

Geometrie

Kopie auf 125 % vergrößern

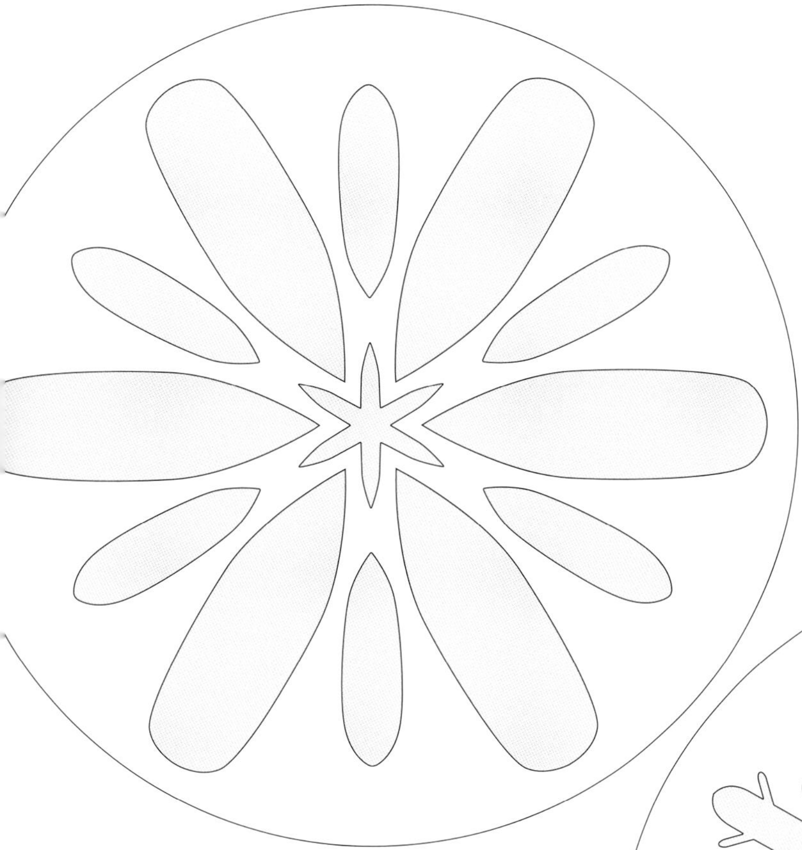

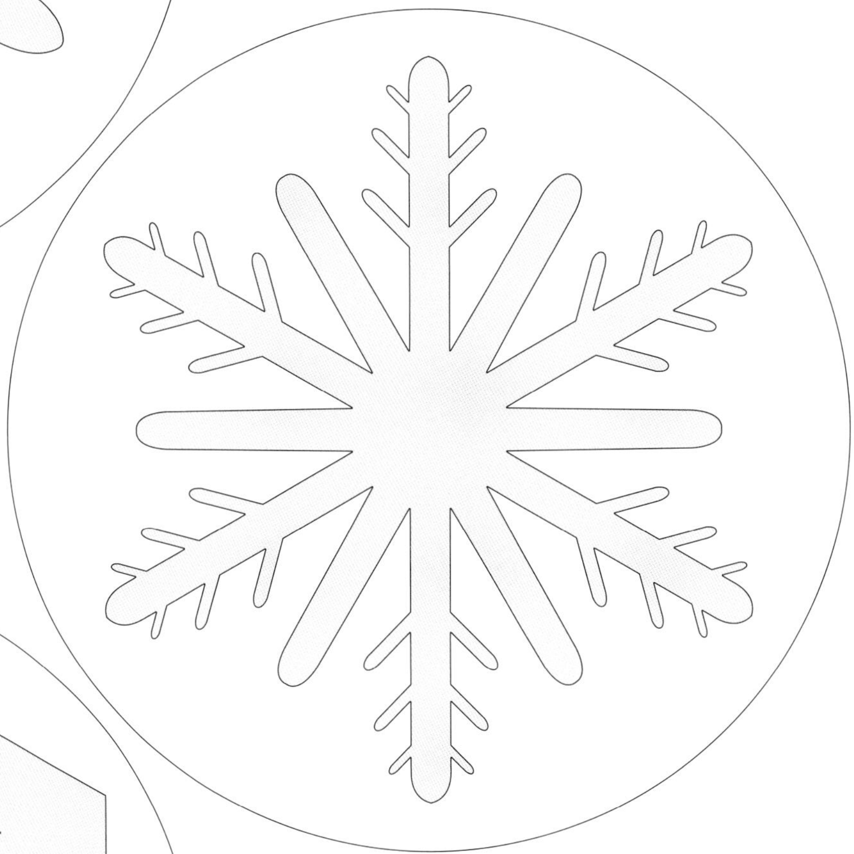

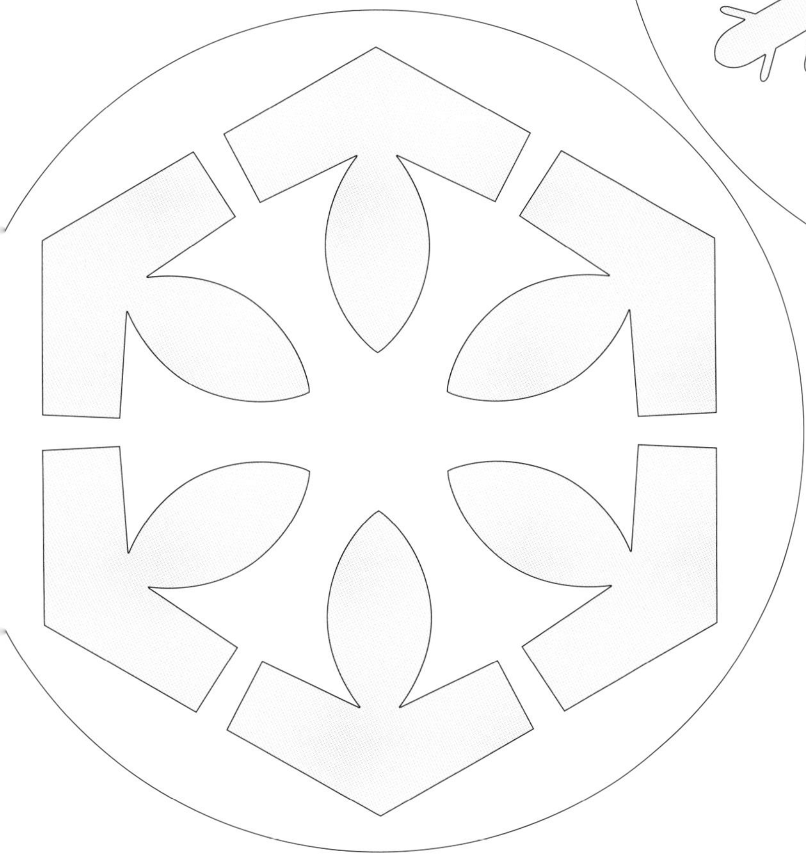

Kopie auf 125 % vergrößern

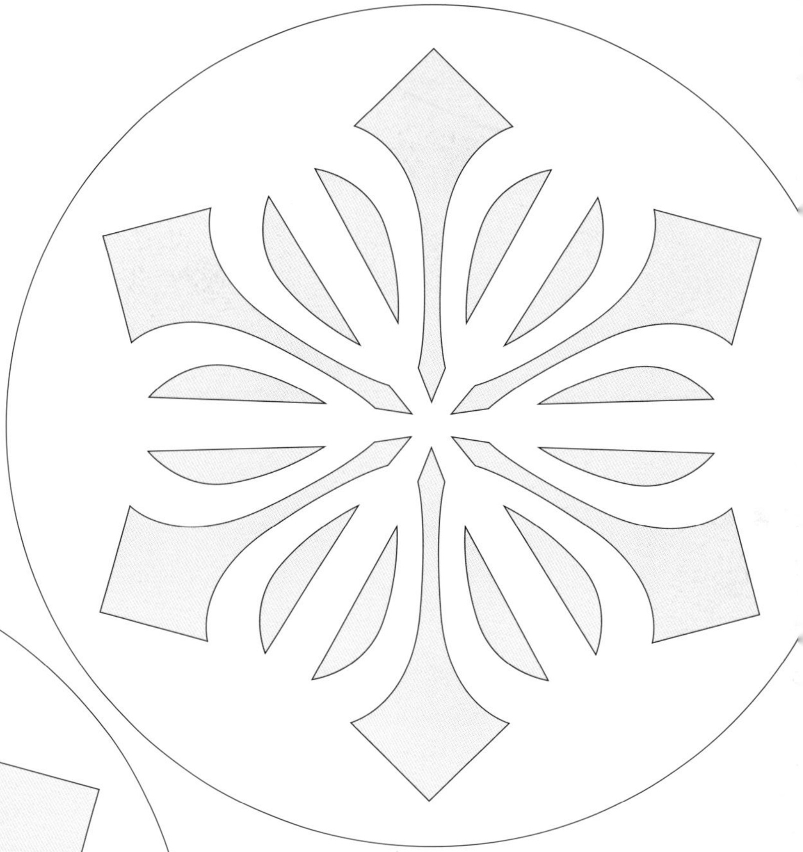

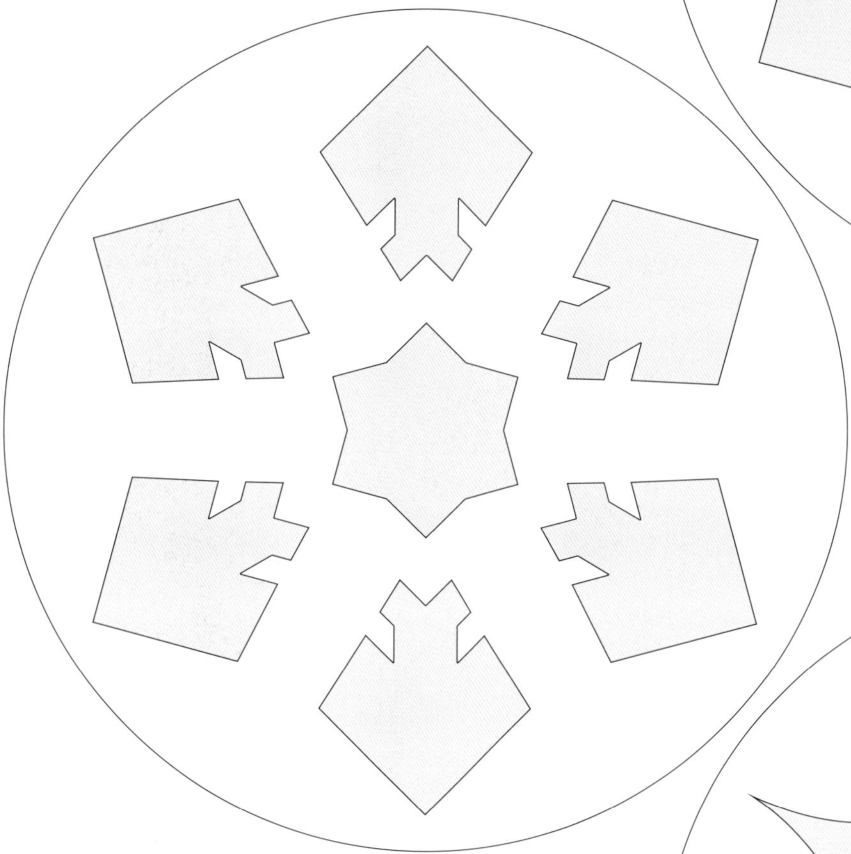

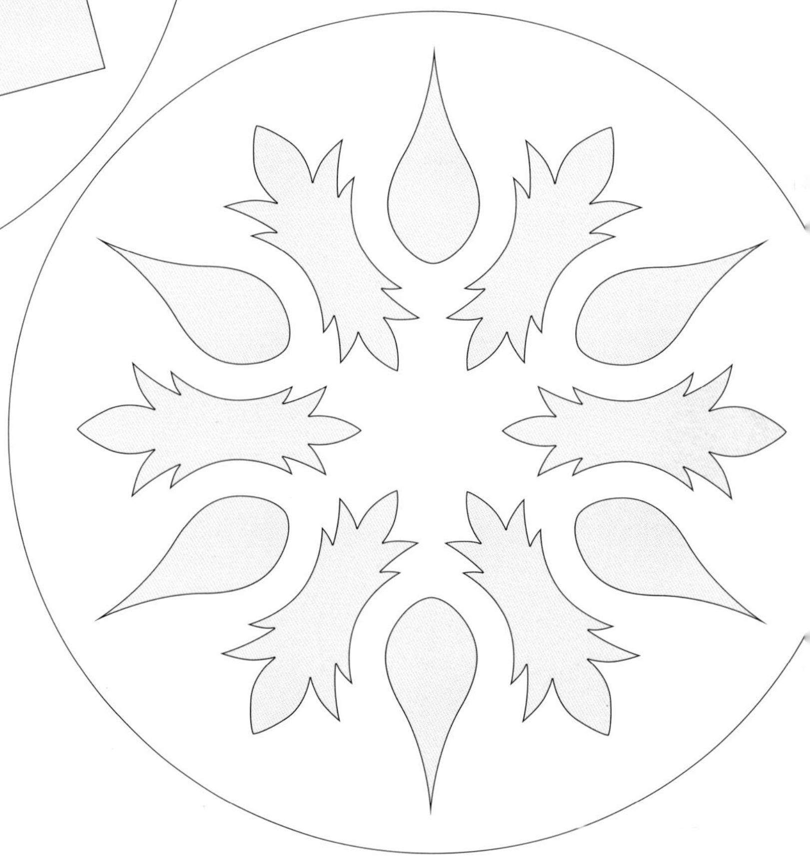

Wand- & Wohndeko

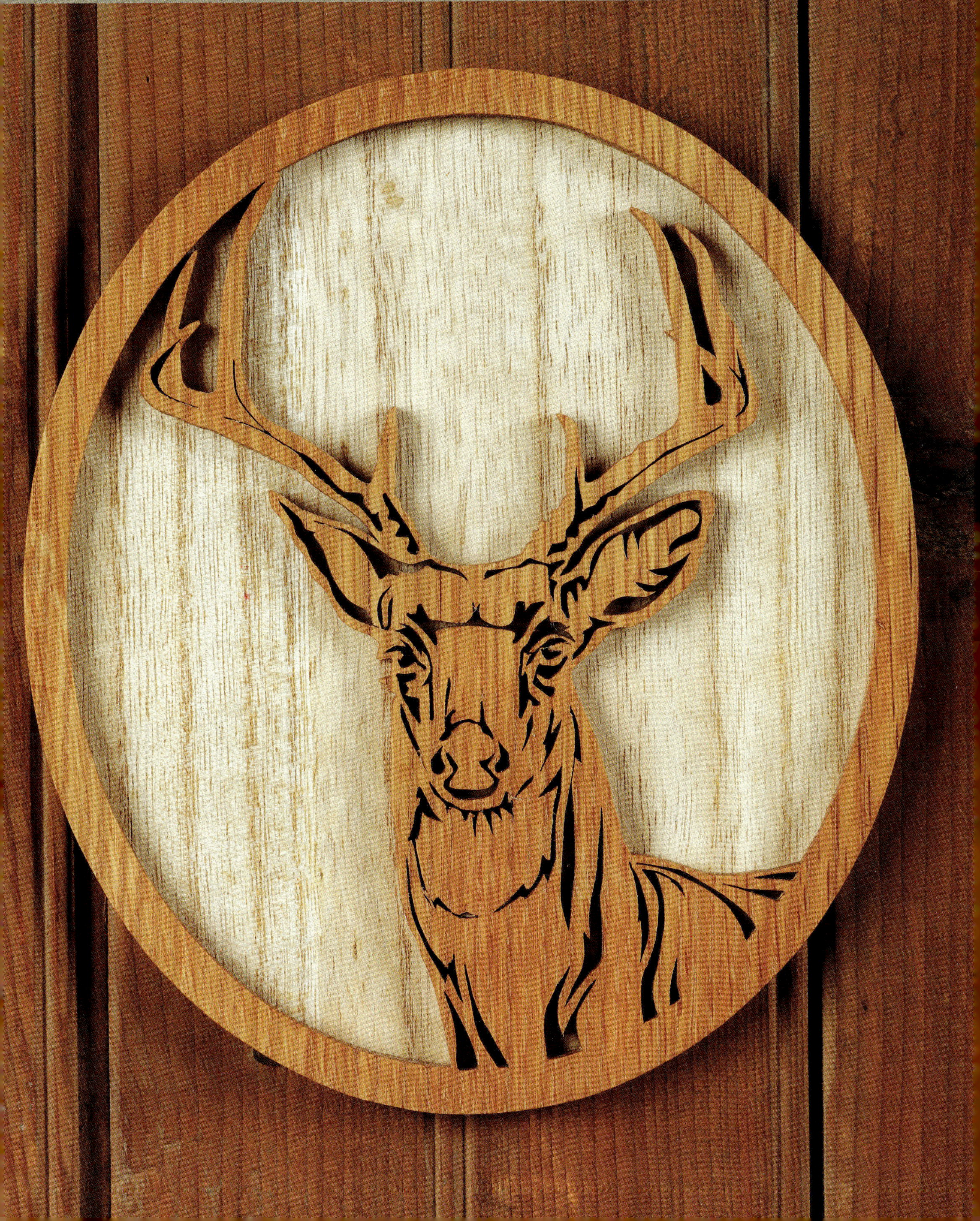

Fuchs

Kopie auf 125 % vergrößern

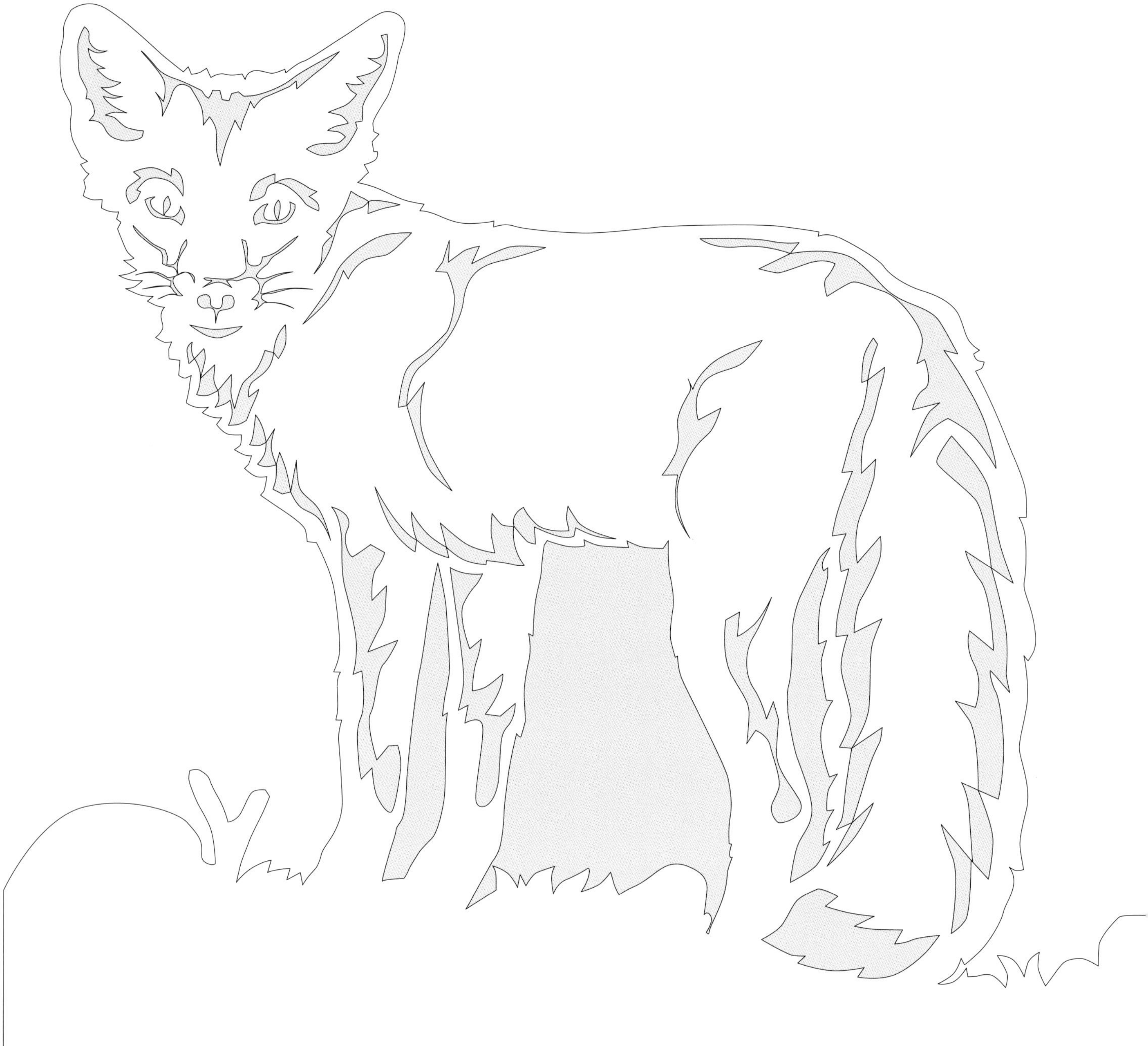

Bengaltiger (Porträt)

Kopie auf 125 % vergrößern

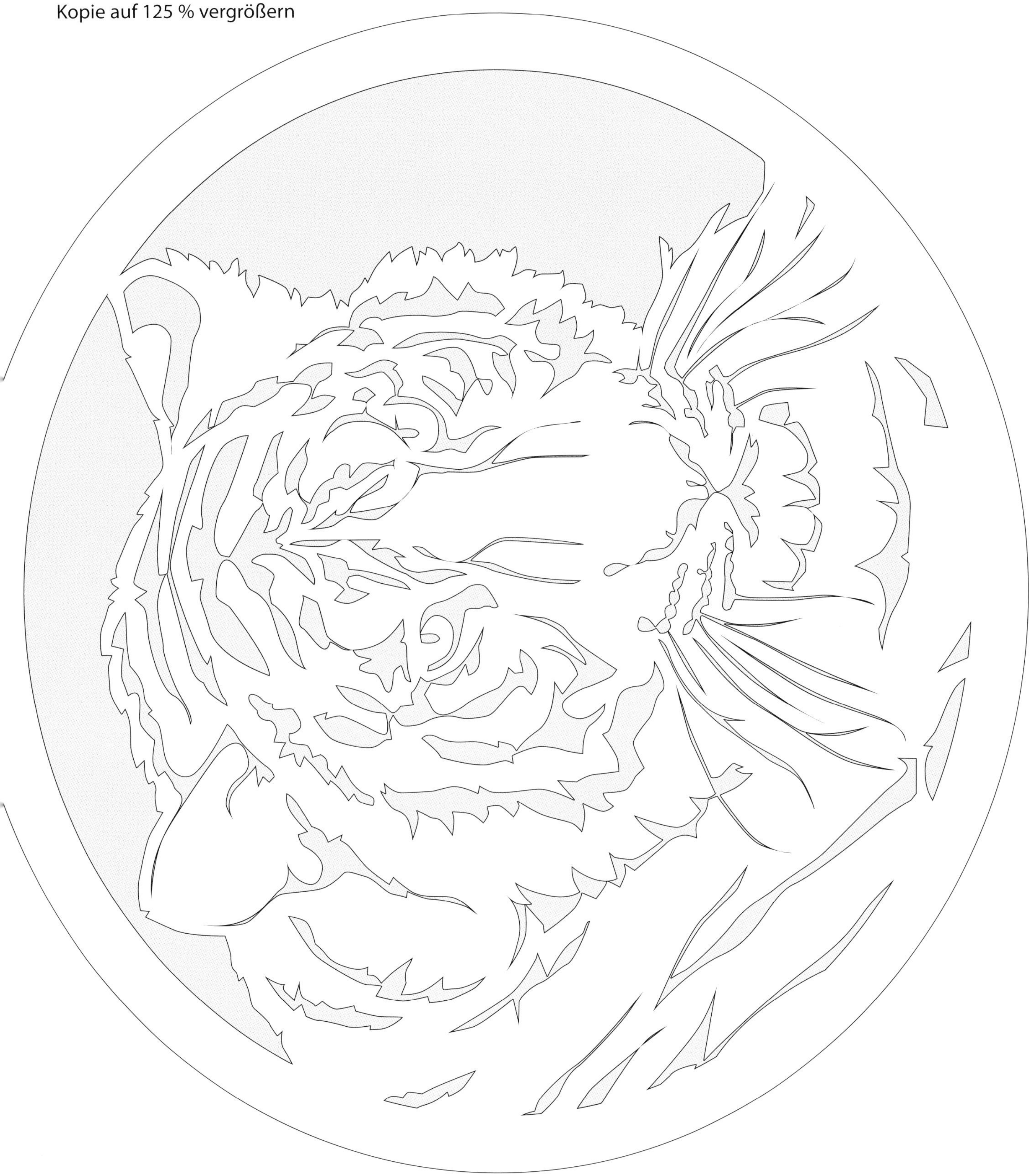

Bengaltiger (Ganzkörper)

Kopie auf 200 % vergrößern

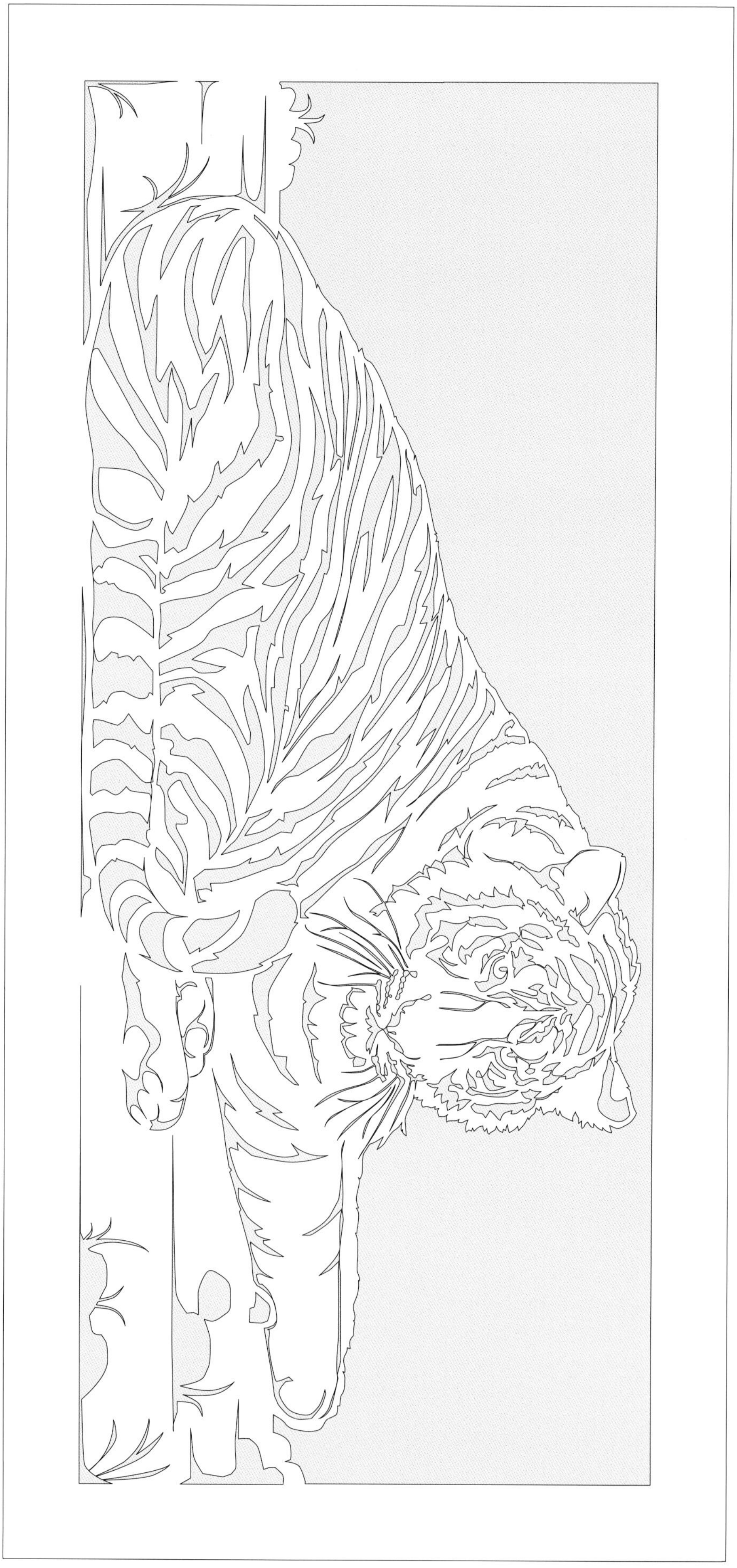

Wolf auf der Jagd

Kopie auf 150 % vergrößern

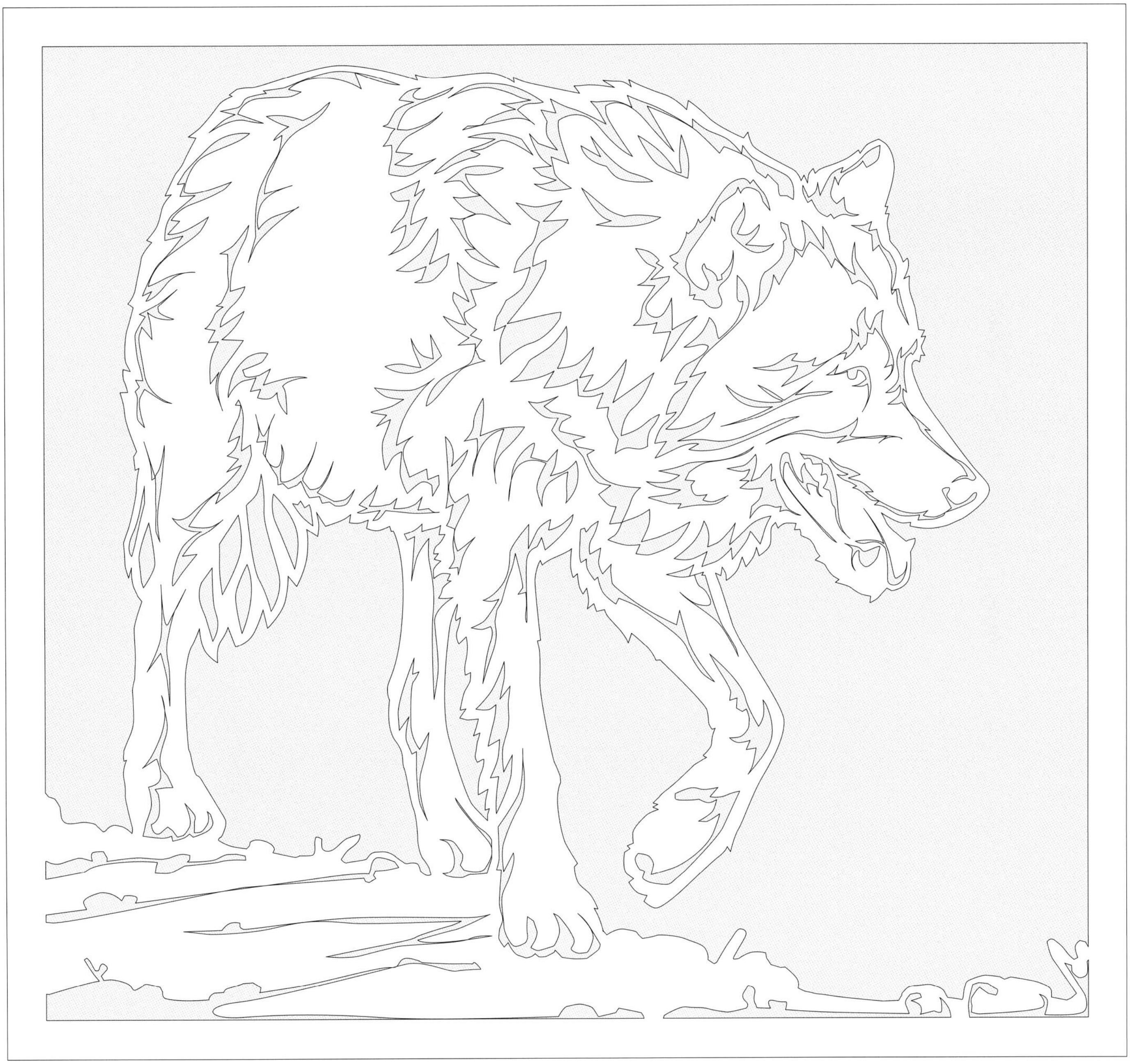

Wolfsblick

Kopie auf 150 % vergrößern

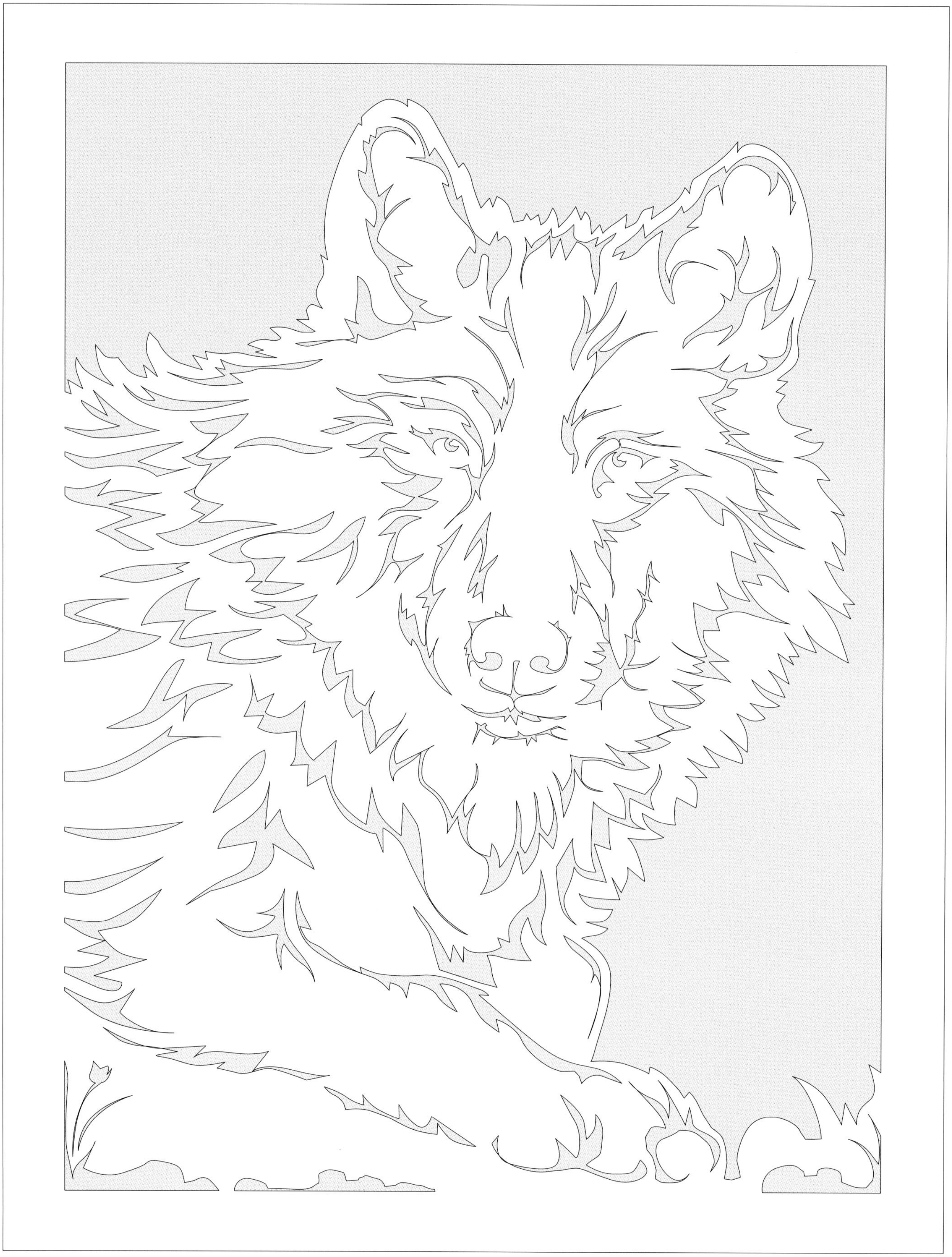

Alligator

Kopie auf 200 % vergrößern

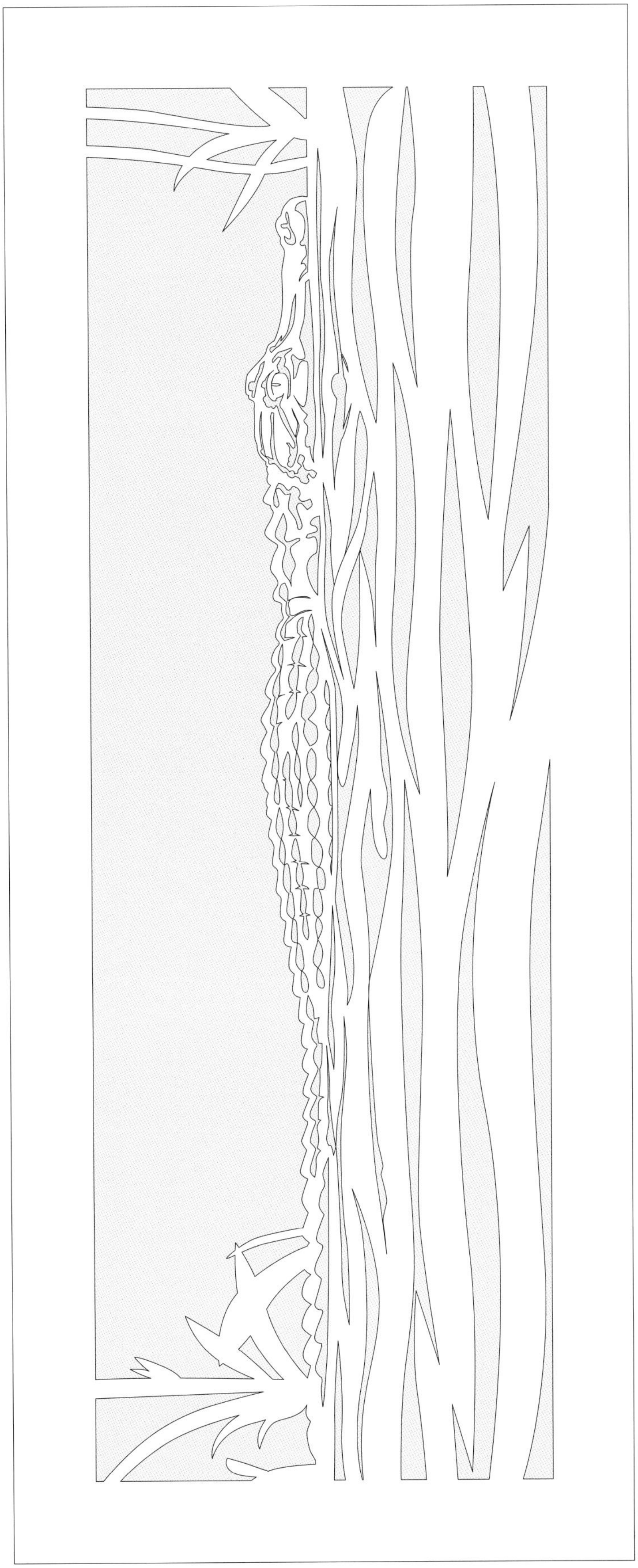

Weißkopfseeadler (Porträt)

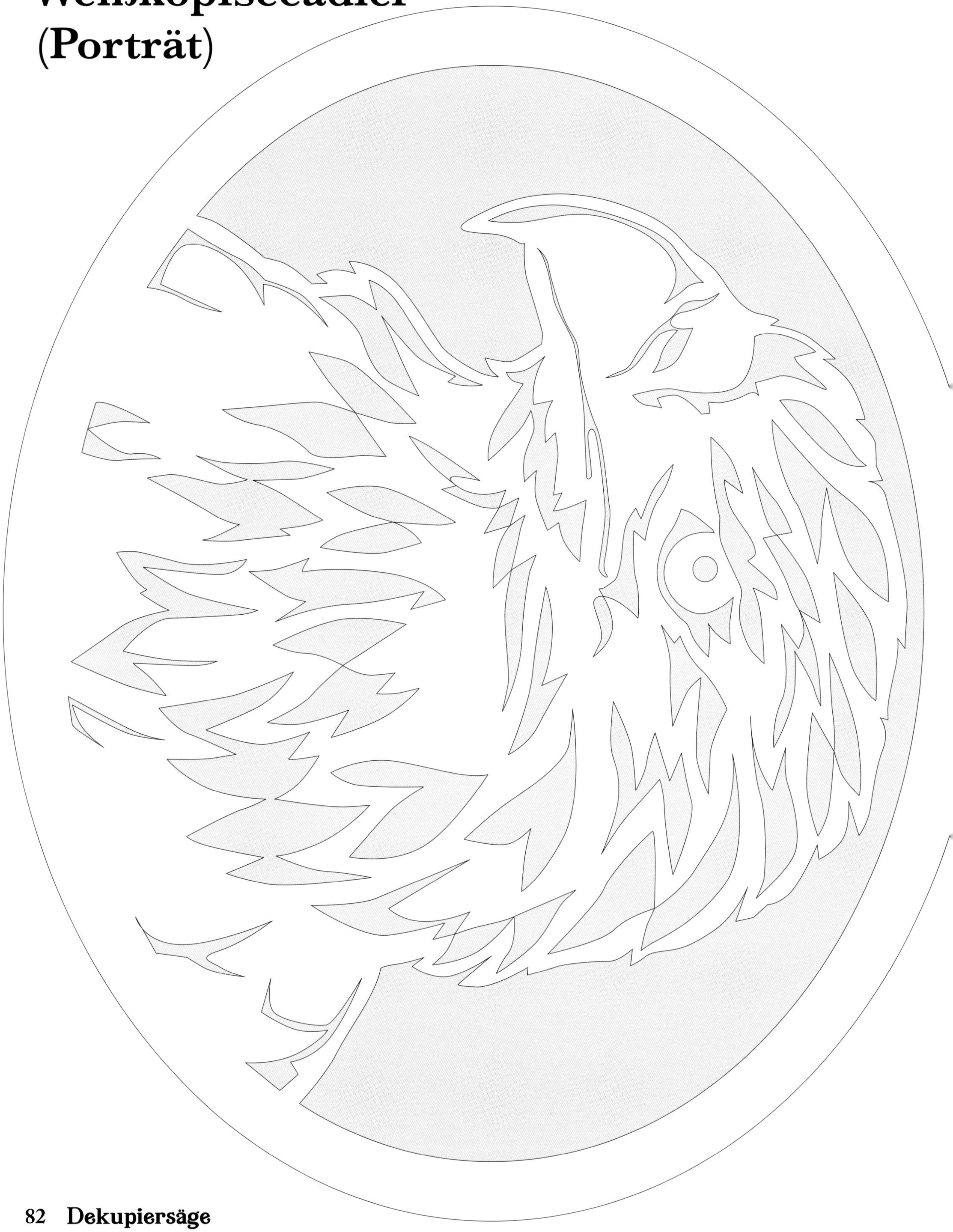

Weißkopfseeadler (Ganzkörper)

Kopie auf 150 % vergrößern

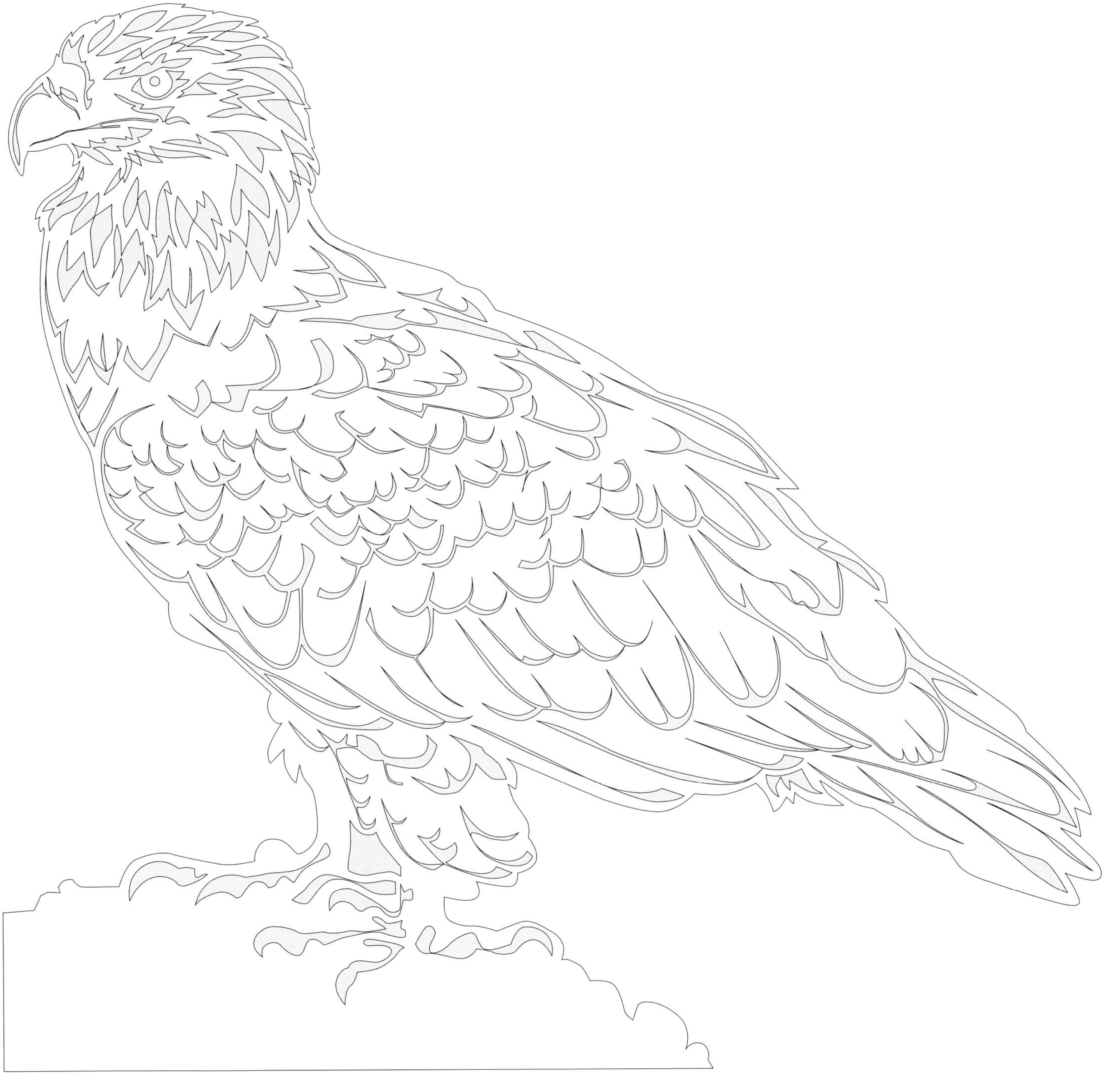

Fischadler im Flug

Kopie auf 200 % vergrößern

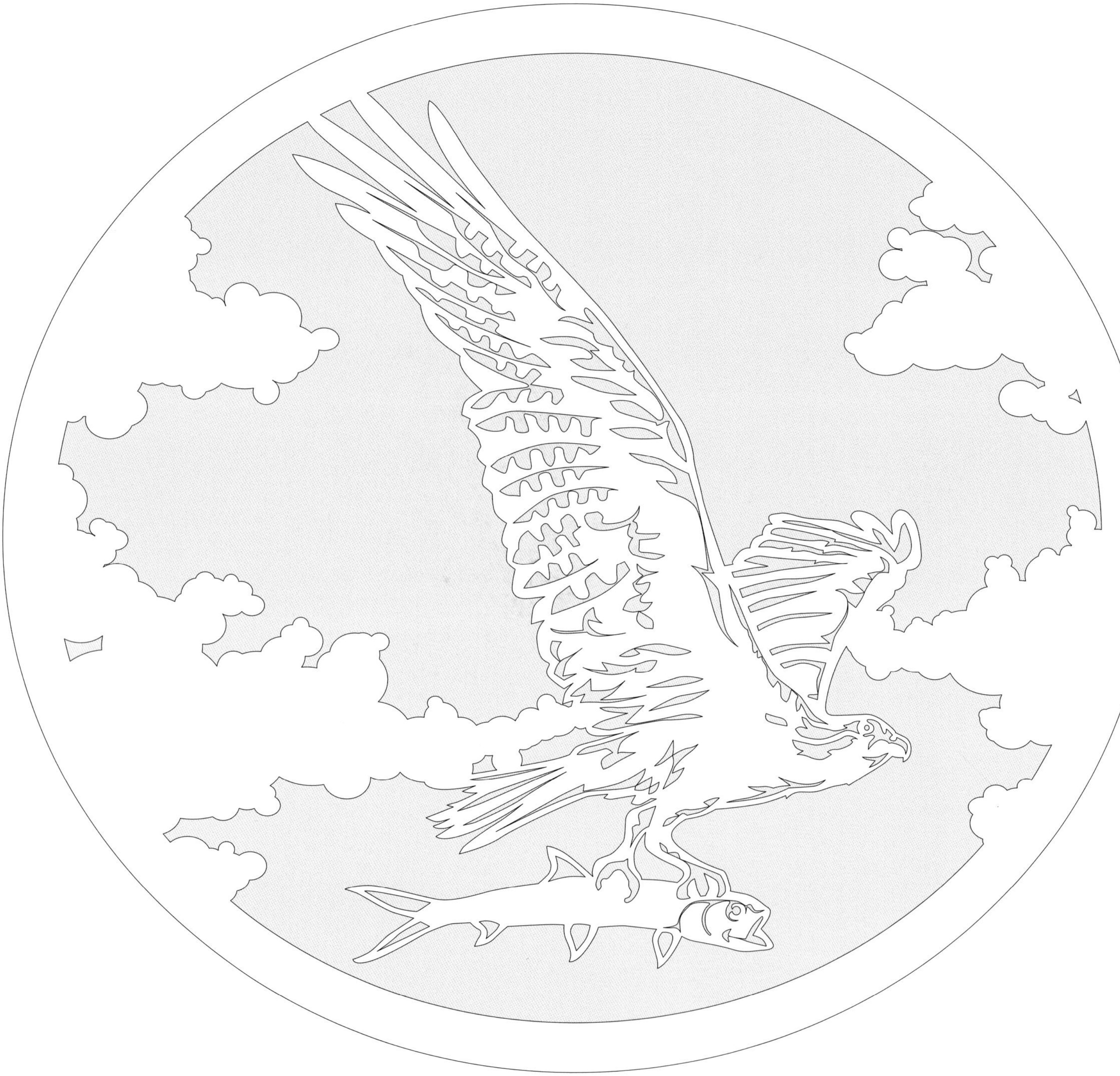

Rotschwanzbussard

Kopie auf 125 % vergrößern

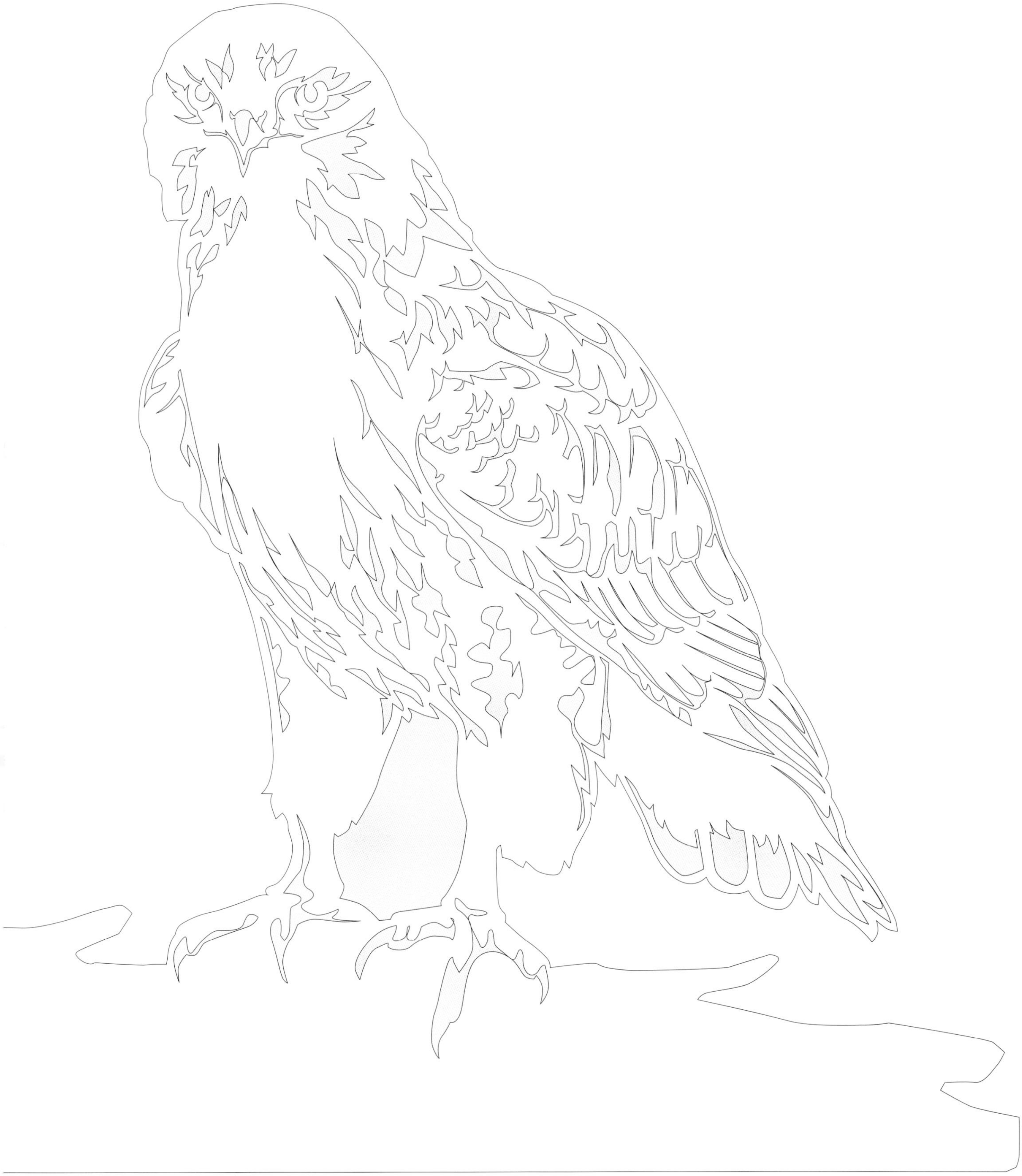

Uhu

Kopie auf 150 % vergrößern

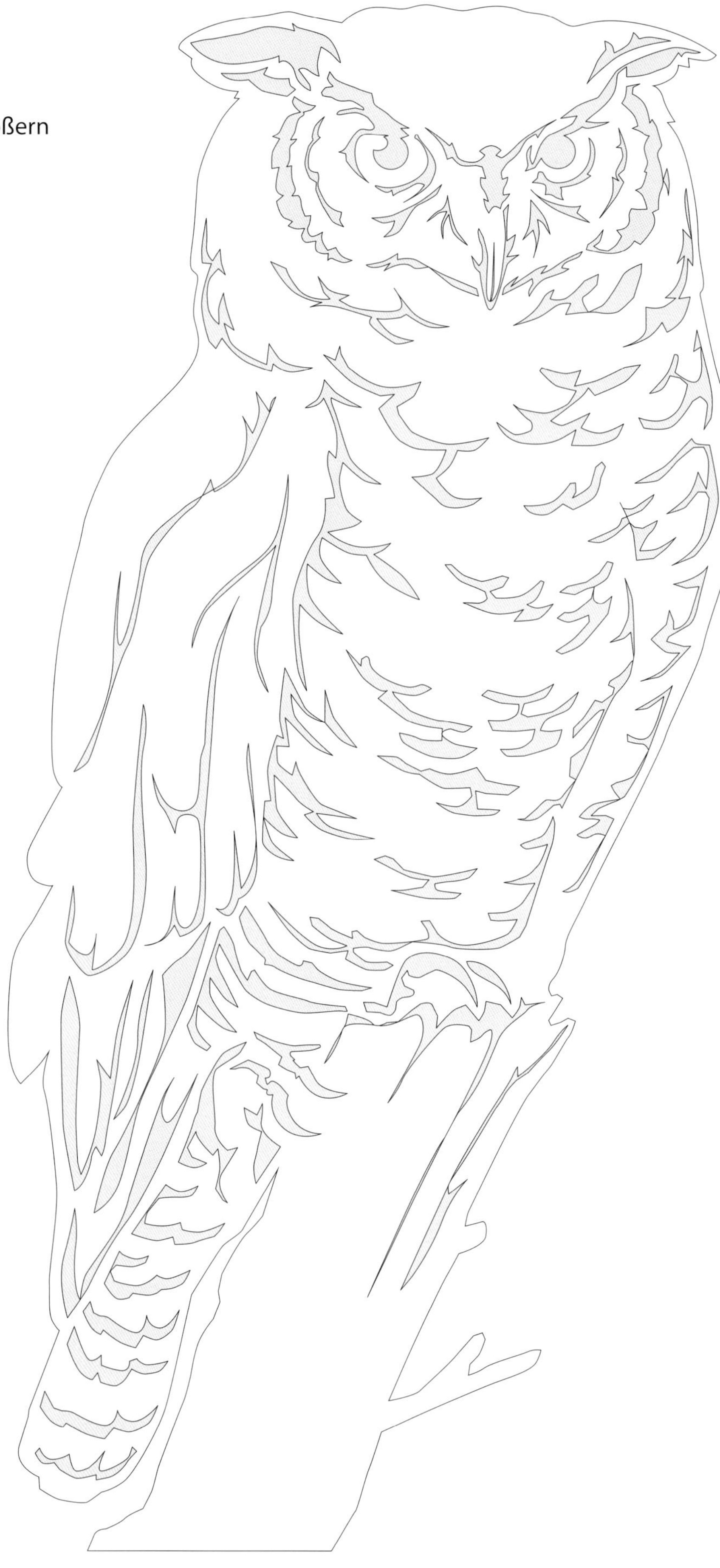

Stockente & Küken

Kopie auf 200 % vergrößern

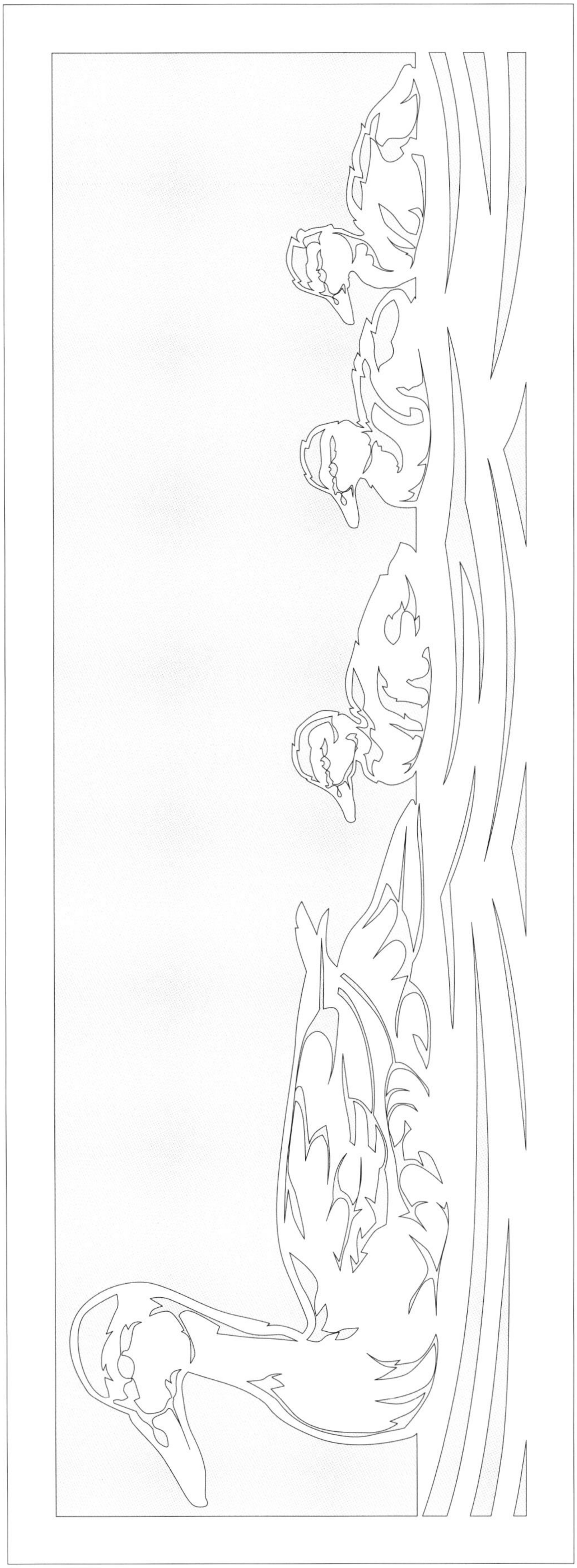

Elefant & Kalb

Kopie auf 150 % vergrößern

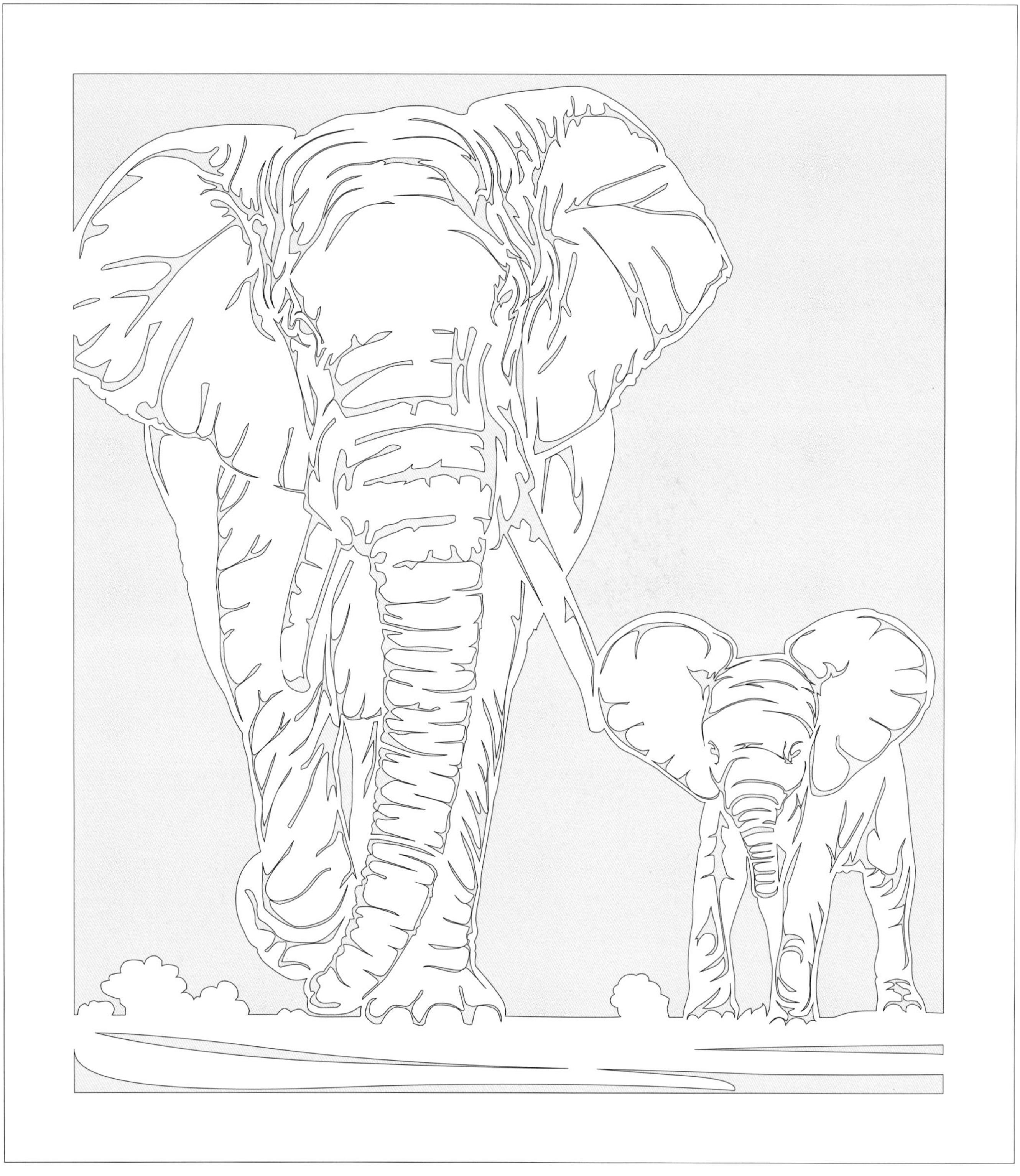

Hauskatze

Kopie auf 125 % vergrößern

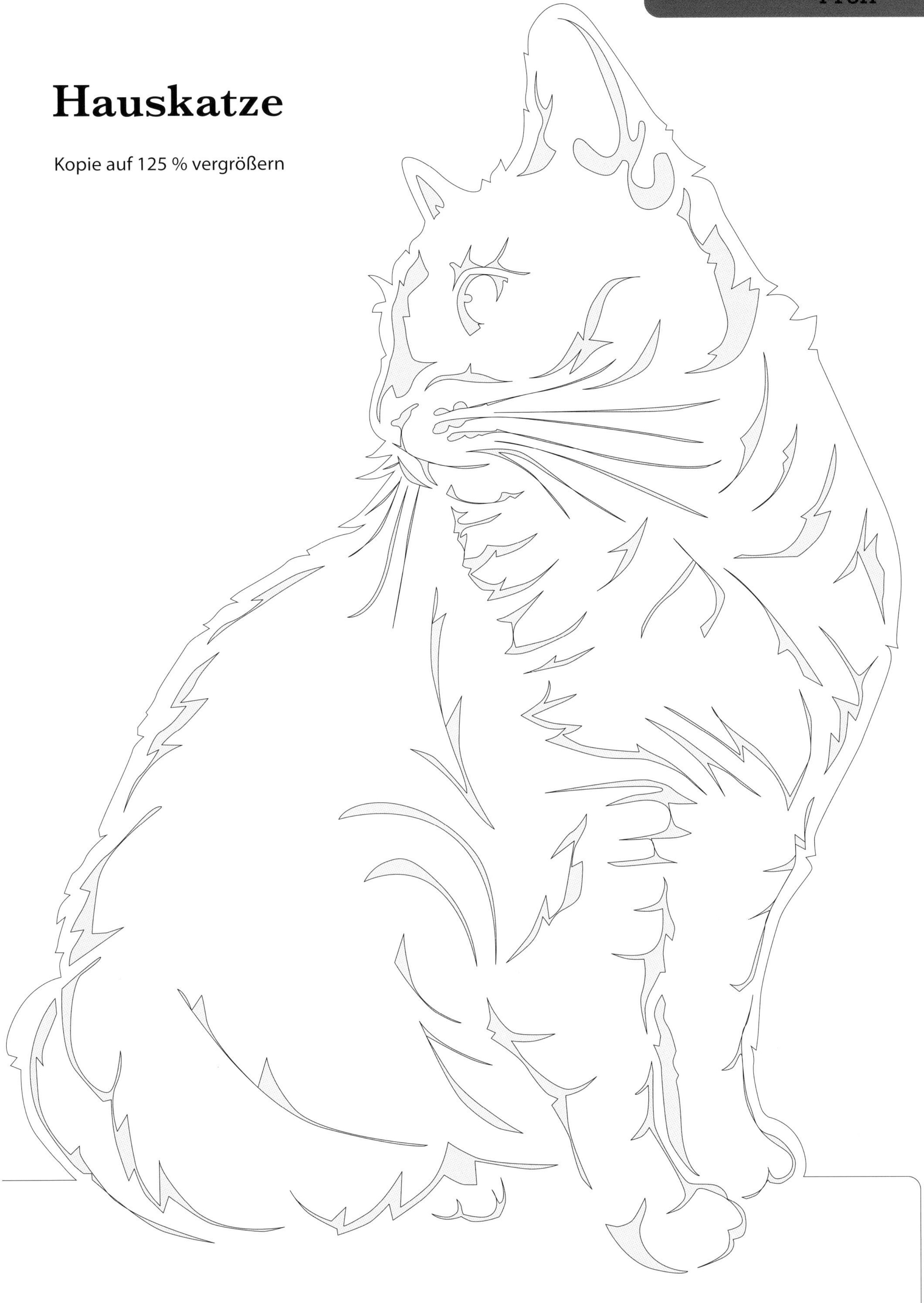

Deutscher Schäferhund

Kopie auf 200 % vergrößern

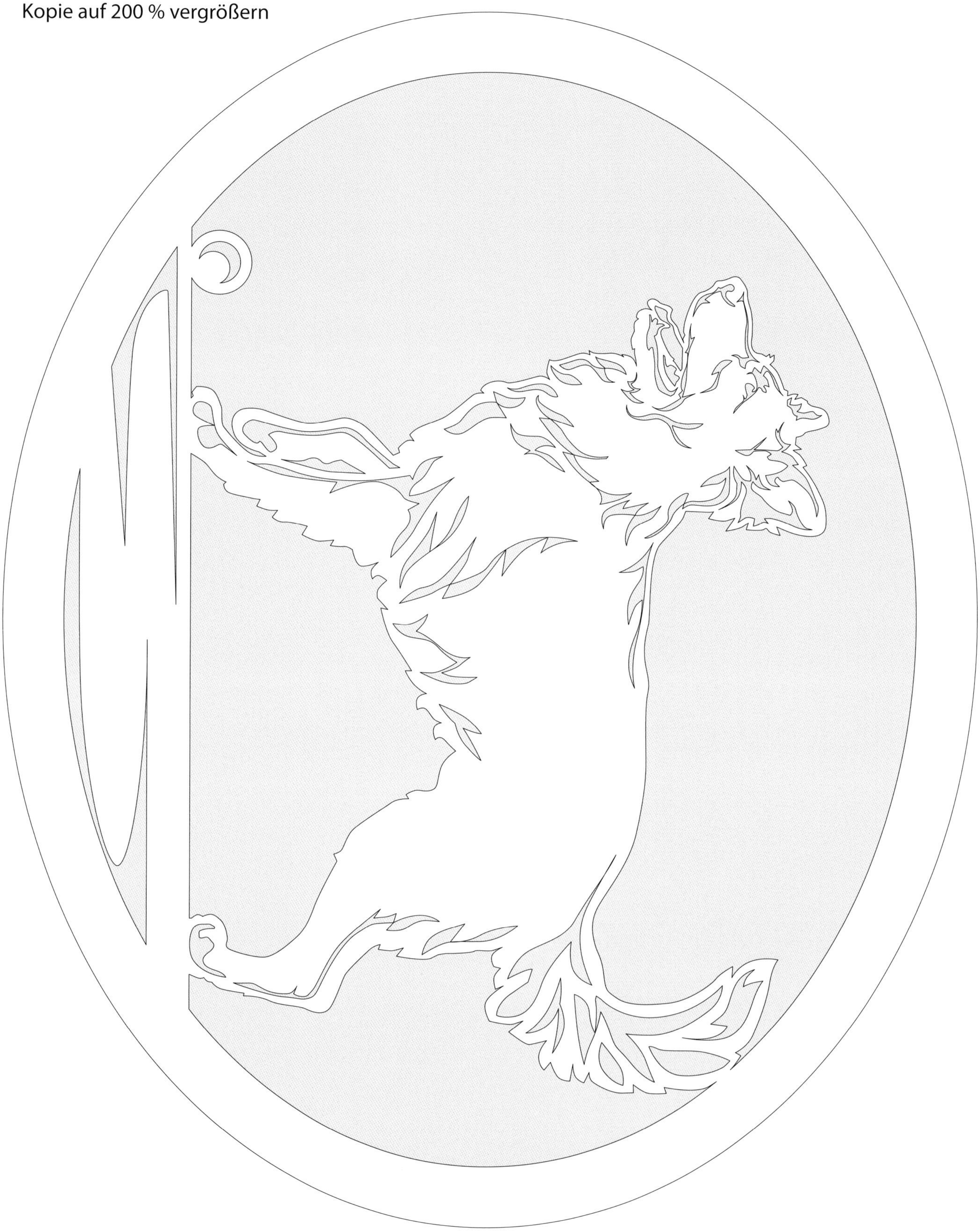

Streifenhörnchen

Kopie auf 125 % vergrößern

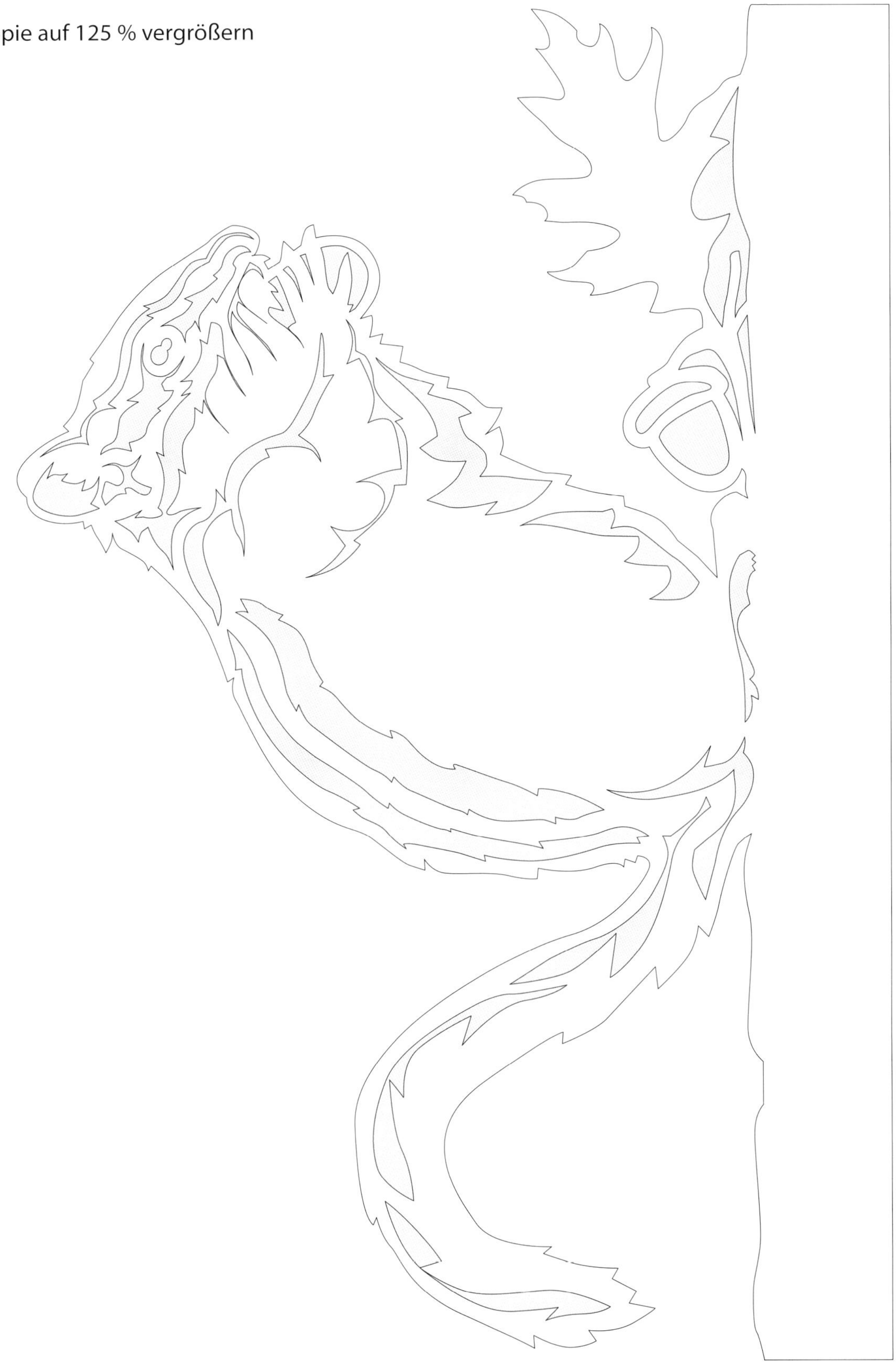

Pelikan

Kopie auf 200 % vergrößern

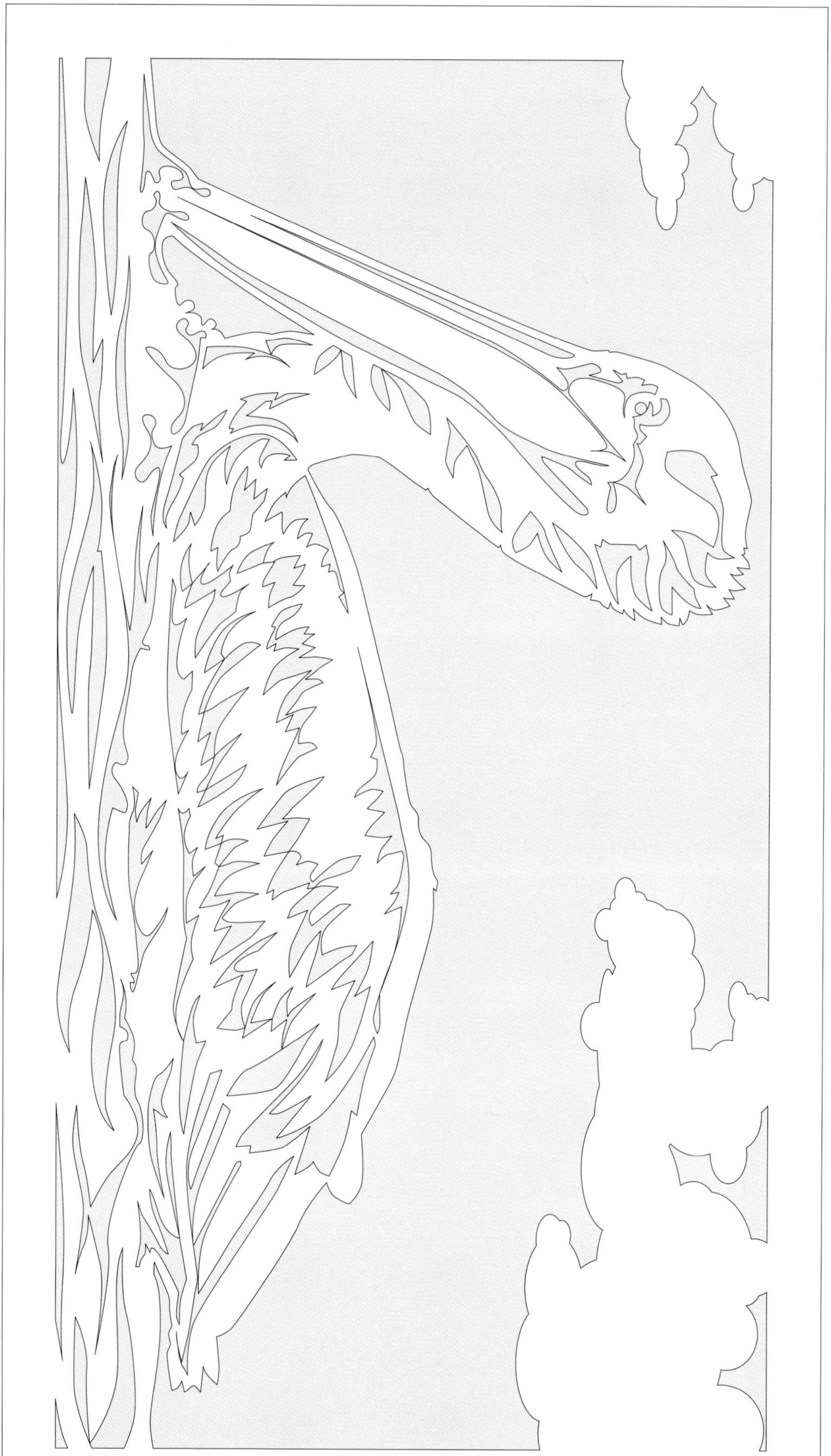

Möwe

Kopie auf 200 % vergrößern

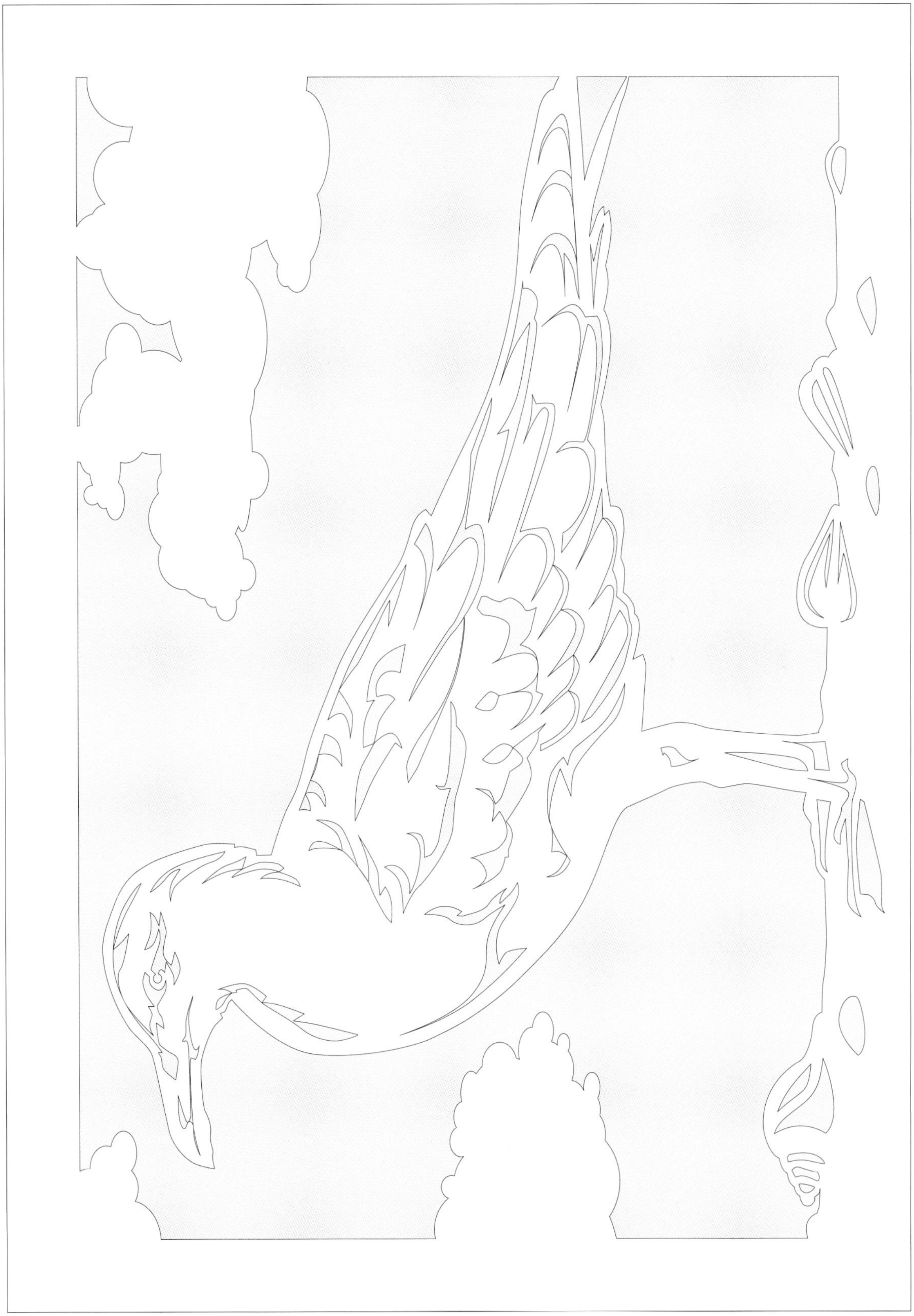

Rötelreiher

Kopie auf 200 % vergrößern

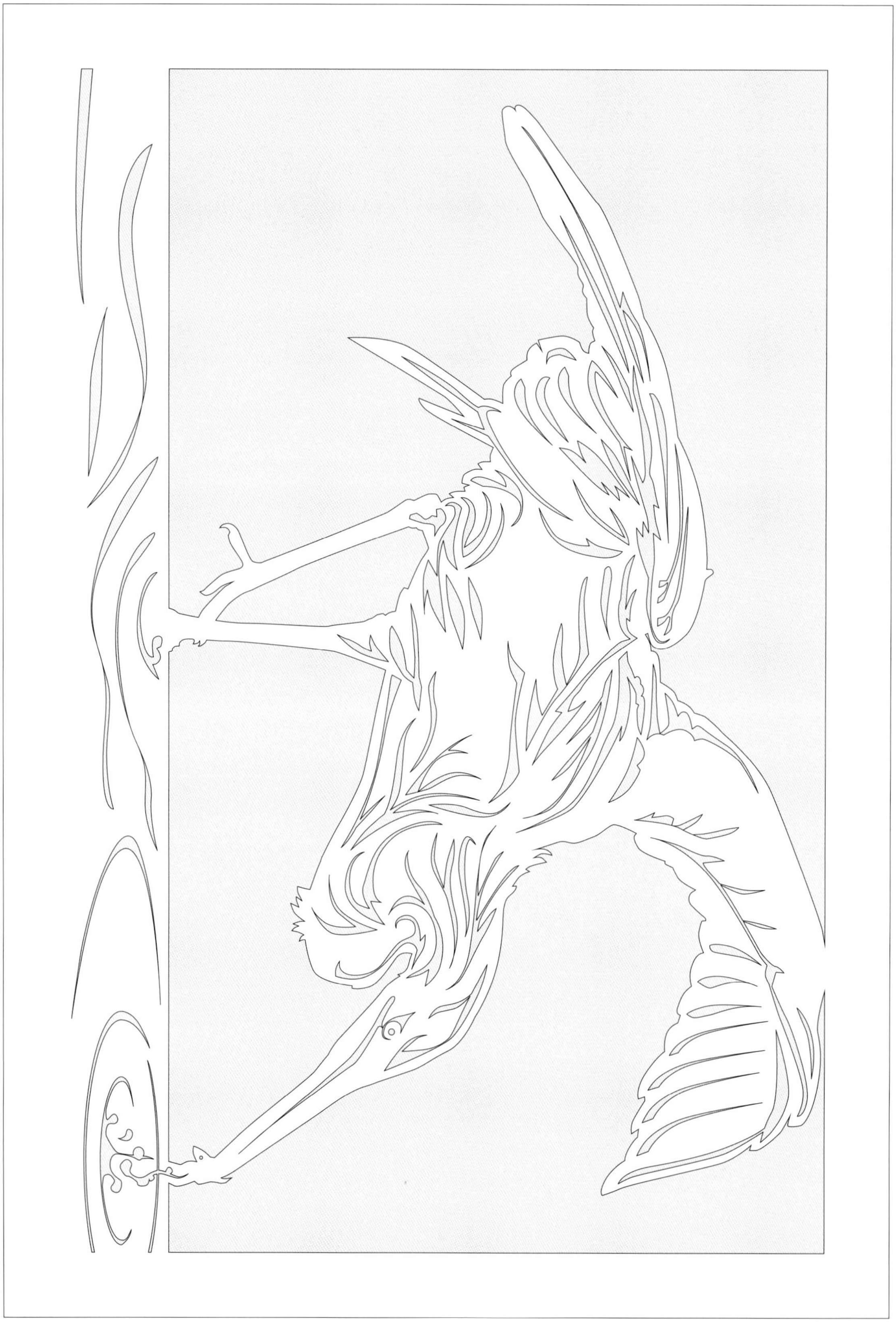

Schmuckreiher

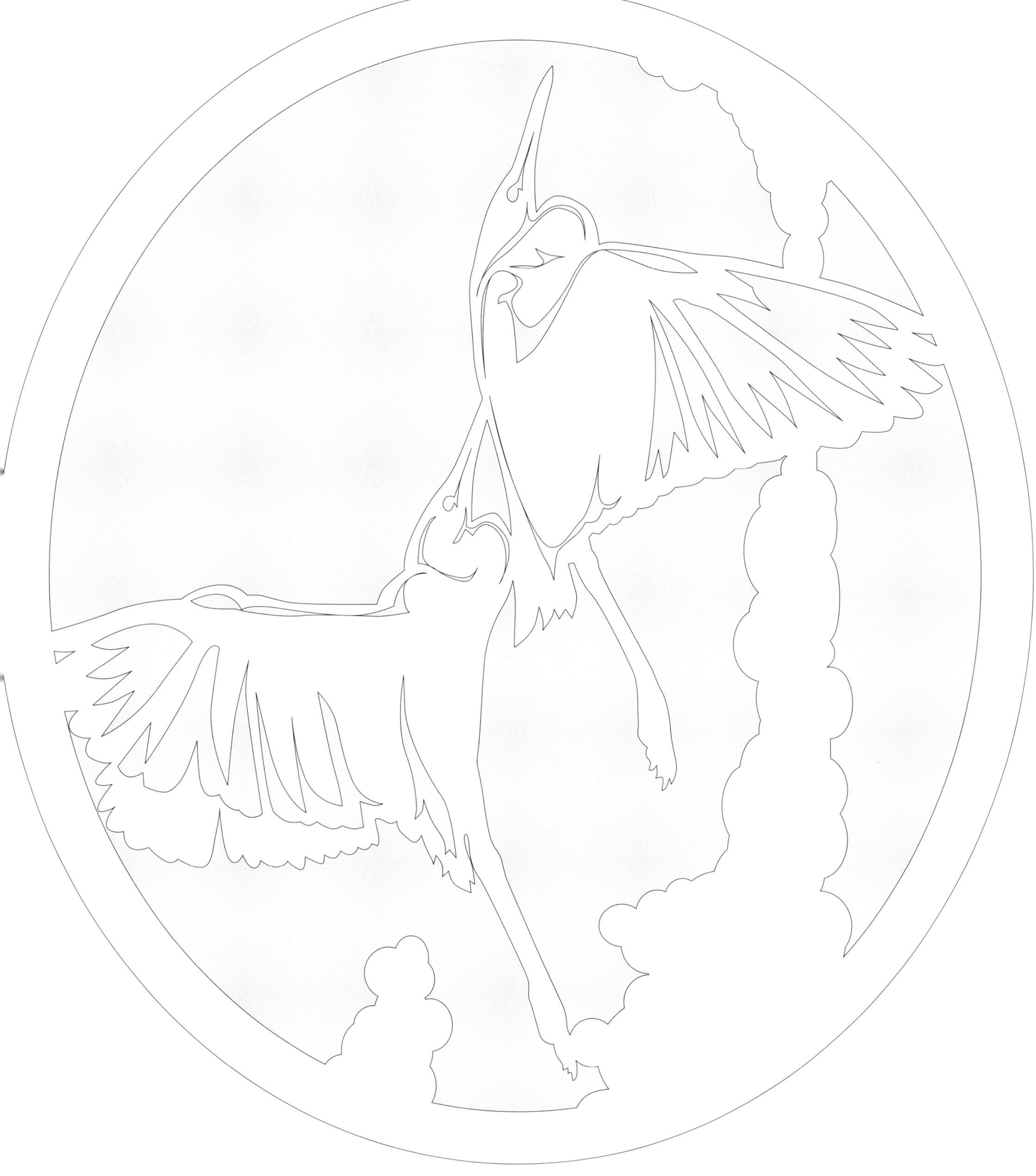

Kröte

Kopie auf 125 % vergrößern

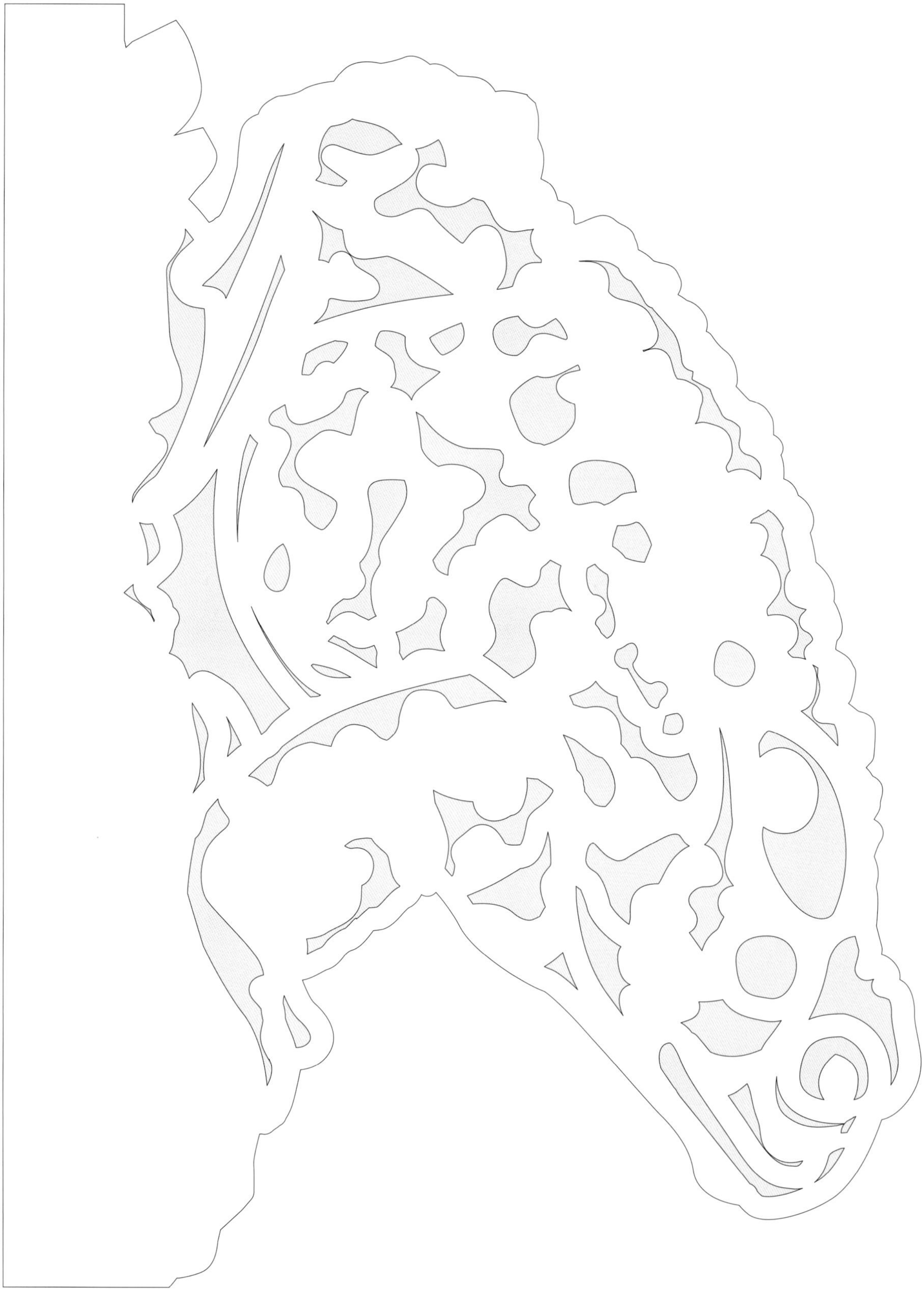

Gelbbauch-Schmuckschildkröte

Kopie auf
200 % vergrößern

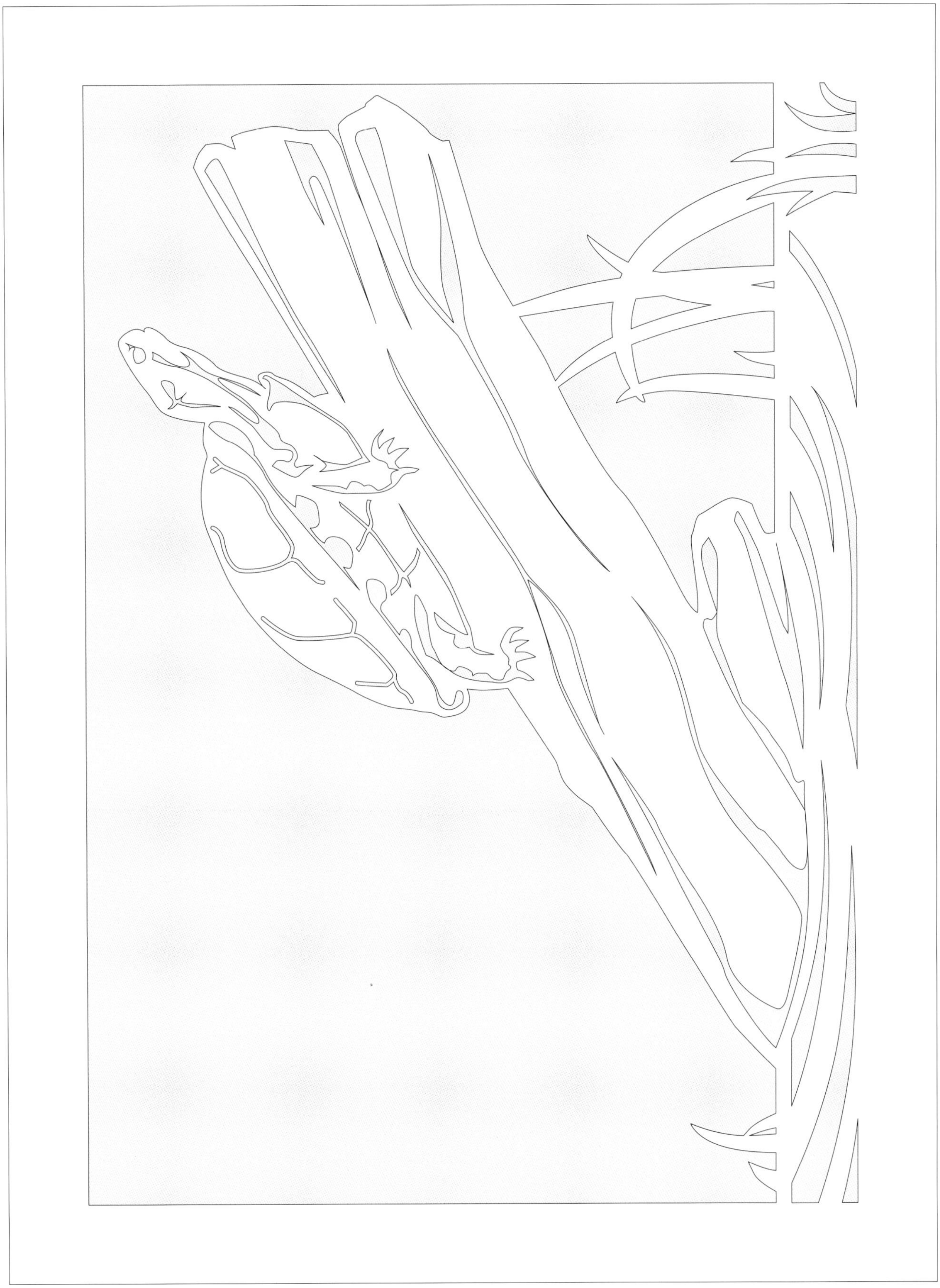

Hirsch

Kopie auf 125 % vergrößern

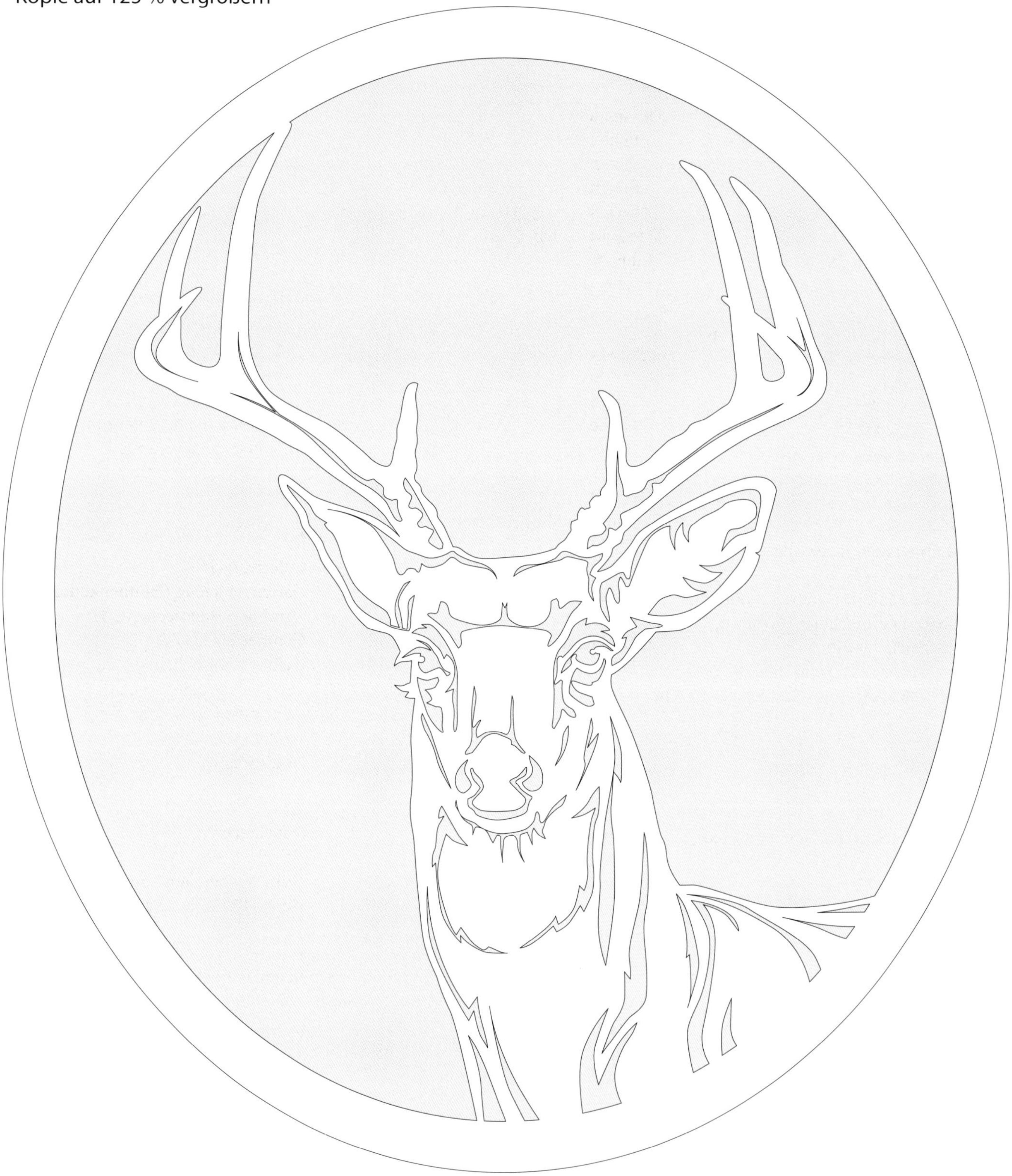

Stichwortverzeichnis

Anmerkung: *Kursivgedruckte Seitenzahlen* zeigen Sägevorlagen an, **fettgedruckte Seitenzahlen** zeigen Werkstücke in der Galerie an.